雅理

＞＜((((°＞

马赛有着野蛮的国际性浪漫，是伟大的现代生活的生动象征。小，但人口过多，是欧洲最好的后门，是向东方和非洲运送并接收货物的交通要塞，是法国水手们最喜欢的港口，地中海国家的败类出没于此，导游、妓女、皮条客泛滥，在其风景如画的外表下，这个城市以其白森森的邪恶令人惊叹和着迷。它似乎在向世界宣告，现代生活中最伟大的事情就是它的下流。

＜°))))＞＜

重返马赛渔场

社会规范与
私人治理的局限

〔法〕葛弗瑞 著

张鹿苹 译

生活·讀書·新知 三联书店

Simplified Chinese Copyright © 2024 by SDX Joint Publishing Company.
All Rights Reserved.
本作品简体中文版权由生活·读书·新知三联书店所有。
未经许可，不得翻印。

图书在版编目（CIP）数据

重返马赛渔场：社会规范与私人治理的局限 /（法）葛弗瑞著；张鹿苹译. -- 北京：生活·读书·新知三联书店，2024.11. --（雅理译丛）. -- ISBN 978-7-108-07895-7

Ⅰ. D756.59

中国国家版本馆 CIP 数据核字第 2024RM1404 号

© Florian Grisel, 2021
This translation of *The Limits of Private Governance* is published by arrangement with Bloomsbury Publishing Plc.

文字编辑	蔡雪晴
责任编辑	王晨晨
责任印制	李思佳
出版发行	生活·讀書·新知 三联书店
	（北京市东城区美术馆东街 22 号 100010）
网　　址	www.sdxjpc.com
经　　销	新华书店
印　　刷	三河市天润建兴印务有限公司
版　　次	2024 年 11 月北京第 1 版
	2024 年 11 月北京第 1 次印刷
开　　本	880 毫米 × 1092 毫米　1/32　印张 9
字　　数	180 千字
印　　数	0,001 － 6,000 册
定　　价	62.00 元

（印装查询：01064002715；邮购查询：01084010542）

目 录

译者序   i
序 言   iii

第一部分　创世记

第一章　马赛渔业的社会秩序
导　言   3
私人秩序的兴起   5
"贤人会议"：一种私人治理制度？   22
私人治理体系中的规范和规则   32
结　论   43

第二章　从规范到规则
导　言   46
马赛渔民及其社会规范   49
"贤人会议"的诞生及其规则制定职能   58
适应新的实践：浮网案例   77
结　论   83

第二部分　抵抗

第三章　全球化降临
　　导　言　　　　　　　　　　　　　　87
　　马赛渔业中的捕鲭网　　　　　　　　90
　　劳动力迁移和加泰罗尼亚人的到来　　108
　　结　论　　　　　　　　　　　　　　117

第四章　规范之战
　　导　言　　　　　　　　　　　　　　119
　　发动机和拖网　　　　　　　　　　　120
　　炸药捕鱼　　　　　　　　　　　　　143
　　电灯作为诱饵　　　　　　　　　　　148
　　结　论　　　　　　　　　　　　　　156
　　后记：皮埃尔·莫利纳里的普罗旺斯诗，
　　《渔民对海洋的屠杀或对鱼类的破坏》（1875）158

第三部分　崩溃

第五章　法律和（私人）秩序
　　导　言　　　　　　　　　　　　　　167
　　"贤人会议"的缓慢编纂史　　　　　　174
　　国家的反击　　　　　　　　　　　　189

填补或扼杀：欧盟的监管议程　　　200
　　　结　论　　　206

第六章　在事实与信念之间
　　　导　言　　　209
　　　"贤人会议"生存危机　　　210
　　　私人治理的局限性　　　228
　　　结　论　　　239

参考文献　　　243
索　引　　　263

译者序

2016年罗伯特·埃里克森（Robert Ellickson）的 *Order without Law* 由苏力老师翻译为《无需法律的秩序》，编入雅理译丛出版。罗伯特·埃里克森是本书作者葛弗瑞（Florian Grisel）在耶鲁大学法学院的老师；《重返马赛渔场：社会规范与私人治理的局限》是继《无需法律的秩序》之后解读私人治理学说的又一力作；作为葛弗瑞的第一位博士生，此次翻译对我来说实为良缘。

私人治理理论旨在解决"秩序一定要由法律来维持吗？"这个核心问题，本质上是法律与规范、公与私两类关系的互动及博弈。私人治理理论研究的问题主要与法经济学和法社会学两大学派交融，既能用来解读加州沙斯塔县牧民如何应对由牲畜入侵引发的问题，也可以解读纽约市关于钻石贸易的组织形式。本书关注法国南部的地中海渔业以"贤人会议"为核心发展出的规范与规则如何界定了私人治理的局限。

由于地中海的古老渔业与现代生活相距甚远，且书中的诸多渔业术语和用法语方言写作的诗歌翻译起来颇为艰涩，较之于自己写书，译书似乎更难。翻译如若能达到"信、达、雅"，不仅是对语言的考验，更是对不同思维方式的深刻认知、交汇与传递。囿于这些因素，虽然在指导我写作博士论文期间，葛弗瑞与我已有磨合，但想必译稿也难以100%传递其思想。

与此同时，译著的出版更离不开诸多老师的帮助。在此特别感谢田雷老师、刘海光老师，以及三联书店的蔡雪晴编辑。他们的鼎力相助使得这本书有机会和国内读者见面。同时，也感谢中国人民大学刘洋老师在2022年元旦假期组织的原著研讨会，感谢参与评论的格拉斯哥大学的朱明哲老师、中国政法大学的同事丁如老师、何启豪老师，以及北京师范大学的李滨老师和上海交通大学的邱遥堃老师。本译著实为竞争与合作大主题下的翻译和研究，我的翻译亦受益于2022年国家社会科学基金项目"中国空间站国际合作的法律机制研究"（编号：22CFX046）和中国政法大学科研处的支持。

最后要感谢香港中文大学博士研究生李子艺。李子艺承担了译稿的校对工作。校对工作看似不起眼，却十分重要。译稿的校对由于涉及中、英、法等多国语言，颇为细碎和复杂。子艺往往能从被忽视的细节中发现问题，付出了诸多时间和心力。

一个幸运的作者往往会碰到三次契机：第一是选择一个值得探索的题目；第二是遇到投契的译者；第三便是面对感兴趣的读者。本书中译本的第一步由葛弗瑞完成；第二步由我完成；第三步则交给大家来评判。

张鹿苹

序 言

我在私人治理领域的探索始于对国际仲裁演变的兴趣。多年来，我越来越着迷于自治及其对法律研究的广泛影响。

这本书中展示的案例研究来自一个偶然的机会，2014年，我和亚历克·斯通·斯威特（Alec Stone Sweet）一起漫步在卡西斯港，偶然发现了一座古老的建筑，门上刻着这样几个字：渔业法庭。在马赛发现的关于一个更加古老的机构的丰富档案，即渔业的"贤人会议"，进一步说服了我从事这一研究。

我很幸运地从法国国家科研署（ANR）获得了一笔拨款（拨款号：ANR-16-CE26-0012-01），这使我能够定期前往马赛。ANR的拨款还使我能够雇佣一个由法国国家宪章学院毕业生组成的团队，他们帮助我审查和翻译中世纪的档案。非常感谢他们的帮助和出色工作。

这本书基于的大量实证材料是我在六年的时间里从不同的来源收集的。多亏了托马斯（Thomas）和奥德·艾辛格（Aude Eisinger）的慷慨，我在马赛找到了第二个家，能够在那里进行民族志研究，做大量的采访，并查阅渔业"贤人会议"丰富的档案记录。如果没有他们的友谊，这本书就不可能出版。

另一位朋友马克西姆·里奇（Maxime Riché），在我探索马赛渔业的过程中一直陪伴在我身边。感谢他在设计本书封面时展示的艺术技巧，以及他的帮助。

这项研究在很大程度上归功于众多的机构、同事和朋友，他们在过去的几年里给了我坚定的支持。特别感谢那些在研究的不同阶段提供有用建议和帮助的人：热罗姆·鲍德利（Jérôme Baudry）、罗伯特·埃里克森、丹尼尔·法杰（Daniel Faget）、让－路易·哈尔佩兰（Jean-Louis Halpérin）、阿泽丽娜·贾布莱特·韦谢尔（Azélina Jaboulet Vercherre）、查德·约根森（Chad Jorgenson）、马达夫·科斯拉（Madhav Khosla）、大卫·内尔肯（David Nelken）、蒂博德·马尔塞塞（Thibaud Marcesse）、凯瑟琳·米纳汉（Catherine Minahan）、劳里安·穆伊塞特（Lauriane Mouysset）、琳达·马尔卡希（Linda Mulcahy）、费尔南达·皮里（Fernanda Pirie）、米卡埃尔·斯基纳齐（Mikaël Schinazi）、托马斯·舒尔茨（Thomas Schultz）、埃斯梅·布希洛（Esmé Shirlow）、亚历克·斯通·斯威特、伊丽莎白·坦皮尔（Elisabeth Tempier）、豪尔赫·维努莱斯（Jorge Vinuales）、帕特里克·韦尔（Patrick Weil）和张鹿苹（Luping Zhang）。谢谢大家。

第三章中提供的一些材料曾发表在《鱼与渔业》（《马赛渔业共有物的管理：一个中世纪的机构如何在全球化时代适应变化》）和《法律与社会评论》（《迁徙如何破坏私人秩序：马赛渔业的规范和实践》）上。

采访对象给了我关于渔民日常生活的迷人见解，我从与他们的讨论中学到很多。他们帮助我发现了一门令我钦佩的手艺。安托万·西卡雷利（Antoine Ciccarelli）、他的妻子玛丽（Marie）和他们的女儿巴贝斯（Babeth）不吝惜时间给了我特别的帮助。安托万的生活经历给了我很大的启发。我很感谢他同意出现在这本书的封面上。他与海洋的斗争是一个恰如其分的隐喻，隐喻了一个一直在努力履行其职能的古老机构。

在整个研究中，我也能够依靠我所在的学术机构——法国国家科学研究中心、伦敦国王学院和牛津大学（社会法研究中心），感谢它们坚定的支持。

妻子尼科尔（Nicole）在整个研究过程中一直是我的依靠。她的爱和耐心给了我写这第三本书的力量。

最后但同样重要的是，哈特出版公司的编辑罗伯塔·巴西（Roberta Bassi）给了我充分的支持。她对研究的开放态度和信心让我既宽慰又高兴。

第一部分

创世记

第一章

马赛渔业的社会秩序

导 言

1622年11月,路易十三走访了马赛市。他的目标是重申马赛和法兰西王国之间的关系,并且劝阻马赛寻求皇家统治之外的政治自治。[1]作为一个狂热的猎人和武器大师,路易十三从他繁忙的日程中分配出时间去马赛东南部的天然港莫吉乌捕金枪鱼。自1452年起,莫吉乌便为马赛渔民所有,他们在此选举代表、征税并对其渔业一贯产生的争端行使管辖权。换言之,莫吉乌是法兰西王国私人治理的飞地。

国王的来访对马赛渔民至关重要,他们盼望着路易十三可以确认他们从中世纪开始积累的权利和特权。根据传说,渔民们在莫吉乌悬崖边的石头上凿出阶梯,以供路易十三顺利移步至海滩。四百年之后,好奇的游客仍然可以看见莫吉乌"路易十三阶梯"的遗留痕迹。

---

[1] M.C. Canova-Green, 'L'entrée de Louis XIII dans Marseille le 7 novembre 1622' (2001) 212 *Dix-septième Siècle*, 521, 522.

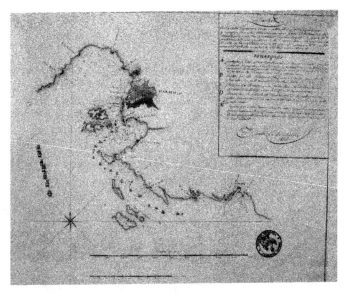

图 1.1 马赛港的渔业。资料来源：法国国家档案馆，地图和平面图，G212 第 51 号（1812 年 10 月 20 日）莫吉乌位于地图右侧，靠近卡西斯。

1622 年 11 月 8 日，莫吉乌举行了捕鱼派对，派对中使用了一种名为"捕鲭网"(madrague) 的技术工具，当地渔民对这一技术工具感到无比自豪。捕鲭网是从西班牙发展而来的最新捕鱼技术工具，最多可以捕获 1,000 只金枪鱼，并且才在莫吉乌安装。史料报道路易十三用金三叉戟杀死了超过 25 只金枪鱼，并且声称他"在旅途中从来没有遇到这么让他欣喜的东西"。[1] 不久之后，路易十三通过实际行动表达了他的满意。1622 年 11 月 30 日，捕鱼派对后大约三周，国王确认

---

[1] M. Lapierre, *Les Prud' hommes Pêcheurs Marseillais* (Aix-en-Provence, F. Chauvet, 1938), 38.

了马赛港渔民们对20英里*以上的海岸线的大幅领域享有权利和特权。[1]这些权利包括他们可以选举其在"贤人会议"（Prud'homie de Peche，简称为Prud'homie）中的代表——"贤人会议"是一个在渔业监管、治安维护及渔民争端解决等事宜中行使广泛职权的机构。

快进到四百多年后的今天，"贤人会议"仍然存在并且被赋予类似的职权，这样的事实本身就代表着一段私人治理和机构生存的非凡故事。然而，真相是，"贤人会议"仅在名义上存在：它从未或很少使用多个世纪积累起来的职权。如今，"贤人会议"是一个空壳，渔民们仅将其视为过往荣耀的象征。莫吉乌也依然存在：它仍是那个路易十三在17世纪捕获金枪鱼的美丽的港口。然而，蓝鳍金枪鱼几乎从该区域完全消失，莫吉乌也被纳入一个自然公园，公园中的捕鱼活动受到严格监管。本书讲述了"贤人会议"的故事，它是一种在走向衰落之前成功运作多个世纪的私人秩序。换言之，这是私人治理体系的生与死的故事。在讲述这个故事之前，我将展示私人治理的理论并且解释"贤人会议"在此情境下的重要意义。

私人秩序的兴起

近几十年，一派关于"私人秩序"（"私人治理"或者"私

---

[1] 国务会议1622年11月30日的决定，MA HH370。
* 1英里=1.609344千米。——译注（本书所有带*号的注释均为译注，后不再一一注明。——编者）

人法律体系")的学说逐渐兴起。这些私人秩序通常被定义为基于社会规范以促进个体间长期合作的体系。

此领域学术研究的兴起对社会学家并不是一个意外，他们一贯关注人类社会中频繁出现的规范。法社会学的一个支柱是，由于国家法律并没有穷尽规范社会生活的各种机制，因此需结合社会规范解读法律规则。社会学之父埃米尔·涂尔干（Emile Durkheim）和马克斯·韦伯（Max Weber）在分析能否抛开社会规范研究法律关系时，一致主张它们彼此难以被独立研究。[1]斯图尔特·麦考利（Stewart Macaulay）是最早在复杂法律体系中研究社会规范相关性的学者之一，他确定了非合同规范在威斯康星州商业经营中的重要性。[2]萨莉·法尔克·穆尔（Sally Falk Moore）恰当地捕获了社会和法律规范之间的复杂互动，并将其命名为"半自治社会领域"（semi-autonomous social field）。[3]通过对"法律多元主义"的学习，法社会学者进一步分析了不同形式的规范在社会里

---

[1] 例见 E. Durkheim, *The Division of Labor in Society* (Chicago, IL, The Free Press of Glencoe, 1960), 211; M. Weber, *Economy and Society: An Outline of Interpretive Sociology* (Berkeley, CA, University of California Press, 1978), 311, 312。

[2] S. Macaulay, 'Non-Contractual Relations in Business: A Preliminary Study' (1963) 28 *American Sociological Review*, 55.

[3] S. F. Moore, 'Law and Social Change: The Semi-Autonomous Social Field as an Appropriate Subject of Study' (1973) 7/4 *Law & Society Review*, 719, 720. 另见 J. Fishburne Collier, *Law and Social Change in Zinacantan* (Stanford, CA, Stanford University Press, 1973)（展现出为解决奇纳坎坦的争端而提出的不同层次规范的共存）。

的共存和混同。[1]著名的法社会学者马克·格兰特（Marc Galanter）首次运用"私人秩序"（private ordering）的概念，提出探索"本土法"（indigenous law）的必要性，即在国家法之外发展出的一套规范。[2]然而，法社会学学者（也称为"法和社会学"学者）并没有试图将他们已熟悉的对象理论化。为"私人秩序"提供理论框架的任务因此由另一支名为"法经济学"的法学学派提出。[3]与法社会学学者不同，法经济学学者传统上很少关注超越国家之外的规范，直至一些学术先驱为这些规范提供分析框架。在具体分析理论基石之前，我将梳理法经济学（以及其他）学者的足迹，以分析私人秩序的运作机制。

私人秩序的先驱：两类主流学术

私人秩序理论中最早也是最重要的先驱是罗伯特·埃里

---

[1] 例见 S. E. Merry, 'Legal Pluralism' (1988) 22/5 *Law & Society Review*, 869; B. Z. Tamanaha, 'Understanding Legal Pluralism: Past to Present, Local to Global' (2007) 29 *Sydney Law Review*, 375; P. S. Bermann, 'The New Legal Pluralism' (2009) 5 *Annual Review of Law and Social Science*, 225。

[2] M. Galanter, 'Justice in Many Rooms: Courts, Private Ordering, and Indigenous Law' (1981) 19 *Journal of Legal Pluralism*, 1. 最先提出"私人秩序"这个概念的是梅尔文·艾仁·艾森博格，见 M. A. Eisenberg, 'Private Ordering Through Negotiation: Dispute-Settlement and Rulemaking' (1976) 89 *Harvard Law Review*, 637。这一术语与弗里德里希·哈耶克提出的对"自发秩序"的分析相呼应，其目的是捕捉某些社会体系在不受"组织"干扰的情况下实现自我治理的方式，见 F. A. Hayek, *On Law, Legislation and Liberty: Rules and Order,* vol. 1 (London, Routledge, 1982), 41–52。

[3] 见 M. Granovetter, *Society and Economy: Framework and Principles* (Cambridge, MA, Harvard University Press, 2017), 39。

克森。在他的重要著作《无需法律的秩序》中,埃里克森提供了一种广博而富有启发的方法,用以分析加州沙斯塔县牧民如何应对由牲畜入侵引发的问题。[1]他的调查结果直截了当且很有成效:尽管律师们经常考虑将法律规则作为解决争议的参考点,埃里克森却展示了沙斯塔县牧民如何依靠社会规范解决由牲畜入侵引发的争议。埃里克森的主要分析如下:交易费对于牧民来说高到超出认知,且相比依靠法律,牧民更倾向于依靠合作和互惠的社会规范(他称为"自己活别人也活"的哲学)以规范他们的互动。基于这一案例研究,埃里克森介绍了一个他称为"福利最大化规范"的假说(hypothesis of welfware maximizing norms)。根据该假说,关系紧密的群体成员们开发并保持一些规范,以使成员们在相互之间的日常事务中获取的总体福利最大化。[2]在另一篇文章中,埃里克森展示了有关新英格兰捕鲸者的类似发现,他们主要依靠着三种主要规则("紧缚之鲸,脱网之鲸""铁扎得鲸""分享产权")以规范19世纪的捕鲸业。[3]在另一本书中,埃里克森观察到"家庭"如何通过社会规范推进"福利最大化"。[4]

---

[1] R. C. Ellickson, *Order without Law: How Neighbors Settle Disputes* (Cambridge, MA, Harvard University Press, 1991).

[2] ibid., 167.

[3] Ellickson, 'A Hypothesis of Wealth-Maximizing Norms: Evidence from the Whaling Industry' (1989) 5 *Journal of Law, Economics, and Organization*, 83, 84. 这篇文章提出了一个假说,当人们身处一个紧密联系的群体中时,他们将倾向于为日常问题制定福利最大化的规则。

[4] R. C. Ellickson, *The Household: Informal Order Around the Hearth* (Princeton, NJ, Princeton University Press, 2007), 94. 书中提及,一种隐含的功利主义契约有望提高可分享盈余。通过接受卡尔多-希克斯演算,参与者不仅会倾向于采用自重损失最小化规则,而且还会成功地简化决策过程。

埃里克森的学术成就成为私人治理文献中的一个参考点。他对于社会规范的呼吁激励了许多学者,并且鼓励他们在评估法律机制的优势时更关注社会的内部运作。

另一项以钻石商人为基础的关于私人治理的重要研究也得出了相似的结论。丽萨·伯恩斯坦(Lisa Bernstein)分析了纽约市关于钻石贸易的组织形式。[1]她指出,钻石交易商依靠私人俱乐部(钻石交易商俱乐部)管理她所谓的"法律外"合同("extralegal" contract)。这些交易商很少甚至从未投靠"官方"法律体系订立合同或者解决争端。伯恩斯坦认为,钻石交易商对保密的偏好以及官方法律体系中判给赔偿金的不足,成为他们选择"法律外"合同的主要原因。[2]尽管她的主要分析不像埃里克森那样关注社会规范,但她也认为社会规范必须符合"较之于已有法律制度的帕累托优化"才能生存。[3]换言之,埃里克森和伯恩斯坦似乎都认为,社会规范在比法律更"有效"的时候将优于现有法律体系并且更具持续力。伯恩斯坦将她的分析延伸至其他私人治理系统,比如棉花产业。[4]她尤其指出,这个产业的"私人法律体系"创造了"提升公共法律体系"的"重要好处"(比如提供促进合同订立的有效程序和实质规则)。[5]和埃里克森的发现一致,她强

---

[1] L. Bernstein, 'Opting out of the Legal System: Extralegal Contractual Relations in the Diamond Industry' (1992) 21 *The Journal of Legal Studies*, 115.
[2] ibid., 134 et seq.
[3] ibid., 117.
[4] 见 Bernstein, 'Private Commercial Law in the Cotton Industry: Creating Cooperation through Rules, Norms, and Institutions' (2001) 99 *Michigan Law Review*, 1724。
[5] ibid., 1739-1744.

调私人治理系统可以"将交易者的合法且可执行的价值最大化,以及将不可执行的承诺合法化"。[1]

其他活跃在法和经济学传统领域的学者也得出了类似结论。在《私人治理》(*Private Governance*)一书中,爱德华·斯丁汉姆(Edward Stringham)基于几个案例强调了私人秩序的"极佳"记录。[2]在《无国家的商业》(*Stateless Commerce*)一书中,巴拉克·里奇曼(Barak Richman)追寻了钻石产业的发展史,着眼于对纽约钻石交易商、印度商人和戴比尔斯钻石业务的整合研究。[3]在这个基础上,里奇曼从交易成本经济学的视角再次回顾伯恩斯坦的结论,并且提出"私人秩序的实证理论"(positive theory of private ordering)。[4]他认为,在交易由于"高能量的动力难以执行"的时候,"私人治理比商行和公共法院都更优"且不会受困于高门槛。[5]里奇曼的研究可被看作私人治理理论研究的巅峰之作,也是近三十年该学说的最新发展。

法和经济学学者在分析私人治理的问题上并不孤单。在埃里克森和伯恩斯坦的同时期(并且两者之间没有显著联系),第二类学说出现并且得出了类似结论,这次是站在政治学和

---

[1] Bernstein, 'Private Commercial Law in the Cotton Industry', 1761.
[2] E. P. Stringham, *Private Governance: Creating Order in Economic and Social Life* (Oxford, Oxford University Press, 2015).
[3] B. D. Richman, *Stateless Commerce: The Diamond Network and the Persistence of Relational Exchange* (Cambridge, MA, Harvard University Press, 2017).
[4] ibid., 75.
[5] ibid.

经济学的交叉点上。在《公共事务的治理之道》(Governing the Commons)一书中,埃莉诺·奥斯特罗姆(Elinor Ostrom)举出了若干"长期、自主管理和自主治理公共资源"的案例,这些案例可以保存共享资源并确保"长期经济可行性"。[1]根据这些案例的相似性,她提炼了八个能够区分"公共池资源"(common pool resources)[2]的设计原则,主张这些机制安排可以通过建设基于社会成员间长期合作的"集体选项安排",为国家和市场提供其他可靠选项;尽管奥斯特罗姆没有将社会规范作为她分析的核心,她依然提出了经常出现在"公共池资源"中的"强大的可接受行为规范"。[3]奥斯特罗姆于2009年成为第一位诺贝尔经济学奖的女性得主,这也表明了她广泛的学术影响。[4]尽管法和经济学学者很少在私人治理的写作中提及奥斯特罗姆的著作[5],但这两派学说不仅在结

---

[1] E. Ostrom, *Governing the Commons: The Evolution of Institutions for Collective Action* (Cambridge, Cambridge University Press, 1990), 1. 书中提及,在世界范围内,无论是国家还是市场,都无法使个人能够长期有效地利用自然资源。个人社区依靠既不同于国家也不同于市场的机构来管理某些资源,却在相当长的一段时间内取得了一定程度的成功。

[2] ibid., 88 et seq.

[3] ibid., 206.

[4] 奥斯特罗姆在《公共事务的治理之道》出版后进一步发展和完善了她的结论,例见E. Ostrom, R. Gardner and J. Walker, *Rules, Games, and Common-Pool Resources* (Ann Arbor, MI, University of Michigan Press, 1994); Ostrom, *Understanding Institutional Diversity* (Princeton, NJ, Princeton University Press, 2005)。

[5] 但见Ellickson, 'Property in Land' (1993) 102 *The Yale Law Journal*, 1314, 1391; Z. C. M. Arnold, 'Against the Tide: Connecticut Oystering, Hybrid Property, and the Survival of the Commons' (2015) 124 *The Yale Law Journal*, 1206, 1214-1215。

论处有交集,而且也在理论背景上有重合。[1]

简言之,私人治理理论根植于不同作者的作品中,他们针对不同社会群体的分析集中在相同时间段(20世纪90年代的上半叶)。这个理论的成功激发了一批学者在一系列的社区中识别出私人秩序的存在,包括缅因州捕龙虾的渔民[2]、聚集在加州的墨西哥商人[3]、信用评级机构[4]、国际商事仲裁[5],甚至是有组织的犯罪团体。[6]现代学说持续被"福利最大化"或者"长期经济可行性"的假说影响。比如,在2015年一期关于私人治理的特刊中,《法律分析期刊》发表了关于该主题的文章,这些文章皆未对这样的假说提出质疑。[7]相似的是,在关于公共事务的地方管理的一期中,23

---

[1] 有研究人员认为,研究私人秩序的学者将"管理公共事务的基本思想"应用于法律研究之中。见 E. Berge and F. van Laervohen, 'Governing the Commons for two decades: a complex story' (2011) 5 *International Journal of the Commons*, 160, 170. 另见 C. Rose, 'The impact of Governing the Commons on the American legal academy' (2011) 5 *International Journal of the Commons*, 28, 30–31。

[2] 见 J. M. Acheson, *The Lobster Gangs of Maine* (Lebanon, NH, University Press of New England, 1988); J. M. Acheson, *Capturing the Commons* (Lebanon, NH, University Press of New England, 2003)。

[3] 见 K. Clay, 'Trade Without Law: Private-Order Institutions in Mexican California' (1997) 13 *Journal of Law, Economics, and Organization*, 202。

[4] 见 S. L. Schwarcz, 'Private Ordering of Public Markets: The Rating Agency Paradox' (2002) 1 *University of Illinois Law Review*, 1。

[5] C. R. Drahozal, 'Private Ordering and International Commercial Arbitration' (2008-2009) 113 *Penn State Law Review,* 1031.

[6] D. Skarbek, 'Governance and Prison Gangs' (2011) 105 *The American Political Science Review*, 702; C. J. Milhaupt and M. D. West, 'The Dark Side of Private Ordering: An Institutional and Empirical Analysis of Organized Crime' (2000) 67 *University of Chicago Law Review*, 41.

[7] 见 (2015) 7 *Journal of Legal Analysis*, 247 的贡献。

篇文章中只有1篇探索了这个假说失败的可能性。[1]

私人治理的基石

如前所述，关于私人治理的两类学说在没有明显协作的情况下发展起来，尽管他们根据一个共通的理论框架分析不同群体。这个理论框架从博弈论发展而来，尤其来源于其中最著名的理论——囚徒困境（the prisoner's dilemma）。约翰·纳什（John Nash）的博士生导师阿尔伯特·塔克（Albert Tucker）提出了囚徒困境，以此来通过简单方式解释"纳什均衡"。[2]根据示例，在犯罪场合被逮捕的两个囚徒向警察告发彼此以获取个人利益的最大化（通过减少个人服刑时间），尽管他们可以通过合作的方式使得集体利益最大化（比如通过保持沉默）。囚徒困境突出了个人利益和社会利益的差异：该规律显示，与经济学理论的通常假设相反，自利性的个体互动并不必然引向最优结果。

私人秩序的先驱在社会规范的研究中明显依靠博弈论和囚徒困境。比如埃里克森即以囚徒困境和博弈论中理性行为人的模型研究沙斯塔县牧民，同时也承认这一模型的局限

---

[1] 见 M. De Keyzer, 'Common challenges, different fates. The causal factors of failure or success in the commons: The pre-modern Brecklands (England) and the Campine (Southern Low Countries) compared' in T. Haller, T. Breu, T. de Moor, C. Rohr and Z. Heinzpeter (eds.), *The Commons in a Glocal World: Global Connections and Local Responses* (Abingdon, Routledge, 2019)。

[2] 见R. Leonard, *Von Neumann, Morgenstern, and the Creation of Game Theory* (Cambridge, Cambridge University Press, 2010), 320。另见J. Nash, 'Non-cooperative games' (1951) 54 *Annal of Mathematics*, 286。

性。[1]他称赞博弈论是"研究合作的主要工具"[2],并主张"博弈论中的龟或将赢得比赛以提供捕获社会生活必要元素的范式"。[3]相似地,奥斯特罗姆重新通过囚徒困境的视角研究了由加勒特·哈丁(Garrett Hardin)提出的著名隐喻,即理性牧人提升了在一个特定场地里的动物的数量[所谓"公地悲剧"(tragedy of the commons)]。[4]伯恩斯坦和里奇曼同样在他们各自的研究中依赖了囚徒困境。[5]

细心的读者可能会想:囚徒困境是一个非合作的经典例子,怎么会被援引来支持此类学术研究,即将基于社会规范的合作看作有效的治理工具?事实上,仔细分析就会发现,私人秩序的先驱们依赖的是囚徒困境的更复杂版本,他们关注的是长期而非一次性的互动。一些学者,其中最著名的是罗伯特·阿克塞尔罗德(Robert Axelrod),已经探索了重复博弈如何促进合作的出现。[6]特别是,阿克塞尔罗德通过

---

[1] Ellickson, *Order without Law*, ch 9.
[2] ibid., 9.
[3] R. C. Ellickson, 'Law and Economics Discovers Social Norms' (1998) 27 *The Journal of Legal Studies*, 537, 547.
[4] Ostrom, *Governing the Commons*, 3–5; G. Hardin, 'The Tragedy of the Commons' (1968) 162 *Science*, 1243, 1244. 虽然奥斯特罗姆最初的研究是基于理性选择这一经典理论,但她后来认为理性选择理论存在一些局限性。见 A. Lara, 'Rationality and complexity in the work of Elinor Ostrom' (2015) 9/2 *International Journal of the Commons*, 573, 574. 另见 E. Ostrom, 'A Behavioral Approach to the Rational Choice Theory of Collective Action' (1998) 92 *The American Political Science Review*, 1; E. Ostrom, 'Collective Action and the Evolution of Social Norms' (2000) 14 *The Journal of Economic Perspectives*, 137。
[5] 例见 Bernstein, 'Opting out of the Legal System', 142; Richman, *Stateless Commerce*, 44。
[6] R. Axelrod, *The Evolution of Co-operation* (New York, Penguin Books, 1990), 12.

计算机比赛，测试了哪种重复博弈策略能产生最好的社会结果。[1] 阿克塞尔罗德的计算机比赛揭示了一种名为"以牙还牙"（tit-for-tat）的单一合作策略的优越性，该策略被概括地定义为"以合作开始，然后按照其他玩家的上一步行动进行操作"。[2] 埃里克森、奥斯特罗姆和伯恩斯坦都有赖于阿克塞尔罗德对"以牙还牙"策略的分析以支持他们的观点，即个人可以成功地实现长期合作，同时仍然追求自己的利益。[3]

这一结论不仅调和了个人利己主义和社会合作，还解决了囚徒困境带来的另一个问题，即个人互动导致次优社会结果（sub-optimal social outcomes）。我将在本章第三节的"长期关系"中进一步详细解释重复交互作用理论如何支持这一结论。对于本章导言而言，更重要的是，私人秩序的先驱们追随以阿克塞尔罗德为代表的博弈论学者，探索了一种新型治理模式，在该模式中，个体通过重复交互建立并维持合作。另一个重要的事实是，与阿克塞尔罗德的发现一致，私人秩序的先驱们认为，这种基于规范的私人治理模式具有社会有效性，或者根据同一理论的另一种激进观点，认为这种模式与法律相比是更优的。

多数学者采用第一种观点，即私人治理具有社会有效性。

---

[1] R. Axelrod, *The Evolution of Co-operation*, ch 2.
[2] ibid., xii.
[3] Bernstein, 'Opting out of the Legal System', 142; Bernstein, 'Private Commercial Law in the Cotton Industry', 1771; Ellickson, *Order without Law*, 159–162; Ostrom, *Governing the Commons*, 7, 36, 93.

例如,伯恩斯坦强调了私人治理的"帕累托优化"特性。[1]奥斯特罗姆认为,公共池资源可以有效利用自然资源,从而实现"长期经济可行性"。[2]她进一步主张,私人秩序可以为国家和不受监管的市场提供一种"替代解决方案"。[3]近期,斯丁汉姆对私人秩序给出了同样细致而积极的解释,他认为"私人治理……使人们合作并扩大互利交流的范围"。[4]少数学者倾向于第二种观点,即私人治理具有社会最优性。例如,埃里克森谈到了私人秩序中实施的规范的"福利最大化"特性。[5]里奇曼提供了类似的分析,声称在特定条件下,"私人秩序相对优于商行和公共法庭"。[6]这些学者都认为,私人秩序创造并维持了有益于社会经济生活的条件。[7]这实际上是关于私人治理文献的一个关键发现,也

---

[1] Bernstein, 'Opting out of the Legal System: Extralegal Contractual Relations in the Diamond Industry', 117.

[2] Ostrom, *Governing the Commons*. 奥斯特罗姆"毫不犹豫地称这些公共池资源制度是成功的"(ibid., 59-60),她将其定义为:"成功的制度,指的是那些使个人在任何情况下都能获得有成效的结果的制度,例如搭便车。"(ibid., 15)她还对比了国家和市场,认为这二者在使个人能够长期、有效地使用自然资源系统方面是不成功的,而公共池资源则在相当长的时期内,在一定程度上成功地管理着一些资源系统。

[3] Ostrom, *Governing the Commons*, 8–21.

[4] Stringham, *Private Governance*, 235.

[5] Ellickson, *Order without Law*, ch 10; Ellickson, 'A Hypothesis of Wealth-Maximizing Norms'; Ellickson, *The Household*, ch 8.

[6] Richman, *Stateless Commerce*, 76.

[7] 这一观点在文献中得到了广泛的认同,例见 A. Greif, *Institutions and the Path to the Modern Economy: Lessons from Medieval Trade* (Cambridge, Cambridge University Press, 2006), 87–88; Clay, 'Trade Without Law, 226; J. T. Landa,'A Theory of the Ethnically Homogeneous Middleman Group: An Institutional Alternative to Contract Law' (1981) 10 *The Journal of Legal Studies*, 349, 362。

是私人治理成功的一个根本原因。

挑战

关于私人治理的学术研究影响广泛且大获成功，它让奥斯特罗姆据此获得了诺贝尔经济学奖，并催生了她的一系列后续著作。[1] 然而，尽管总体上取得了成功，但仍有三大类关于私人治理学术研究的批评。在第一类批评中，一些学者批评现有文献的使用方法。这些学者特别指责的是，现有文献只关注在有限的时间段内获得成功的例子。例如，格兰诺维特（Granovetter）指出，这一理论的起源是一种"选择偏差"，优先考虑的是"理论证实型的案例研究"（theory-confirming case study），而不是"理论证伪型的案例研究"（theory-infirming case study）。[2] 阿维拉姆（Aviram）注意到了文献的"静态"特征以及对私人秩序的"进化理论"的需要。[3] 同样，阿格拉瓦尔（Agrawal）批评"大多数公共资源研究的历史范围有限"。[4]

---

[1] private order 和 private ordering 这两个术语在谷歌学术上分别产生了 5,330 和 21,100 个点击量（最后访问时间为 2020 年 1 月 6 日）。

[2] Granovetter, *Society and Economy*, 39. 这一批评特别针对《无需法律的秩序》。应该指出的是，奥斯特罗姆确实考虑了制度失灵的可能性。见 Ostrom, *Governing the Commons*, ch 5。文中提及，"理论证伪型的案例研究"和"理论证实型的案例研究"的概念借用自 A. Lijphart, 'Comparative Politics and the Comparative Method' (1971) 65 *The American Political Science Review*, 682。

[3] A. Aviram, 'Forces Shaping the Evolution of Private Legal Systems' in P. Zumbansen and G. P. Calliess (eds.), *Law, Economics and Evolutionary Theory* (Cheltenham, Edward Elgar Publishing, 2011).

[4] A. Agrawal, 'Sustainable Governance of Common Resources: Context, Method, and Politics' (2003) 32 *Annual Review of Anthropology*, 253, 259.

简言之,这些学者对私人治理的文献提出了质疑,理由是这些文献只专注成功的、短期的案例研究。[1]第二类学者主张对私人治理理论的道德批判,指出私人秩序在歧视、暴力和犯罪行为方面的有害影响。[2]其他人则认为,私人秩序通常与"个人自由和自治"[3]相冲突,并威胁到"透明、可预测性和问责制"(transparency, predictability, and accountability)的民主理想。[4]第三类批评反映了一种更理论化的观点,他们认为私人治理的博弈论基础过于简化人类行为,因为它假定个人

---

[1] 但见Greif, *Institutions and the Path to the Modern Economy*; Richman, *Stateless Commerce*, 176-178; T. de Moor, *The Dilemma of the Commoners: Understanding the Use of Common-Pool Resources in Long-Term Perspectives* (Cambridge, Cambridge University Press, 2015), chs 3 and 4。格雷夫因有选择地使用历史记录而受到批评,例见J. L. Goldberg, *Trade and Institutions in the Medieval Mediterranean: The Geniza Merchants and their Business World* (Cambridge, Cambridge University Press, 2012),文中主张格雷夫的理论"站不住脚",理由是吉尼萨商人信任他们亲密团体之外的个人,并使用"法律制度来限制商业关系和解决争端"。其他作者则为格雷夫的结论辩护,例见L. Bernstein, 'Contract Governance in Small-World Networks: The Case of the Maghribi Traders' (2019) 113 *Northwestern University Law Review*, 1009。另见A. Greif, 'The Maghribi Traders: A Reappraisal?' (2012) 65 *The Economic History Review*, 445。

[2] Milhaupt and West, *The Darkside of Private Ordering*; J. McMillan and C. Woodruff, 'Private Order under Dysfunctional Public Order' (2000) 98 *Michigan Law Review*, 2421.

[3] T. Sagy, 'What's So Private about Private Ordering?' (2001) 45 *Law & Society Review*, 923.

[4] E. D. Katz, 'Private Order and Public Institutions' (2000) 98 *Michigan Law Review*, 2481, 2491.

行为是理性的。[1]根据这些批评者的观点,当个人将自身利益最大化时,理性选择理论几乎没有说明他们更深层次的动机。[2]还有一些批评者认为,关于私人治理的文献忽视了私人秩序中的权力结构的影响,以及这些结构影响合作行为的方式。[3]事实上,很少有关于私人秩序的研究考察社区领导

---

[1] S. Sassen, *Territory. Authority. Rights: From Medieval to Global Assemblages* (Princeton, NJ, Princeton University Press, 2006), 14. 这一局限性在冯·诺依曼试图建立博弈模型之初就被注意到。1938年,著名数学家埃米尔·博雷尔将冯·诺依曼分析博弈策略的尝试描述为"绝对无法克服的",因为这些策略中包含了大量的变量,见 Leonard, *Von Neumann, Morgenstern, and the Creation of Game Theory*, 72。而冯·诺伊曼和摩根斯特恩在《博弈论与经济行为》中驳斥了这一异议,文中指出"多方面的社会影响"不太可能影响"最大化过程的正式属性"。见 J. von Neumann and O. Morgenstern, *Theory of Games and Economic Behavior*, 3rd edn (Princeton, NJ, Princeton University Press, 1953), 9-10。兰德(Rand)公司在20世纪50年代进行的实验进一步表明,由于理性的"情境"性质,博弈论的预测价值有限。博弈论的早期批评者之一,2005年诺贝尔奖得主托马斯·谢林在1957年和1958年访问兰德公司时撰写了《冲突策略》(*The Strategy of Conflict*)。后来,法律和经济学者试图对博弈论家使用的新古典理性行为模型进行补充,例见 C. Jolls, C. Sunstein and R. Thaler, 'A Behavioral Approach to Law and Economics' (1998) 50 *Stanford Law Review*, 1471; T. S. Ulen, 'Rational Choice and the Economic Analysis of Law' (1994) 19 *Law & Social Inquiry*, 487。

[2] L. B. Edelman, 'Rivers of Law and Contested Terrain: A Law and Society Approach to Economic Rationality' (2004) 38 *Law & Society Review*, 181, 186. 另见 L. Epstein 和 J. Knight的回应,'Building the Bridge from Both Sides of the River: Law and Society and Rational Choice' (2004) 38 *Law & Society Review*, 207。

[3] Sagy, 'What's So Private about Private Odering?' 这类批评更广泛地涉及法律和经济学的学术研究,见 Edelman, 'Rivers of Law and Contested Terrain', 187。

人对私人秩序运作的影响。[1]对本书来说，最重要的是文献通常把个体合作、没有正式实体的私人秩序（例如，沙斯塔县的牧场主[2]）与出现正式实体并管理这些系统的私人秩序（例如，纽约的钻石商俱乐部[3]）混为一谈。换句话说，私人治理理论似乎没有充分考虑到组织和战略行为者对私人秩序管理的影响。这些批评者所表达的担忧并没有削弱该理论的受欢迎程度，但它们确实提出了应该解决的重要问题。

方法论

本书试图通过在实证数据的基础上考察"贤人会议"的长期演变，来补充现有的学术研究。"贤人会议"提供了一个理想的案例研究，因为它有丰富的历史记录，这些记录使我们能够考察它的出现和长期演变。但使用过去的历史作为实证数据的来源带来了一些严重的挑战，尤其是因为一个特定的机构要不断地适应变化的社会背景。在这方面，本书注意到了针对基于历史材料的实证研究"过分的雄心壮志"的

---

[1] 文献中也有一些例外。例如，艾奇逊强调了"政治企业家"在缅因州龙虾渔业的管理和保护中所扮演的角色 (Acheson, *The Lobster Gangs of Maine*, 72)。埃里克森探讨了在社会规范出现过程中，被赋予"高超技术知识"的个体所扮演的关键角色，见 R. C. Ellickson, 'The Market for Social Norms' (2001) 3/1 *American Law and Economics Review*, 1; R. C. Ellickson, 'The Evolution of Social Norms: A Perspective from the Legal Academy' in M. Hechter and K. D. Hopp (eds.), *Social Norms* (New York, Russel Sage Foundation, 2001)。

[2] Ellickson, *Order without Law*.

[3] Bernstein, 'Opting out of the Legal System'.

批评。[1]为了最大限度地解决研究方法带来的挑战，本书使用了从三个主要来源收集的实证数据：档案文件、采访和民族志研究。我试图通过对从不同来源收集的2,500多份档案文件进行多角度分析，来解决选择性存档和流传性问题。这些来源包括接受"贤人会议"文献捐赠的地方行政机构的档案、法国国家档案馆的档案、马赛市档案馆的档案、法国海军的档案、马赛商会的档案和私人档案。我在参考文献中总结和列出了这些文件。除了研究这些档案文件之外，我还对渔民、属于他们社区的个人（配偶、鱼贩、当地牧师等）、"贤人会议"成员以及政府官员进行了一次或多次采访。最后，我通过与渔民建立个人联系、参加他们社区的社会活动（特别是宗教活动）和参加几次捕鱼旅行来补充这些数据。这些数据使我能够追溯"贤人会议"的起源，并从不同的立场（包括"贤人会议"的内部和外部）评估它的演变。

这项研究还注意到了案例研究方法的缺陷，这在"贤人会议"的分析上也不能幸免。每个案例研究都是独特的，并表现出需要加以考虑才能支持普遍性主张的特殊性。因此，单个案例研究不容易得出普遍性概括，而且如果没有大量其他研究的确证，一个单一的案例研究也不能用来反驳一个普遍性主张。考虑到这些方法上的限制，本书将"贤人会议"

---

[1] J. Elster, 'Rational Choice History: A Case of Excessive Ambition' (2000) 94 *American Political Science Review*, 685.

作为一个"偏差案例研究"(deviant case study)[1]，以突出私人治理一般理论的局限性。其目的不是要推翻普遍性理论，而是要揭示以前没有考虑到的变量，试图修正理论，并为未来的研究开辟道路。

"贤人会议"：一种私人治理制度？

关于私人秩序的学术研究非常密集，很难在不简化的情况下进行总结。然而，用于分析私人秩序的主要理论工具以理性选择为基础，即功利主义假说，根据这种假说，个体倾向于选择"相对擅长特定任务"的制度环境。[2]根据理性选择理论，大多数研究私人秩序的学者将对自我调节的解释，建立在重复的囚徒困境博弈基础上，第一轮博弈中，次优的社会结果通过重复交互作用得到纠正。[3]换句话说，当参与者长期重复这个游戏时，囚徒困境博弈的负面社会结果会得到纠正。在这种情况下，社会参与者会有意识地选择发起和维持社会合作。如本章第三节的"私人治理的基石"部分所示，这一论点与阿克塞尔罗德关于"以牙还牙"策略优于其他社

---

[1] 关于案例研究的分类和"偏差案例研究"的定义，见 Lijphart, 'Comparative Politics and the Comparative Method'。
[2] R. C. Ellickson, 'When Civil Society Uses an Iron Fist: The Roles of Private Associations in Rulemaking and Adjudication' (2016) 18/2 *American Law and Economics Review*, 235.
[3] 例见 D. C. North, 'Institutions' (1991) 15 *The Journal of Economic Perspectives*, 97; Axelrod, *The Evolution of Co-operation*, 130。

会策略的发现一致。

私人治理学者所依赖的理论模型相应地建立在两个广泛的条件上。[1]第一个条件是,个人能够获得关于他们所属群体的充分信息。事实上,消息灵通的个人可以对拒绝遵守社会规范的成员采取行动,这一条件是核心,因为私人秩序通常缺乏负责惩罚成员的机制。正如埃里克森所解释的,私人秩序通常通过"第一方"和"第二方"控制来运作:个人自我约束("第一方控制")或约束他们的直接对应方("第二方控制"),但通常不依赖外部组织来惩罚群体成员("第三方控制")。[2]第二个条件是,社会博弈是无限重复的。社会参与者之间的长期互动避免了所谓的"终局"问题,即这些参与者在接近博弈的最后一轮时违背他们的合作承诺。[3]严格来说,这里重要的不是博弈的无限迭代(因为没有真正永无止境的社会博弈),而是对博弈将无限重复的共同信念。用埃里克森的话说,"对持续交易的预期……倾向于让参与者更愿意投入资源来加强他们的关系"。[4]社会科学家通常将这一条件与低折现率联系起来:在无限重复的博弈中,参与者倾向于同等重视未来收益与眼前收益,甚至重

---

[1] 一些作者对这些条件采取了更广泛的解读。见 Sagy, 'What's So Private about Private Ordering?', 928, 文中确定了五个变量:扁平的社会结构、信息网络、锁定局面的存在、群体的法律文化和公共秩序的参与。
[2] Ellickson, *Order without Law*, 131.
[3] Ostrom, 'Collective Action and the Evolution of Social Norms', 139; North, 'Institutions'; Ellickson, *The Household*, 92-93.
[4] Ellickson, *The Household*, 29.

视未来收益更甚于眼前收益。[1]当个人希望他们的子女是同一社区的一部分时,这一条件通常得到满足,从而保证了社会关系的"代际封闭"(intergenerational closure),使集体制裁和社会激励更加切实。[2]

这一理论模型在关于私人治理的文献中被广泛接受。[3]尽管这些条件被描述为运行和维持私人秩序的必要条件,而不是充分条件,但私人治理理论具有可预测性,它预期理性行为者将选择对他们而言在经济上最有效、成本最低的治理方案。[4]私人治理理论的一个实践局限性是,这两个条件在实证层面很少同时满足。事实上,很少有群体表现出足够的统一性,使其成员能够保持一种共同的信念,即在未来将继续进行交往。[5]同样,信息在特定的社会团体中很少无障碍地流通。根据埃里克森的观点,这两个条件在"紧密联系的群体"(close-knit groups)中更有可能得到满足,[6]"紧密联系的群体"是指"其成员具有可信和互惠的前景,可以相

---

[1] 例如,艾奇逊注意到低折现率在维持缅因州岛屿上龙虾渔民的合作行为方面的重要性(Acheson, *The Lobster Gangs of Maine*, 13-14)。奥斯特罗姆还认为,成功的机构中定义清晰的边界通常与低折现率有关(Ostrom, *Governing the Commons*, 91)。

[2] J. S. Coleman,'Social Capital in the Creation of Human Capital'(1988) *American Journal of Sociology,* S95, S106. 关于"封闭"这一概念,另见J. S. Coleman, *Foundations of Social Theory* (Cambridge, MA, Harvard University Press, 1990), ch 12。

[3] 例见 Richman, *Stateless Commerce*, 44。

[4] Ellickson, *Order without Law*, 270。

[5] 见 W. G. Runciman and A. K. Sen, 'Games, Justice and the General Will' (1965) 74 *Mind*, 554, 555, fn 1。

[6] Ellickson, *Order without Law*, 177。

互运用权力,并且对过去和现在的内部事件拥有良好的信息供应"。[1]伯恩斯坦谈到了"同质群体制度"(homogeneous group regime),其特征是"地域集中、种族同质、重复交易"。[2]麦克米伦(McMillan)和伍德乐夫(Woodruff)赞同这些作者的观点,他们认为,"在人们彼此频繁互动、信息自由流动的紧密联系的群体中,人们可能坚持社会性的合作形式,因为这符合他们的长期利益"。[3]奥斯特罗姆拒绝确定"必要条件",但却通过遵循八项"设计原则"来解释成功机构的"持久性"[4],而这八项"设计原则"与埃里克森和伯恩斯坦提出的"紧密联系的群体"的特征在很大程度上重合。[5]

在这种情况下,马赛的渔民群体似乎满足了私人秩序产生的必要条件,即长期互动的存在和完善的信息。然而,值得注意的是,马赛的渔民并没有建立起一个典型的私人治理体系。事实上,像"贤人会议"这样的相当复杂的组织的出现是不寻常的,因为如果文献的预测方面成立的话,私人秩序应该避免产生正式的结构,并且通常依赖于第一方和第二方的控制。我将在下文"长期关系"和"信息流通"中描述

---

[1] Ellickson, *Order without Law*, 181. 其他作者认为,社会规范也可以在"松散联系的"群体中产生,尽管产生的方式不同。见 L. J. Strahilevitz, 'Social Norms from Close-Knit Groups to Loose-Knit Groups'(2003) 70 *The University of Chicago Law Review*, 359。
[2] Bernstein, 'Opting out of the Legal System', 140.
[3] McMillan and Woodruff, 'Private Order under Dysfunctional Public Order', 2422.
[4] Ostrom, *Governing the Commons*, 90–91.
[5] ibid., 90. 文中提及,大多数紧密联系的群体都有明确的界限,都会根据当地条件制定规则,建立集体选择的安排,并有高水平的监督、分级的制裁和冲突解决机制。

渔民群体如何表现出满足这两个条件的特性,之后突出我所谓的"贤人会议"的悖论。

长期关系

私人治理理论的先驱们强调了紧密联系的群体的成员如何期望长期维持他们的关系。例如,奥斯特罗姆指出,在这些群体中,"每个人都有共同的过去,并且期望共享一个未来"。[1]家庭和代际联系在这方面是有效的指标:那些在给定群体中存在多个家庭成员并且期望他们的子女属于同一群体的个人,也期望共享一个共同的未来。[2]

马赛的渔民群体显示的特征与这一分析完全一致。事实上,这个群体在其整个历史中都表现出强烈的内生性特征。群体成员传统上来自少数创造了真正的渔民"王朝"的家庭。例如,"贤人会议"在1660年进行了一项社区调查。[3]这份181人的名单提供了17世纪中叶渔民群体的一幅快照。在这181个人中,119人(几乎占群体的66%)在社区中至少有一名其他家庭成员。[4]一些显赫的家庭有6个成员[内格雷尔(Negrel)的家庭]、7个成员[泰塞尔(Teissere)的家庭]甚至9个成员[隆巴顿(Lombardon)的家庭和法布隆(Fabron)

---

[1] Ostrom, *Governing the Commons*, 88.
[2] B. D. Richman, 'How Community Institutions Create Economic Advantage: Jewish Diamond Merchants in New York'(2006) 31 *Law & Social Inquiry*, 383, 403.
[3] "贤人会议"1660年2月15日会议记录, in *Livre Rouge*, DA 250E4。
[4] 本调查假设拥有相同姓氏的渔民来自相同的家庭。

的家庭〕。因此，数据表明，很大一部分渔民来自相同的家庭。此外，传统上，渔民的儿子成为渔民，而他们的女儿则会嫁给其他渔民。[1]在18世纪，马赛的渔民对他们称为"天生渔民"（即来自渔民家庭的个人）的人更有好感。[2]其他历史研究证实了我的发现：法吉特（Faget）提到马赛渔民的"社会和地理固定主义"[3]，凯撒（Kaiser）报告说，在16世纪末，几乎70%的渔民女儿嫁给了其他渔民。[4]

渔民群体的紧密联系似乎一直持续至今。我遇到的大部分渔民，其身份都继承自父亲，而他们父亲的身份又继承自父亲的父亲。例如，我的一位受访者是七代渔民的后代，这一谱系能够一直追溯到18世纪。代际模式仍然是"在社区内产生最大声望"的模式（援用一位受访者的话），即使最新一代倾向于从事其他职业。[5]因此，马赛的渔民群体似乎在其整个历史中都具有强烈的内生性，这一群体的成员历来认为，他们具有极其长久的相互关系。

---

[1]一位受访者解释说：与渔民女儿结婚的外来者有时也被期望成为渔民。
[2] *Description des Pesches, Loix et Ordonnances des Pescheurs de la Ville de Marseille*, DA 250E2, 10.
[3] D. Faget, *Marseille et la mer: Hommes et environnement marin (XVIIIe-XXe siècle)* (Rennes, Presses universitaires de Rennes, 2011), 23.
[4] W. Kaiser, *Marseille au Temps des Troubles: Morphologie sociale et luttes de factions (1559—1596)* (Paris, EHESS, 1991), 102.
[5] 2014年，只有38%的普罗旺斯渔民是因为"家族遗传"而选择他们的职业（CRPMEM PACA, *Etat des lieux et caractérisation de la pêche maritime professionnelle et des élevages marins en PACA*, 2015, 33），2015年这一比例下降到32%（CRPMEM PACA, *Etat des lieux et caractérisation de la pêche maritime professionnelle et des élevages marins en PACA*, 2016, 33）。

信息流通

除了强烈的内生性,我的数据表明,信息在渔民群体中很容易传播。这种信息流通是多种因素作用的结果,这些因素使渔民群体成为不同网络重叠的"多元化"社区的主要例子。[1]这些网络具有专业性、空间性、宗教性与亲和性。[2]城市空间在团结渔民群体方面起到了特别重要的作用。大部分渔民居住在圣让,这是位于马赛老港北侧的一个小居民区(见图1.2)。

图1.2 马赛老港和圣让区。资料来源:法国国家图书馆(BNF Gallica),*Représentation de la très renommée et admirable ville et port de Marseille* (16th century)。

在被摧毁重建前,圣让由迷宫般的狭小街道组成,"贤人会议"矗立在中心。[3] 20世纪中叶之前,这个居民区一直将社区植根于城市空间,其成员很少离开。有几条街道以

---

[1] M. Gluckman, *The Judicial Process among the Barotse of Northern Rhodesia (Zambia)* (Manchester, Manchester University Press, 1955), 19.
[2] F. Grisel,'How Migrations Affect Private Orders: Norms and Practices in the Fishery of Marseille'(2021) 55 *Law & Society Review*, 177.
[3] 关于圣让的毁灭,参见第六章。

著名渔民的名字命名[1]，有一条街道甚至以"贤人会议"命名。[2] 在这个居民区，消息传播得很快。在1830年的一封信中，"贤人会议"将圣让描述为一个"每个人都互相认识"的地方，在这里"人们可以很容易地召开会议，讨论有损于公共利益的问题"。[3] 即使在今天，渔民们彼此都很熟悉，他们之间使用绰号的现象也很普遍。[4] 他们定期在自己的教区，即俯瞰马赛港口的圣洛朗教堂聚会，参加多种宗教庆祝活动，这些活动是社区生活的亮点。[5] 渔民们仍然虔诚地信奉宗教，据圣洛朗教堂现任神父说，渔民们甚至是"迷信"的，他们积极参加这些宗教庆祝活动（最近频率有所降低）。尽管社区成员基本上是男性（我只听说过有一个女性渔民），但妇女在构建他们的网络中发挥的重要作用不容忽视。我的一位受访者说："当你看到一个渔夫时，他的妻子总在不远处。"在他们仍然延续的家庭模式中，渔民在很大程度上依赖他们的妻子出售渔获物。女性鱼贩们每天聚集在马赛的老港口卖鱼，同时彼此聊天。"老港鱼贩"（fishmongers of the old port）构成的风景已经成为马赛最鲜明的文化符号之一，

---

[1] 见 A. Bouyala d'Arnaud, *Evocations du Vieux Marseille* (Paris, Les Editions de Minuit, 1959), 160, 164。
[2] ibid., 92.
[3] 马赛市"贤人会议"致圣纳扎尔"贤人会议"的信（1830年12月7日），DA 250E126。
[4] 一位前"贤人会议"成员告诉我，"贤人会议"的一位前秘书把所有渔民的绰号都记在一个小笔记本上，而且相同的绰号经常从父亲传给儿子。
[5] 见 A. Sportiello, *Les pêcheurs du Vieux-Port: fêtes et traditions* (Marseille, Jeanne Laffitte, 1981)。

也是一个由多重纽带结合起来的古老社区的标志之一。

"贤人会议"的悖论

迄今所提及的情况表明,私人治理成功运作的条件将在渔民社区中得到满足。因为渔民从紧密团结的社区中受益,根据理性选择分析预测,他们理应发展一种基于社会规范的私人治理系统。用埃里克森的话说,"在满足长期关系以及长期交流这两项条件后,成员们认为建立一个具有正式结构的组织并没有什么好处"。[1]

这一预测部分地实现了。事实上,我的实证研究表明,在马赛捕渔业中有两个一直存在的最重要的规范。当我查阅档案、采访渔民或只是在马赛港口闲逛时,我被讨论话题转向社区"古老原则"的速度所震惊。[2]这些规范很少被抄录或精确定义,但它们的重要性通过经验的记录被表露无遗。最重要的是,马赛的渔民珍视平等和公正的价值观。他们都相信社区的所有成员是平等的,必须以与其他渔民相容的方式行事。根据这一规范,他们不断尝试适应彼此的行事方式,并确保社区的每一个成员都能从渔业中谋生。这一规范与埃里克森在沙斯塔县观察到的"自己活别人也活"的规范有一

---

[1] Ellickson, 'When Civil Society Uses an Iron Fist', section 4.4.
[2] 伊丽莎白·坦皮尔(Elisabeth Tempier)是"贤人会议"最优秀的专家之一,她对渔民群体的"原则"也有类似的发现。她提出了两个主要原则:"避免一种做法取代另一种做法"和"每个人都必须能够工作"。见 E. Tempier, *Mode de Régulation de l'Effort de Pêche et le Rôle des Prud'homies: Les Cas de Marseille, Martigues et Le Brusc* (IFREMER, 1985), 34–41。

些相似之处。这一规范本质上是个人主义的和放任自流的，因为它旨在适应个别渔民的需要和偏好。渔民们已经形成了强烈的平等主义传统，其方式与斯科特（Scott）关于东南亚"超国家"（extrastate）空间的描述完全一致。[1]然而，他们的平等规范与一种本质上是公共的、禁止性的规范共存，我称为"保护"（preservation）规范。根据这一规范，马赛的渔民相信有必要长期保护他们的渔业。他们试图避免过度捕捞，尽量减少对鱼类资源的影响。

话虽如此，马赛的渔民不仅依靠社会规范来管理他们的渔业，他们还授权给一个名为"贤人会议"的正式实体。理性选择理论告诉我们，在没有正式管理结构的情况下，处于特定条件下的个人会过得更好，那他们为什么要这样做呢？当像"贤人会议"这样的阶层式的社会形态的出现与渔民们的平等主义精神相冲突时，这就更加令人担忧了。事实上，"贤人会议"的存在本身似乎违背了其所在社会的一项基本原则。"'贤人会议'的悖论"也可以从曼瑟尔·奥尔森（Mancur Olson）的集体行动理论中找到。[2]奥尔森解释到，与大中型社区相比，小型社区更不容易出现搭便车（freeriding）问题，因为社会控制会在小群体中发挥最佳作用，从而减少搭便车的风险。[3]"贤人会议"这一在相对较小的渔民社区中出现

---

[1] J. C. Scott, *The Art of Not Being Governed: An Anarchist History of Upland Southeast Asia* (New Haven, CT, Yale University Press, 2009), 18, 274-277, 329.
[2] M. Olson, *The Logic of Collective Action: Public Goods and the Theory of Groups* (Cambridge, MA, Harvard University Press, 1965).
[3] ibid., ch 1.

的组织，似乎给奥尔森的分析增添了些许波澜。人们可以观察到渔民社区的经验状况与私人秩序分析所依据的集体行动理论之间的脱节：如果人们接受关于私人治理的文献的结论，就不会有关于"贤人会议"在渔民社区中出现的合理解释。米尔格罗姆（Milgrom）、诺斯（North）和温加斯（Weingast）在他们关于香槟博览会的文章中也提出了类似的悖论：

> 如果基于声誉的非正式安排能够有效地激发良好的行为，那么正式制度在帮助支持诚实交易方面的作用是什么？……难道一个简单的声誉体系不能在这些不同的环境中激励诚信交易吗？[1]

私人治理体系中的规范和规则

针对这些问题，米尔格罗姆、诺斯和温加斯认为，当用于执行规范的声誉机制变得无效时，就会出现正式实体。[2]例如，当私人治理体系扩展到大片区域，或者其人口增长超过一定规模时，就会出现正式实体。他们认为，制度的出现是为了集中信息、识别违规者，并允许个人惩罚这些违规者。[3]根据这一分析，迪克西（Dixit）区分了"基于关系的"

---

[1] P. R. Milgrom, D. C. North and B. R. Weingast, 'The role of institutions in the revival of trade: the law merchant, private judges and the Champagne fairs' (1990) 2 *Economics and Politics*, 1, 2.

[2] ibid.

[3] ibid.

（relation-based）制度和"基于规则的"（rule-based）制度，前者是个人通过识别和惩罚违规者来执行社会规范的制度，后者是机构收集关于违规者的关键信息的制度。[1]这一理论的优点是能够确定私人治理体系中机构产生的机制。例如，这一理论使我们能够更好地理解，在集中关于跨境贸易的信息方面，钻石交易商俱乐部或国际商会所发挥的作用。[2]然而，通过关注私人治理体系惩罚违规者的方式，该理论几乎未涉及被强制执行的义务的性质，以及机构对这些义务的内容可能产生的潜在影响。

本节试图通过关注私人秩序核心义务的性质来补充这一制度理论。为此，本节重新审视了"规范"（norm）和"规则"（rule）之间的区别，并分析了机构如何在面临社会挑战时创造补充"规范"的"规则"。更具体地说，本节认为，社会规范的基本特征，即其结构开放性（open texture）和刚性（rigidity），可以解释为什么机构在私人治理体系中增加了制定规则的功能。

以规范为基础的秩序

如本章第三节"'贤人会议'：一种私人治理制度？"所示，学术研究确定了私人治理成功运作的两个主要条件：信息共

---

[1] A. K. Dixit, *Lawlessness and Economics: Alternative Modes of Governance* (Princeton, NJ, Princeton University Press, 2004).

[2] 见 Bernstein, 'Opting out of the Legal System'; F. Grisel, 'Arbitration as a Dispute Resolution Process: Historical Developments'in A. Björklund, F. Ferrari and S. Kröll (eds.), *Cambridge Compendium of International Commercial and Investment Arbitration* (Cambridge, Cambridge University Press, forthcoming)。

享和对长期关系的展望。因此很容易理解为什么在紧密联系的群体中信息更容易传播——关系紧密的个人之间的交流频繁而密集。然而，不太明显的是，个人期望或打算长期互动的原因。针对这些原因的分析实际上是社会学和经济学之间的一个理想接触点。[1]例如，在经济学方面，可以考虑著名经济学家、诺贝尔经济学奖获得者奥利弗·威廉姆森（Oliver Williamson）提出的对私人治理理论的解释。在一篇文章中，威廉姆森认为，在私人治理体系中，信任并不像通常设想的那样重要，因为个人会不断地适应社会文化环境，而这种环境对他们的决策是外生的。换句话说，行动者总是通过"计算性评估"（calculative assessments）将这一外生环境纳入他们的决策过程。[2]用威廉姆森的话说，"对信任的推断（对分析）毫无帮助"，分析应该将重点放在"计算性"（典型的个人特征）上。[3]他的分析将文化和社会因素所起的作用降低到几乎为零。威廉姆森认为，信任的重要性仅限于"家人、朋友和恋人之间非常特殊的关系"。[4]在最近的一本书中，巴拉克·里奇曼扩展了威廉姆森的观点，他认为钻石行业中信任的瓦解是行业发展的结果，而不是原因。[5]根据里

---

[1] 关于在社会学和经济学研究之间建立桥梁的必要性，见 Edelman, 'Rivers of Law and Contested Terrain', 182; Ellickson, 'Law and Economics Discovers Social Norms'.

[2] O. E. Williamson,'Calculativeness, Trust, and Economic Organizations' (1993) 36 *Journal of Law and Economics*, 453, 471-73.

[3] ibid., 475.

[4] ibid., 482-484.

[5] Richman, *Stateless Commerce*.

奇曼的说法，钻石市场逐渐融入企业仅仅是信任的替代品，而不是信任瓦解的结果。[1]他的潜在主张是，当整体环境改变了经济行为者的个人动机时，他们不会选择相互信任。[2]他的分析与格雷夫的观点一致，即"马格里比贸易商联盟"（Maghribi traders coalition）中的各方只是在经济上相互依赖，而不是将互助或利他主义的行为规范内化。[3]因此，这一学派似乎认为个人选择主要由自身利益驱动，而社会规范仅仅是个人策略的工具。同样地，波斯纳（Posner）怀疑"许多人做事情是因为他们认为这些事情是正确的，除非他们首先利用了道德推理的可塑性，将'正确'与他们的自身利益联系在一起"。[4]在这种观点中，社会规范仅仅是实践的反映，而实践本身是个人利益的功能。[5]

相比之下，大多数社会学家的出发点是，个人在文化和社会上是"被行动者"（acted upon），很少有自主决定其自身命运的"行动者"（actor），因此，威廉姆森所描述的"计

---

[1] Richman, *Stateless Commerce*, 175.
[2] ibid., 173. 里奇曼和威廉姆森并不是唯一对社会规范进行分析的人：阿维拉姆认为，这些规范可以被"发明"出来，以维持私人秩序的活动。见 A. Aviram, 'Path Dependence in the Development of Private Ordering' (2014) 1 *Michigan State Law Review*, 29。
[3] Greif, *Institutions and the Path to the Modern Economy*, 67.
[4] R. A. Posner, 'Social Norms, Social Meaning, and Economic Analysis of Law: A Comment' (1998) 27 *The Journal of Legal Studies*, 553, 560.
[5] R. A. Posner, *Law and Social Norms* (Cambridge, MA, Harvard University Press, 2000), 7-8. 下文也很明显地体现了规范作为社会行为的反映的概念，见 C. Sunstein, 'Social Norms and Social Roles' (1996) 96 *Columbia Law Review*, 903, 908。

算评估"是一项艰巨的任务。[1]例如，弗莱格斯坦（Fligstein）和麦克亚当（McAdam）写道，"社会学大部分的假说是，人们被卷入社会结构中，而这些结构是他们无法控制的，并且在高于他们的水平上运行"。[2]同样地，格兰诺维特强调交易的"嵌入式"特征，以及"信任"在经济关系中扮演的基础性角色。[3]社会学家认为社会规范不仅仅是一种反复出现的社会实践模式，在他们看来，社会规范创造了对个人应该遵循标准的期望。[4]格兰诺维特以筷子为例表明社会模式和规范之间的区别：在世界的某些地方，大多数人使用筷子的事实并不能将这种做法提升到规范级别。[5]这并不是否认这样一个事实，即一种普遍的做法可能具有某种信号效应，可以慢慢地将这种做法转变为一种社会规范。[6]然而，并不是所有经常性的做法都能获得规范的地位，而且社会规范并不"总是关于所观察到的行为"。[7]

本书对这一争论采取了更为细致的方法。它赞同个人选

---

[1] 见 Greif, *Institutions and the Path to the Modern Economy*, 12-13。
[2] N. Fligstein and D. McAdam, *A Theory of Social Fields* (Oxford, Oxford University Press, 2012), 6.
[3] M. Granovetter, 'Economic Action and Social Structure: The Problem of Embeddedness' (1985) 91 *American Journal of Sociology*, 481, 492; Granovetter, *Society and Economy*, 11-15. 另见 Coleman, 'Social Capital in the Creation of Human Capital'。
[4] 例见 T. Parsons, *The Structure of Social Action: A Study in Social Theory with Special Reference to a Group of Recent European Writers* (Glencoe, IL, Free Press, 1949), 75; Coleman, *Foundations of Social Theory*, 242。
[5] Granovetter, *Society and Economy*, 27-28.
[6] Posner, 'Social Norms, Social Meaning, and Economic Analysis of Law', 24-26.
[7] ibid., 24.

择和社会规范是紧密交织在一起的，而不是相互分离的。[1] 社会规范通常约束个人行动的范围，但并不能完全或系统地决定其结果。事实上，这些规范在私人治理中发挥关键作用，因为它们提供社会黏合剂，从而催生对持续关系的期望。虽然个人当然可以选择彼此信任（或停止信任），但经验证据表明，社会规范在维持信任方面作用微乎其微的说法似乎难以成立。[2] 本书进一步探讨了社会规范的关键特征，即其结构开放性和刚性，以及这些特征对私人治理运作的影响。社会规范的结构是开放的，因为它们的含义是模糊的，可以有多种解释。[3] 例如，同样的平等规范可以被解释为排除了某些类别的公民，或者被解释为基于正式的财产权，而非经济权利。除了结构开放性之外，社会规范具有刚性，因为对它们的表述在很长一段时间内不会改变。[4] 群体成员往往依附于一种或几种规范，对他们来说，改变对这些规范的表述是不可想象的。例如，美国人自豪地宣称"自由"，而法国人

---

[1] Granovetter, *Society and Economy*, 14.
[2] 例见R. M. Kramer,'Trust and Distrust in Organizations: Emerging Perspectives, Enduring Questions'(1999) 50 *Annual Review of Psychology,* 569（提供了对关于信任的学术研究的概述）。
[3] 这篇文章注意到了这一点，见 R. D. Cooter,'Three Effects of Social Norms on Law: Expression, Deterrence, and Internalization'(2000) 79 *Oregon Law Review,* 1, 21。
[4] 见Sunstein, 'Social Norms and Social Roles', 911; H. Peyton Young,'The Evolution of Social Norms'(2015) 7 *Annual Review of Economics,* 359. 哈特也提出了类似的观点，见 H. L. A. Hart, *The Concept of Law* (Oxford, Oxford University Press, 2012), 92, 文中提及这样一个社会所知的规则变化的唯一模式将是缓慢的增长过程，在这一过程中，曾经被认为是可选的行为方式首先成为习惯或惯例，然后成为强制性的，反之则是衰退的过程，在这一过程中，曾经被严厉处理的偏差首先被容忍，然后被忽视。

则坚持他们对既有社会规范的承诺。社会规范的刚性特征有时被那些宣称忠于法律和经济学传统的学者所否认。[1]考虑到大多数学者将社会规范定义为社会行为的统计循环，从而淡化了规范信念的主观维度，这种否认并不令人惊讶。[2]例如，阿克塞尔罗德声称"一种社会规范存在于给定的社会环境中，在某种程度上，个人通常以某种方式行动，当被发现不以这种方式行动时，个人往往会受到惩罚"。[3]从这种对基于社会行为的规范的客观定义中可以得出一种令人惊讶的观点，即"规范的地位可以在短时间内改变"。[4]本书提出了社会行为确实是可以改变的这一观点，但社会信念的进化更加缓慢，也更加困难。从这个角度看，社会规范的两个特征似乎是矛盾的，因为规范的结构开放性应该使其具有灵活性，但它们实际上是同一现实的两个方面：对社会规范的表述不太可能进化，因为这些规范是结构开放的，能够包含许多不同的社会现实。对这些特征的分析，有助于超越社会学家所主张的完全规范性的立场和经济学家所持的相反观点之间的争论：社会规范的刚性限制了个人的行为，但其开放性

---

[1] 见 S. Qiao, *Chinese Small Property: The Co-Evolution of Law and Social Norms* (Cambridge, Cambridge University Press, 2018), 186。作者认为财产规范比物权法更能应对社会变化。一位法律和经济学传统的杰出代表不情愿地承认社会规范"可能是黏性的"，同时认为"这不是一个特别有趣的暗示"，见 Posner, *Law and Social Norms*, 44。

[2] 参见第六章。

[3] R. Axelrod, 'An Evolutionary Approach to Norms'(1986) 80 *The American Political Science Review*, 1095, 1097.

[4] ibid., 1096.

允许个人根据这些规范来构建自身利益。换句话说，社会规范赋予了个人行为权利，但也限制了个人行为。

以规则为基础的秩序

过去的学术研究已经记录了私人治理体系中正式实体的出现。例如，甘贝塔（Gambetta）解释了委员会在西西里黑手党中诞生的原因，这是因为当黑手党"家族"以适应自身利益的方式解释黑手党的规范时，需要对"杀人权"（right to kill）进行规范。[1]伯恩斯坦提到了棉花贸易协会为了"增加合作持续的可能性"而采取的多个步骤。[2]斯卡贝克（Skarbek）展示了当监狱系统中的"囚犯守则"（convict code）失效时，帮派是如何发展出规则的。[3]然而，相对来说，规则产生以及与规范相互作用的方式还没有得到充分研究。当他们研究私人治理体系中正式实体所扮演的角色时，大多数学者倾向于强调这些实体在完善信息流方面所扮演的角色。[4]"贤人会议"的悖论提供了一个背景，人们在其中可以将学术注意力从义务的强制执行重新集中到义务本身。特别是，"贤人

---

[1] D. Gambetta, *The Sicilian Mafia: The Business of Private Protection* (Cambridge, MA, Harvard University Press, 1993), 113.
[2] Bernstein, 'Opting out of the Legal System', 1782.
[3] 见 D. Skarbek, *The Social Order of the Underworld: How Prison Gangs Govern the American Penal System* (Oxford, Oxford University Press, 2014), ch 3。关于犯罪网络的治理功能，见 Gambetta, *The Sicillian Mafia*, ch 5; F. Varese, *The Russian Mafia: Private Protection in a New Market Economy* (Oxford, Oxford University Press, 2001)。
[4] 例见 Dixit, *Lawlessness and Economics*。

会议"的例子说明了正式实体通过制定规则来补充甚至修改现有义务的方式。与规范相反，规则既封闭又灵活。说它们是封闭的，是因为它们对具体问题提供了狭义的答案。例如，如果一条规则规定，车主有义务纳税，人们可以很容易地识别出哪些人属于这一类别。此外，规则是灵活的，是因为它们可以一改再改。但这并不是说规则总是瞬息万变，事实上，它们会受到社会规范或总体原则的约束，从而阻止它们快速发展。[1] 规范和规则之间的区别让人想起罗纳德·德沃金（Ronald Dworkin）在"原则"（principle）和"规则"（rule）之间所做的另一个著名区分。[2] 德沃金认为，"原则"是一种"正义或公平的要求"，由于其开放性，其"权重"总是"相对的"。[3] 另一方面，"规则"是"适用于要么全有，要么全无的方式"。[4] 它只能在一组给定事实的基础上有效或无效。[5]

由于社会规范的开放性，它们常常被用作社区辩论中的政治工具：例如，同样的做法可以被视为遵守某种社会规范，也可以被视为违反同一种规范，争议各方将依据同一规

---

[1] 例见 G. N. Rosenberg, *The Hollow Hope: Can Courts Bring About Social Change?*, 2nd edn (Chicago, IL, The University of Chicago Press, 2008), 96–97。一个重要的问题是规则如何从现有的规范结构中产生。关于这一问题的一篇重要文章见 A. Stone Sweet, 'Judicialization and the Construction of Governance' (1999) 32 *Comparative Political Studies,* 147。

[2] R. Dworkin, *Taking Rights Seriously* (Cambridge, MA, Harvard University Press, 1977), ch 3.

[3] ibid., 22.

[4] ibid., 24.

[5] ibid., 27.

范来捍卫各自的立场。同时，社会规范由于其刚性而难以演变。因此，最实际的问题可能使社会规范承受巨大的压力。让我借用沃尔特·伦西曼（Walter Runciman）和阿玛蒂亚·森（Amartya Sen）的一个例子来说明这一论点的来龙去脉。伦西曼和森描述了这样一种情形，在这种情形中，个人觉得有权在道路的左侧或右侧开车，两类司机为了使别人接受他们自己的偏好而竞争。[1]为了便于讨论，我进一步假设这些司机普遍接受集体安全的社会规范。[2]那么很难说哪一类司机遵守了这一社会规范，因为两类做法本身同样安全，但它们的结合增加了事故的风险。根据伦西曼和森的观点，唯一可行的解决方案是建立一种"公平分配的游戏"（game of fair division），以便使每种做法与总体安全规范相适应。[3]这种"公平分配的游戏"要求制定规则，为大多数司机面临的具体问题提供明确的答案：在何时、何地，我可以在不发生事故的情况下在左侧或右侧开车。

规范和规则之间的区别可以帮助我们重新审视在关于私人治理的文献中发现的案例研究和争论。例如，埃里克森的沙斯塔县似乎是基于规范的秩序的典型例子，而伯恩斯坦的钻石商人社区似乎更接近于基于规则的秩序。此外，这种类型学超越了"社会"和"法律"之间的区别，后者模糊而不

---

[1] Runciman and Sen, 'Games, Justice and the General Will', 558.
[2] 可以说，如果这些司机认识到更广泛的集体安全规范，他们就不会发展出这些相互冲突的行为。但是，正是因为规范是开放的，所以每一类司机都觉得"他们是遵守集体安全的社会规范的人"。
[3] Runciman and Sen, 'Games, Justice and the General Will', 559-560.

是阐明了我们对社会的理解。[1]以费尔德曼（Feldman）关于东京"金枪鱼法院"（tuna court）的著名研究为例，该研究探索了金枪鱼商人为了解决筑地市场金枪鱼销售纠纷而诉诸正式治理系统的机制。[2]在一项开创性的研究中，费尔德曼提出，"紧密联系的群体的成员可能转向法律而不是规范，因为法律规则和机构可以提供高效而价格低廉的服务"。[3]然而，我们尚不清楚金枪鱼法院是否真的有资格成为"专门的公共法院"。[4]费尔德曼特别强调这样一个事实，即1971年东京都政府的一项法令将金枪鱼法院的权力编入法典，并且金枪鱼法院有权在政府所有的土地上运作。[5]其他组织，例如仲裁法庭，显示出类似的特征，但通常不被认为是"公共法院"。东京金枪鱼法院当然产生规则，但是这些规则是社会的还是法律的？没有人确切地知道，而且无论如何，"社会"和"法律"之间的明显区别似乎是人为的。但是，重要的是金枪鱼商人决定创建一个正式实体来管理金枪鱼销售的原因。对此，费尔德曼简要地提到了金枪鱼法院是如何在20世纪50年代中期出现的，当时"不必要的紧张关系"造成了

---

[1] "法律"和"社会"的区别是建立在一个有争议的观点之上的，即法律是独立于"社会"的。见 B. Latour, *The Making of Law: An Ethnography of the Conseil d'Etat* (Cambridge, Polity Press, 2010), 262。

[2] E. A. Feldman, 'The Tuna Court: Law and Norms in the World's Premier Fish Market' (2006) 94 *California Law Review,* 313.

[3] ibid., 318.

[4] ibid., 354.

[5] ibid., 353.

金枪鱼商人群体中的两个团体之间的僵局。[1]这一僵局可能是理解商人选择创建一个正式实体的关键原因，该实体有自己的一套规则，能够补充商人们的规范。

结　论

本章列出了一些将在下文中使用的理论背景，提出了"贤人会议"的悖论，以及如何调和"贤人会议"这类正式实体与私人治理文献研究原则间的矛盾。概述了"基于规范的"秩序和"基于规则的"秩序之间的区别，这将用于解释后续章节中所提供的实证材料。尽管这一结构表明了一种演绎法，但是本书所使用的方法显然是归纳法。事实上，第一章中所提出的理论是对通过档案研究、访谈和民族志工作所收集的实证材料进行详尽分析的结果。正是这些实证材料帮助我以第一章所提及的方法来构建研究的数据框架。第二章到第五章是描述性的，提供了对"贤人会议"在整个历史上的经验现实的详细描述。[2]而这些章节的解释来自第一章中所提出的框架，并试图根据实证数据对其进行完善。

---

[1] E. A. Feldman, 'The Tuna Court: Law and Norms in the World's Premier Fish Market', 331. 费尔德曼并没有指出金枪鱼贸易商从非正式体系转向公共法庭背后的原因。见 ibid., 360, 文中提及：实际上，他们背弃了非正式规范（也许是因为这些规范不够充分，或存在争议，或出于其他原因；历史记录并不足以说明这一点），并偏离了一些学者所认为的处理冲突的特别有效的方法。

[2] 关于描述性工作的重要性，见B. Latour, *Reassembling the Social: An Introduction to Actor-Network-Theory* (Oxford, Oxford University Press, 2006), 136。

第二章（"从规范到规则"）概述了马赛渔民社区的社会规范。这一章指出了社区规范的实施带来的问题，并解释了为什么"贤人会议"会在15世纪早期出现，以解决渔民之间在具体实施这些规范时产生的争端。然后，这一章说明了"贤人会议"在适应新的捕鱼方式同时限制其范围时所面临的持续挑战。

第三章（"全球化降临"）聚焦于"贤人会议"如何应对全球化早期阶段（17世纪和18世纪）所发生的社会变化。通过两个案例研究，本章展示了渔民的社会规范如何构建了"贤人会议"对这些变化所做出的规则性回应：17世纪一种被称为"捕鲭网"的新捕鱼技术的出现以及18世纪加泰罗尼亚渔民的到来。在这两个案例中，渔民的社会规范塑造了"贤人会议"的规则制定职能，并创建了一个宪法框架来约束其对社会变化的反应能力。

第四章（"规范之战"）展示了当渔民面临诸如发动机、电力和炸药等重大技术的出现时，他们的规范之间的内在紧张关系是如何加剧的。在这样的背景下，"贤人会议"在实现其规范之间的平衡方面遇到了困难，并最终将其对平等的承诺置于渔业保护之上。

第五章［"法律和（私人）秩序"］探索了一个被广泛接受的观点，即"贤人会议"的衰落是因为法国政府停止了对其私人治理体系的支持。这一解释与强调公共支持对于维持私人治理的重要性的学术观点是一致的。"贤人会议"的案例表明这一解释可能需要修改。事实上，数据表明，法国政府之所以支持"贤人会议",是因为它可以从后者中获得好处,当这些好处消失时,法国政府就停止了对"贤人会议"的支持。换句话说,对因果关系的解释可能需要颠倒:当国家停止支持时,"贤人会议"并没有衰落,相反,当"贤人会议"衰落时,国家逐渐停止了对"贤人会议"的支持。

第六章("在事实与信念之间")将分析落脚于第一章中提出的理论框架。追溯了致使"贤人会议"逐渐衰落的步骤。在本书提供的实证材料的基础上,这一章认为私人治理的脆弱性在于其社会规范的强度。强有力的规范阻止了私人治理体系以应有的速度进化以适应社会变化。这一差异导致了制度性精神分裂(institutional schizophrenia),规则在不断演变的实践和现有规范之间被拉伸到了临界点。简言之,第六章提出了本书的中心论点,即社会规范是私人秩序的强大力量,但也是其主要弱点。

><((((°>*

---

* 此标志为原书所有,形状似鱼,正与本书主题契合,故在翻译中给予保留。

第二章

从规范到规则

导 言

马赛是法国第二大城市,也是法国最古老的城市,始建于公元前600年,适时为希腊殖民地,被称为"马西利亚"(Massilia)。[1]马赛隐藏在"狮子湾"中,西面是罗讷河(Rhône river)的河口,东面是一系列垂直的悬崖,这一地理位置使马赛拥有地中海最大的渔场之一。罗讷河带来了大量的营养物质,有助于波西达尼亚草甸(鱼类繁殖的天然栖息地)的发展,而卡兰克斯(Calanques)国家公园则是种类繁多的岩鱼的栖息之所,被用来制作马赛的招牌菜普罗旺斯鱼汤(Bouillabaisse)。

马赛的历史与其渔业的历史紧密相连。[2]根据传说,这

---

[1] 见 O. Abulafia, *The Great Sea: A Human History of the Mediterranean* (London, Penguin Books, 2014), 123, 124。
[2] 见 B. Fagan, *Fishing: How the Sea Fed Civilization* (New Haven, CT, Yale University Press, 2017), 141 et seq, 作者认为早期的文明和城市中心往往是伴随着复杂的渔业发展起来的。

座城市的名字源于希腊殖民者将一条鱼线抛给当地的渔夫，并请他将鱼线系在竿子上的那一刻[1]，因此，古老的名字"马西利亚"是钓鱼结（mastos）和渔夫（alieus）的合成词。[2]图2.1复制了马赛港最古老的一幅图画，是来自锡耶纳的意大利艺术家马泰奥·弗洛里米（Matteo Florimi）根据雕刻于1580年左右的版画绘制而成的。[3]

在这幅画中，弗洛里米展示了集中在港口北部的居民，

图2.1 《马赛港》，由马泰奥·弗洛里米所绘（约1580年）。资料来源：法国国家图书馆（BNF Gallica）。

---

[1] 见A. de Ruffi, *Histoire de la ville de Marseille* (Marseille, Claude Garcin, 1642), 5。
[2] ibid.
[3] 马泰奥·弗洛里米的一些版画可以在大英博物馆看到，网址是www.britishmuseum.org/collection/term/BIOG27422（最后访问时间为2021年2月9日）。

描绘了众多的船只以及保护港口免遭海浪袭击的锁链。对于本章而言，最重要的是，这幅画的左上角包含了已知的关于马赛渔业的最早的描述之一。[1]这幅画从几个方面说明了问题。首先，相对于城市和港口，艺术家放大了捕鱼场景的比例。他这样做可能是为了使细节清晰可见，但他也有可能意图强调渔业对马赛市的重要性，事实上，在弗洛里米作画时期，马赛的渔业非常繁荣，拥有各种各样的鱼类资源。[2]各种文本都提到了马赛"奇迹般的"渔业，并有16世纪单日捕获8,000条金枪鱼的记录。[3]其次，这个场景描绘了普罗旺斯最古老的捕鱼技术之一，即艾索格（eyssaugue）。艾索格是一种网（引申为一种捕鱼技术），从岸边展开，作为海滩围网。艾索格一词源于古希腊语 eis（里面）和 ago（引导），表明这种捕鱼技术在很大程度上依赖于渔民的密切配合。[4]在弗洛里米的画中，5名渔民留在岸上抓着围网的一端，而另外4名渔民驾着小船绕着网回到岸边。[5]这一场景展现了渔民之间的高度合作。事实上，艾索格不仅要求个体渔船船员间的高度合作，

---

[1] 见 J. Mille, *Les calanques et massifs voisins: Histoire d'une cartographie (1290-XXe siècle)* (Turriers, Transfaire, 2015)。

[2] de Ruffi, *Histoire de la ville de Marseille*, 441.

[3] 见 P. Quiberan de Beaujeu, *Louée soit la Provence* (Arles, Actes Sud, 1999), 135; *Rapport de M. Jules Guibert au Conseil municipal de Marseille* (22 June 1870), DA 6S10/3.

[4] 见 *Eléments relatifs à l'intérêt historique de la pêche à l' eyssaugue dans le Golfe de Marseille* (February 1994), DA 2331W281。

[5] 关于艾索格的描述，另见 J. J. Baudrillart, *Traité général des eaux et forêts, chasses et pêches, vol IX* (Paris, Librairie d'Arthus Bertrand, 1827), 148; *Description des Pesches, Loix et Ordonnances des Pescheurs de la Ville de Marseille*, DA 250E2, 71。

而且要求不同渔船之间的高度合作，因为它们在有限的几个可进行艾索格捕鱼的区域中竞争。

本章探讨了马赛的渔民如何发展和维持渔业经营的合作机制，强调"贤人会议"的诞生是一个漫长的演变过程的结果——1431年，马赛的渔民决定选举他们的代表组成一个正式的机构。本章还研究了中世纪马赛的渔民如何发展他们的行会，马赛的公社制度如何促进了社会规范的出现，以及"贤人会议"出现的契机，即渔民间具体应用这些规范产生冲突时。最后，本章强调了渔民的社会规范与适应马赛渔业新实践的必要性之间持续存在的紧张关系。

马赛渔民及其社会规范

本节考察了渔民社区的古老根源，以及其祖先使用的需要高度合作的捕鱼技术，随后探讨了渔民在市镇背景下所建立的合作机制——这是中世纪马赛自决的关键时刻。

古代马赛渔民之间的合作

我们对古代马赛了解不多，对当时的渔民如何经营就更是知之甚少了。但是，人们普遍接受的是，马赛的创建者是熟练的水手，他们迅速开发了丰富的渔业资源，并且渔业在古代马赛扮演了核心角色。[1]事实上，人类在马赛最古老的

---

[1] de Ruffi, *Histoire de la ville de Marseille*, 2.

活动遗迹是一艘可以追溯到公元前 6 世纪末的渔船残骸。[1]马赛历史博物馆中展出的一块雕刻牌匾也表明了古代马赛渔业的重要性，该牌匾描绘了希腊化时期的捕鱼场景。考古证据还表明，渔民为了使他们的贸易繁荣而密切合作。例如，公元前 1 世纪，渔民们在马赛海岸外的里奥岛上建立了一个专门捕捞金枪鱼的营地。[2]

当代观察家还表明，当地渔民高度组织化，并且合作非常广泛。例如，俄比安（Oppian，公元 2 世纪的诗人）生动地描述了马赛用来捕获箭鱼的技术，强调了使用这些捕鱼技术需要相当高水平的合作：

> 渔民们仿照箭鱼的样子设计了船，这些船只拥有箭鱼一般的身体，渔民驾驶船去追赶箭鱼，箭鱼在追逐中毫不退缩，因为它相信它看到的不是长方形的船，而是和它同族的其他箭鱼，直到人们从四面包围了它。……而且，当被网的弯曲的臂膀包围时，箭鱼会因为自己的愚笨而死亡。[3]

俄比安描述了马赛的渔民如何建造类似"城市"的巨大陷阱，同时依靠瞭望者来发现金枪鱼群：

---

[1] 见 P. Pomey, 'Les épaves grecques et romaines de la place Jules-Verne à Marseille' (1995) 2 *Comptes rendus des séances de l'Académie des Inscriptions et Belles-Lettres*, 459, 471–475。
[2] 马赛历史博物馆中展出了储存盐水的双耳瓶碎片和金枪鱼骨头。
[3] Oppian, *Halieutica or Fishing* (Cambridge, MA, Harvard University Press, 1928), 393.

首先,一个熟练的瞭望者爬上一座陡峭的高山,他观察不同的鱼群的种类和大小,并通知他的同伴。然后,所有的网立刻像城市一样在波浪中展开,渔网有它的守门人、门和内庭。金枪鱼迅速地排成一列一列地前进,就像一个部落接一个部落地行进的队伍——有年幼的,有年长的,有正当龄的。只要它们愿意,只要网能容纳它们,它们就会无止境地落入网中,渔民的战利品是极其丰富的。[1]

在俄比安的描述中,古代马赛使用的捕鱼技术涉及许多参与者,他们协调行动来捕获他们的猎物。与俄比安同时代的艾利安(Aelian)证实了他关于古代地中海捕捞金枪鱼的描述,艾利安是一位历史学家和动物学家,他详细地描述了在这个地区捕捞金枪鱼的精细技术。这些渔民建立了"瞭望点",动员了不少于30个人,利用5艘船和"相当长的"网,以便跟踪金枪鱼的迁徙。

现在,整个国家的居民都确切地知道,在一年中的某个季节,金枪鱼会到来,他们准备了许多工具来对付它们,船、网和一个高处的瞭望点。瞭望点被固定在某个海滩上,视野开阔,且不受干扰。解释瞭望点的构造并不费力,且受众也会乐见于此。在瞭望点,两个高

---

[1] Oppian, *Halieutica or Fishing*, 399, 401.

大的松树树干被宽大的木材挡板隔开，挡板在结构中以短的间隔交织在一起，这对瞭望者爬到顶部有很大的帮助。而每条船的两边都有6个强壮的年轻划手。网很长，有一定重量，所以不能仅靠软木来保持漂浮，它们实际上是用铅压住的，在浅滩，金枪鱼成群结队地游进了网里。

……

当金枪鱼群游向公海时，瞭望点上对它们路径有准确了解的人会大声提示，告诉渔民朝确切方向追赶，直奔公海。人们把一根很长的绳子系在支撑了瞭望点的松树上，随后把绳子系在网上，然后开始划他们的船，船排成一列，彼此靠得很近，因为，你看，网是分布在每条船上的。第一条船放下自己的网，然后掉头，第二条船也这样做，然后是第三条、第四条船也得放下自己的网。但是第五条船上的桨手们迟迟不肯松手，因为他们还不能放下网。然后其他的桨手朝不同的方向划去，拖网，然后停住，这时，金枪鱼行动变得迟缓，缺乏胆量，它们仍然挤在一起，一动不动。[1]

根据两位作者的说法，渔民们用网捕的方式将金枪鱼和箭

---

[1] Aelian, *On the Characteristics of Animals*, vol III (Cambridge, MA, Harvard University Press, 1959), X, 5-6, 213-215.

鱼围住[1]，这一行动涉及大量的渔民在几条船上操作，涉及一套复杂的渔网系统和瞭望者的协助，这些瞭望者引导渔民接近猎物。用费根（Fagan）的话说，"岸上的瞭望者、舵手、桨手和那些操纵网的人之间的配合必须非常精确"。[2]

根据现有证据，不足以对古代马赛的渔民群体得出太多结论。但是，从这些证词中可以看到的是，在马赛历史的最初阶段，渔民之间普遍存在着高度的合作。这种合作在后来的档案记录中随处可见，其中充满了对两项首要规范的引用：一项与平等有关，另一项与保护渔业有关。在更详细地研究这些规范之前，本节将回顾马赛的政治史，提供理解中世纪晚期"贤人会议"的出现所需的背景。

马赛市镇的渔民行会

实证记录直到13世纪早期才进一步提到马赛的渔民，当时马赛市经历了一段引人入胜但奇怪地被忽视的民主治理时期，它是中世纪横跨南欧的更广泛的地方自治运动的一部分。[3]当时，马赛的封建城市由三个独立的实体组成："上城"由马赛主教控制；"下城"由普罗旺斯子爵控制；"修道

---

[1] 艾利安还报道了古代马赛使用鱼钩捕获金枪鱼的情况。见 Aelian, *On the Characteristics of Animals*, vol XIII, 16, 107, 书中提及："我听说凯尔特人、马萨利亚人以及所有利古里亚人用鱼钩捕获金枪鱼，但鱼钩必须是铁制的，而且必须是大而结实的。"

[2] Fagan, *Fishing*, 169.

[3] M. Weber, *Economy and Society: An Outline of Interpretive Sociology* (Berkeley, CA, University of California Press, 1978), 1253.

院城"由圣维克多修道院的神职人员控制。[1]渔民住在上城、下城两个城市,而居住在不同城市的渔民,要遵守不同的规则。例如,与下城的渔民不同,上城的渔民不允许在周日和节假日捕鱼(这一规则具有明显的宗教影响)。[2]在13世纪早期,下城的居民创建了一个"市镇"(commune),通过现金赎买,逐渐从普罗旺斯子爵那里获得了一系列权利,"贤人会议"档案中最古老的文件实际上是一份日期为1225年的仲裁裁决,根据该裁决,马赛市镇向普罗旺斯伯爵雷蒙德·贝伦格(Raymond Bérenger)支付了25,000荷兰盾*,以换取该普罗旺斯伯爵先前授予普罗旺斯子爵的有关"市镇"的各种权利确认(包括捕鱼权)。[3]这份文件是马赛市镇从封建领主那里获得广泛自治权所依据的众多权力下放文件之一。为了让下城的居民有发言权,马赛市镇建立了一种基于三个主要实体的政治结构:被称为波德斯(Podestat)的行政部门、由89名成员组成的大理事会(或称总理事会)和由城市全体居民组成的大会(或称议会)。大理事会由三类成员组成:80名市民、3名律师和6名由当地行会选出的代表。渔民是这些

---

[1] 见 D. Lord Smail, *The Consumption of Justice: Emotions, Publicity, and Legal Culture in Marseille, 1264–1423* (Ithaca, NY, Cornell University Press, 2003), 29–30。文中提及,"上城"本身被分为两个部分(服从主教管辖的"主教城"和被称为 Praepositura 的较小的管辖区域)。

[2] 1327年,普罗旺斯伯爵决定统一这些规则。见普罗旺斯伯爵罗伯特的制造(1327年9月2日), MA AA25/1。另见 de Ruffi, *Histoire de la ville de Marseille*, 142。

[3] *Sentence arbitrale entre le seigneur comte de Provence et la communauté de Marseille* (22 January 1225), DA 250E1。

* 1荷兰盾=100美分。

行会的重要组成部分，他们经常选出代表来参与公社的事务。这一经验对渔民群体产生了持久的影响。事实上，在普罗旺斯伯爵重新控制市镇后很久[1]，渔民们仍在选举参与公共事务的所谓"执政官"。[2]在 14 世纪，渔民行会也继续存在并运作着自己的慈善体系。[3]因此，马赛市镇鼓励渔民的自我意识和政治自治，这深刻地塑造了这一群体的价值观。

中世纪的规范与争端解决

马赛的市镇经验不仅在渔民中培养了民主感情，促使他们选举自己的代表，而且还影响了他们在中世纪解决争端的方式。马赛市的档案提供了渔民社区中出现的两起争端的细节，而用来解决这些争端的机制表明，带有"贤人会议"特征的机制逐渐形成。[4]

第一起争端发生在 13 世纪晚期，发生在两类渔民之间：一类是使用一种所谓的布雷金（bregin）技术的渔民（布雷金

---

[1] 1257 年，普罗旺斯伯爵重新获得部分权力后，马赛市镇的结构继续存在，但行会失去了任命大理事会成员的权力。见 A. D. Crémieux, *Le VIme Livre des Statuts de Marseille* (Aix-en-Provence, F. Chauvet, 1917), xxiii, 15。
[2] 例见马赛市议会 1339 年 2 月 15 日会议记录，MA BB19；马赛市议会 1368 年 12 月 12 日会议记录，MA BB20。
[3] 见 L. Méry and F. Guindon, *Histoire analytique et chronologique des actes et des délibérations du corps et du conseil de la municipalité de Marseille depuis le Xème siècle jusqu'à nos jours*, vol 5 (Marseille, Feissat Aîné et Demonchy, 1847), 412（其中提及了 1385 年存在的渔民慈善体系）。
[4] 这一观察与切耶特的观察一致，切耶特指出了在 13 世纪的法国，法律机制是如何取代社会规范来解决争端的，见 F. L. Cheyette, 'Suum cuique tribuere' (1970) 6 *French Historical Studies*, 287。

是艾索格技术的一种变体,在较浅水域使用),另一类是使用一种更具攻击性的技术——被称为沙丁鱼(sardinau,因为这种技术主要用于捕获沙丁鱼)——的渔民。[1]一份保存完好的1291年的羊皮纸,为这场争端的解决提供了丰富的记录[2],后来在马赛渔业中,这项争端被反复提及,第一类渔民(布雷金的支持者)抱怨另一种技术(沙丁鱼)的支持者阻碍贸易,并耗尽了鱼类资源。[3]简言之,布雷金渔民指责他们的竞争者违反了渔业的两个基本规范:一是平等规范,用以保证使用不同技术的各类渔民共存;二是保护规范,旨在保证渔业的长期生存能力。最终,雷诺德·波塞莱(Raynaud Porcellet,高级城市官员,马赛教区牧师)和大理事会任命了4名渔民(每方两人),由他们共同负责划定一个区域,在这个区域内,布雷金技术可以在白天使用,而沙丁鱼技术可以在晚上使用。[4]4名代表中的两名要就这个区域的边界问题达成一致意见,而另外两名仍然可以在陷入僵局时进行干预。[5]这一过程需要高度的复杂性和民主的成熟度:只有具有相当强的合作规范的群体才有可能达成一致意见。

---

[1] 雷诺德·波塞莱的声明(1291年8月10日),MA HH369。关于沙丁鱼技术的描述,见 *Description des Pesches, Loix et Ordonnances des Pescheurs de la Ville de Marseille*, DA 250E2, 171-172。
[2] 雷诺德·波塞莱的声明。
[3] 同上。
[4] 同上。
[5] 同上。

第二起争端发生在几十年后的 14 世纪中叶，发生在布雷金渔民和艾索格渔民之间。[1]如上所述，这两种技术本质上是相同的，但是布雷金渔民可以在较浅的水域捕鱼，并且使用比艾索格渔民更小的渔网。档案记录提到了这些抱怨，艾索格渔民反对从事布雷金捕鱼的"300 个不诚实的人"，认为这些人"损害"了他们的利益，"阻碍"了他们的捕鱼活动。[2]这一争端又一次被描绘成与渔民群体中普遍存在的平等规范有关。正如 1291 年一样，一位高级城市官员（马赛教区牧师）从大理事会中挑选了 4 个"贤人"来解决这一争端。[3]尽管争端的结果尚不清楚，但这一事例证实了渔民是马赛市镇项目的组成部分，该项目委托渔民管理自己的事务。事实上，马赛当局积极鼓励渔民的自我组织。在 1255 年的一项法令中，普罗旺斯伯爵夫人授予马赛渔民开发博萨（Bosa，撒丁岛的一个港口城市）珊瑚资源的许可证，并明确提到"珊瑚渔民委员会"（council of the coral fishers）。[4]该委员会似乎是一个代议制机构，也许是"贤人会议"的前身。[5]1337年，马赛市议会建议两个申请捕捞沙丁鱼许可的珊瑚渔民"代表他们自己和全市所有其他渔民"来决定他们捕捞沙丁鱼的

---

[1]马赛市议会 1350 年 1 月 21 日会议记录，MA BB21。
[2]同上。
[3]同上。
[4]普罗旺斯伯爵夫人的法令（1255 年 4 月 2 日），MA AA-63。
[5]同上。

权利。[1]这种政治上的独立也伴随着一定程度的财政自主。例如，在1295年至1430年期间，渔民数次被免除支付"鱼和珊瑚"税。[2]这些政治上的发展对于全面理解"贤人会议"在15世纪早期的诞生至关重要。这一诞生似乎不是凭空出现的，而是深深植根于中世纪马赛的民主经验之中。

"贤人会议"的诞生及其规则制定职能

如前所述，马赛渔民在整个中世纪都积极参与了马赛市镇的管理。因此，马赛市政积极支持1431年"贤人会议"的正式成立并不令人惊讶。在研究"贤人会议"的诞生及其制定规则功能的出现之前，我将首先介绍"贤人会议"的概念，并将这一概念的根源追溯到中世纪的城市生活。

"贤人会议"的中世纪概念

在现代法语中，"贤人会议"一词指的是一种特殊的管

---

[1] 马赛市议会1337年4月15日会议记录，MA BB18。珊瑚渔民比马赛的同行更具流动性，他们不仅在普罗旺斯沿岸作业，还迁移到阿尔盖罗（Alghero，位于撒丁岛）采集红珊瑚。他们的流动性可能解释了他们在海外作业时需要建立某种类型的组织。14世纪末，由于海上绑架事件的激增，从马赛来到撒丁岛的珊瑚渔民的作业暂时停止。1381年，马赛市下令从撒丁岛遣返渔民，以防止"摩尔人"绑架渔民并索要赎金，见马赛市议会1381年9月16日会议记录，MA BB28；马赛市议会1381年11月14日会议记录，MA BB28。出于同样的原因，1403年，马赛市禁止珊瑚渔民在撒丁岛作业，见马赛市议会1403年4月27日会议记录，MA BB 32。
[2] 这些免税决定在以下文件中被提及，见普罗旺斯伯爵的制诰（1355年10月6日），MA AA44/2。另见国王路易二世的制诰（1402年8月31日），AD 250E15-B；女王让娜二世的法令（1430年6月30日）MA AA44-46。

辖权,负责裁决劳动法争端,[1]而对那些对渔业感兴趣的人来说,则指按照本书研究的制度实例,在地中海沿岸蔓延开来的制度。[2]然而,大多数讲法语的人并不知道这一术语植根于中世纪的城市生活,并且如果不考察其中世纪起源,人们就无法完全理解"贤人会议"的概念。

事实上,这一术语在中世纪欧洲的使用是普遍而多样的。[3]从字面上讲,"贤人会议"——拉丁语中的 *probi homines*——是"好的"(good)或"有道德的"(probi)"人"(homines)。例如,《大宪章》(*Magna Carta*)使用同一术语来指那些被信任负责守卫城堡的人。[4]但 *probi homines* 不仅仅是"有道德的人"。这一术语还具有自由、自治和成功的含义,而"有道德的人"的翻译并没有完全体现出来。根据1225年仲裁裁决,普罗旺斯伯爵承认了马赛市镇的权利,裁决使用 *probi homines* 一词来指代普罗旺斯伯爵的封臣,以及他们有义务执行这一裁决的事实。[5]在封建语境中,这一术语表示对封臣的尊重,以及对他们履行职责能力的认可。

---

[1] 见 P. Cam, *Les Prud'hommes: Juges ou Arbitres? Les fonctions sociales de la justice du travail* (Paris, Presses de la Fondation Nationale des Sciences Politiques, 1981)。

[2] 马赛的"贤人会议"在多个地方被复制。目前,法国地中海沿岸大约有33个"贤人会议",参见第五章。

[3] 例见 J. L. Lefebvre, 'Prud'hommes et bonnes gens dans les sources flamandes et wallonnes du Moyen Age tardif ou l'éligibilité dans la fonction publique médiévale' (2002) 2 *Le Moyen Age*, 253。

[4] *Magna Carta* (1215), Art 29.

[5] *Sentence arbitrale entre le seigneur comte de Provence et la communauté de Marseille, par laquelle ladite communauté acquiert toute la juridiction qu'avait ledit compte sur la mer jusqu'au Port-de-Bouc* (22 January 1225), DA 250E1.

对 *probi homines* 的记载在马赛中世纪的档案中随处可见。例如，该词出现于一项权力下放法令之中，即1200年普罗旺斯伯爵授予马赛公民大片土地放牧权[1]，在该法令中，*probi homines* 一词专指马赛的自由人公民，这意味着这些人事实上逐渐获得了一定程度的独立和自治，在这些自由人公民中，被多次提到的有负责起草马赛法令的人[2]、负责控制面包质量的人[3]、负责检验硬币重量的人[4]、负责解决泥瓦匠之间的争端的人[5]和负责组织宗教朝圣的人[6]。不管这些自由人公民做什么，他们都被认为是社区中值得信赖的成员，代表社区完成了重要的任务。"贤人会议"一词本身就是自治和自由的象征，这是渔民们在中世纪晚期想要坚定地保护的。

"贤人会议"的诞生

"贤人会议"的诞生可以精确地确定年代。它成立于1431年10月13日，当时市政官员召集马赛的渔民，就他们之间出现的"一些争端进行和解"。[7]这些争端主要涉及一

---

[1] 这一法令的副本见 L. Méry and F. Guindon, *Histoire analytique et chronologique des actes et des délibérations du corps et du conseil de la municipalité de Marseille depuis le Xème siècle jusqu'à nos jours*, vol 1 (Marseille, Feissat Aîné et Demonchy, 1841) 197 et seq。F. Portal, *La République Marseillaise du XIIIe siècle* (1200-1263) (Marseille, Librairie Paul Ruat, 1907), 16d 也提及了这一法令。

[2] Crémieux, *Le VIme Livre des Statuts de Marseille*, xxxii.

[3] ibid., li.

[4] ibid., 2.

[5] ibid., 2.

[6] ibid., 48.

[7] 关于组织捕鱼的协议（1431年10月13日），DA 250E6。

种被称为"网捕"（senche）的金枪鱼捕捞技术，这种技术通过精心设计的船只和渔网系统来围捕金枪鱼群。[1]这种技术是资本和劳动密集型的：它动员了好几条船、无数必须表现出坚定决心和合作技能的渔民，以及大量昂贵的渔网。[2]"网捕"与俄比安和艾利安所描述的古代技术惊人地相似。

"贤人会议"的创始文件指出，为了解决由"网捕"引起的争端，"城市的所有渔民，或他们的主要部分"同意每年选举4名"他们能找到的最好的"社区成员来管理他们的渔业并解决争端。[3]为什么渔民要在15世纪建立一个正式的组织（"贤人会议"）来管理金枪鱼捕捞，而他们在古代却没有这样的组织？仔细研究一下"贤人会议"的创始文件可能会为这一明显的难题提供答案。"贤人会议"的建立是为了控制因渔民追求平等而产生的一些滥用权利的行为。因为渔民可以从"网捕"中获得巨大的利益，而且这些利益由他们平均分配，所以参与"网捕"的诱惑很大，即使他们不具备进行这种捕捞的良好条件。"贤人会议"要执行的一条规则是：一艘渔船至少由4名渔民组成。如果一艘渔船只有3名渔民，"贤人会议"有权决定这些渔民是否有足够的"能力"

---

[1] 对这一技术的描述，见 *Description des Pesches, Loix et Ordonnances des Pescheurs de la Ville de Marseille*, DA 250E2, 127。另见P. Gourret, *Les pêcheries et les poissons de la Méditerranée (Provence)* (Paris, Librairie J.-B. Baillère et Fils, 1894), 277–279。

[2] *Description des Pesches, Loix et Ordonnances des Pescheurs de la Ville de Marseille*, DA 250E2, 127.

[3] ibid.

来弥补他们人手不足的问题。[1]其目的是避免一组渔民在未投入与其他渔民同样劳力资源的情况下,却获得均等的渔获量。第二条规则是:所有参与"网捕"的渔船必须配备一定尺寸的"严密且维修良好"的渔网。[2]如果渔民使用损坏或尺寸过小的渔网,"贤人会议"可以减少他们个人从"网捕"中所获利润的份额。[3]事实上,"贤人会议"的成员通过领导金枪鱼渔民为"网捕"而成立的"商行",来直接干预这些规则的执行。[4]同样,其目的是避免在全球范围内单独使用损坏或尺寸过小的渔网(一种需要大量资金投入的设备)而产生损失,因为"网捕"是由许多大型渔网组合而成的。[5]

"贤人会议"全权负责防止搭便车问题,也就是个人为了获取个人利润而选择不合作的问题。但是,当私人治理的理论告诉我们,社会规范应该足够维持紧密联系的群体的合作时,为什么渔民需要一个组织的支持来避免搭便车问题呢?答案似乎在于金枪鱼捕捞所涉及的社会复杂程度,以及社区的社会规范过于开放而无法为"网捕"产生的问题提供具体解决方案的事实。

---

[1] 关于组织捕鱼的协议(1431年10月13日),DA 250E6。
[2] 同上。
[3] 同上。
[4] 领导"商行"的"贤人会议"成员被称为"船长"。船长被授权解决商行内部争端。见 *Description des Pesches, Loix et Ordonnances des Pescheurs de la Ville de Marseille*, AD 250E2, 129-131。
[5] 1431年的创始文件包含了关于周日和节假日捕鱼可能性的补充规则(自14世纪以来,这个问题一直困扰着整个社区)、渔区的设立和对"网捕"以外的捕鱼技术的监管。

事实上,"网捕"产生了无数可能导致争端的复杂问题。"网捕"需要多少渔民和渔船?如果一艘渔船的数量达不到要求,是否可以考虑用船员的特殊技能来弥补渔船数量的减少?渔网应该多大?使用有缺陷的渔网是否可以证明削减个人利润是合理的?不同的渔民"商行"在一个渔场应该如何互动?这些问题可以有许多不同的解释,渔民需要一个像"贤人会议"这样的组织来提供答案。如果没有"贤人会议",这些问题就会产生无休止的冲突,破坏渔民之间的社区意识。事实上,社区辩论的每一方都可以辩称,自己的做法符合社区的社会规范。

非常值得注意的是,直到20世纪60年代,马赛仍在使用"网捕"技术,"贤人会议"一直积极参与其监管。例如,1958年,"贤人会议"颁布了一系列规则,非常详细地规范了"网捕"技术的几个"商行"之间的相互关系。[1]其中一项规则考虑了这样一种情况,即在两个由不同的渔民"商行"占据的"网捕"地点之间有一个渔场(称为"'网捕'哨所")处于空置状态。[2]在这种情况下,每个渔民"商行"都间接地从相邻的"网捕"哨所受益,但每个群体从该"网捕"哨所受益的程度并不清楚,因此引发了潜在的冲突。为了避免这些冲突,"贤人会议"决定两个"商行"应该平均分享他们的"网捕"金

---

[1] "贤人会议"于1958年4月27日颁布的金枪鱼"网捕"条例,NA 20160293/112。
[2] 同上,第6条规定。

枪鱼。[1]这一规则回答了一个由于其结构的开放性而不能明确回答的问题。不到一年后,"贤人会议"在两个从业渔民"商行"之间的"网捕"争端中应用了这一规则。[2]第一个"商行"投诉第二个"商行"没有根据"贤人会议"的规则分享其捕获的金枪鱼。"贤人会议"最终决定驳回第一个"商行"的投诉(也许是因为这一规则太新了),但仍然以违反规则为由向第二个"商行"罚款500,000法郎(约700英镑)。

这些观察为埃里克森对私人治理中特殊合作策略的分析提供了新的视角,他称为"平衡"策略(even-up strategy)。[3]根据埃里克森的说法,在这种策略中,每个个体都在心理账户(mental account)中"不断地记录自己如何与群体中的其他成员相处"。[4]与阿克塞尔罗德的"以牙还牙"战略相比,"平衡"策略中,违规行为会在遭受伤害的个体心理账户中创建一个"借记项",而不是对违规者的立即制裁。埃里克森认为,因为"平衡"策略比"以牙还牙"更平稳,所以"它是一种更适合……我们生活于其中的多变的、充满交易成本的、充满错误的世界的策略"。[5]但上述证据表明,"平衡"策略可能不适合调节复杂的社会关系,在这种情况下,违反规范可能会引起无休止的争论。在捕捞金枪鱼时,个体

---

[1]"贤人会议"于1958年4月27日颁布的金枪鱼"网捕"条例,NA 20160293/112,第6条规定。
[2]"贤人会议"1959年2月22日的决定,PA。
[3] Ellickson, *Order without Law*, 225.
[4] ibid., 226.
[5] ibid., 227.

常常无法确定是否违反了社会规范，以及这种违反行为应该在他们的心理账户中记下多少"借记项"。正如第一章所指出的，社会规范是刚性的，但又是开放的，它们不会为具体问题提供现成的答案。在这种情况下，渔民们发现有必要建立一个正式的组织来确定他们的具体权利和义务。

"贤人会议"创始文件中描述的制度结构被赋予了一些效力：当出现违规行为时，"贤人会议"可以对违规者处以100里弗尔*的罚款，其中一半支付给州法院，其余一半归"渔民共有财产"。[1]通过分享罚款收入，"贤人会议"发起了一项巧妙的政策，站在了新生的法国国家一边。这一政策后来扩展到了天主教会，并在保护社区自治免受外来干涉方面起到了重要作用。公共机关和"贤人会议"在符合其尊贵利益的交换（quid pro quos）中相互支持。一个历史插曲说明了这些交换的性质。在15世纪40年代末，普罗旺斯伯爵勒内·德·安茹（René d'Anjou）决定建造防御工事，以保护马赛港免受外来入侵。勒内的目标是防止加泰罗尼亚军队的入侵，加泰罗尼亚军队曾在1423年洗劫了马赛港。他决定建造圣让塔，该塔至今仍俯瞰着马赛港的入口。[2]然而，建造这一防御工事给市政预算造成了相当大的压力，勒内伯爵决定向马赛的渔民征收1,200弗罗林**的费用以资助塔的建

---

[1] Ellickson, *Order without Law*, 227.
[2] 见 F. Pizzorni-Itié, *L'Histoire du fort Saint-Jean* (Marseille, MUCEM, 2014).
*　1里弗尔约等于1法郎，约等于人民币1.5245元。
**　1弗罗林约等于人民币3.9192元。

造。[1]这通常被认为是勒内伯爵自由裁量权的表现,实际上,渔民们正是利用这一点来确保其重要利益,从而增加他们的长期自治权和其他权力的。例如,"贤人会议"获得了对莫吉乌小河(就是他们后来邀请国王路易十三参加钓鱼聚会的地方)的永久特许权,以换取 1,200 弗罗林的对价。[2]拥有莫吉乌的控制权对"贤人会议"特别有利,因为它将其管辖权扩展到了马赛以东格外富饶的水域。"贤人会议"还由此获得了其他一些好处,包括 6 年的免税,以及对同期在马赛出售鱼类的外国渔民征税的可能性。[3]"贤人会议"和公共机关之间的这些互惠资源转移与关于贸易行会的学术研究得出的结论一致,该学术研究强调了中世纪城市中公共当局和私人当局之间的相互依赖关系。[4]然而,与该学术研究的结论不同,[5]这些相互依赖关系并没有阻止"贤人会议"在其社区内积极促进和维持合作机制。这种相互依赖的范围将在第五章中进一步探讨。

"贤人会议"的规则制定职能

从成立之初起,"贤人会议"就通过积极制定规则来管理

---

[1] F. Pizzorni-Itié, *L'Histoire du fort Saint-Jean*, 49.
[2] *Acte du port de Morgiou, par le roi René et son conseil, en faveur de Messieurs les Prud'hommes pour la somme de mil deux cent florins* (11 April 1452), AD 250E1.
[3] 勒内伯爵的制诰(1452 年 5 月 4 日),AD 250E6。
[4] 见 S. Ogilvie, *The European Guilds: An Economic Analysis* (Princeton, NJ, Princeton University Press, 2019), ch 2。
[5] ibid.

马赛的渔业。以下将阐明"贤人会议"的规则制定职能,具体体现为规则的创建、收集和使用。

创建规则

如本章第二节的"'贤人会议'的诞生"部分所述,"贤人会议"正式成立于1431年,当时马赛的渔民同意创建具体的规则,以规范名为"网捕"的金枪鱼捕捞技术。[1]自那时起,每年圣诞节后,社区都会选举4名渔民作为"贤人会议"成员,任期一年(自1926年以来,选举每3年举行一次,"贤人会议"现在最多由7名成员组成)。"贤人会议"将提出具体规则的决议,交由其他渔民投票,并在每周(每个周日弥撒后)根据这些规则对争端做出裁决。稍后我将讨论第二个职能,这里重点讨论第一个。当社区需要解决内部争端时,"贤人会议"通常行使这一立法职能,上述争端产生自竞争技术的使用或渔区边界上的小冲突。尽管渔民有权以多数票否决"贤人会议"的决议,但档案记录显示他们很少这样做。几个世纪以来,"贤人会议"的立法活动形成了一套非常丰富的规则体系。"贤人会议"创建的规则涉及马赛渔业中使用的各种各样的技术工具(鱼钩、拖网和定置网),并与社区的社会规范高度一致。

例如,"贤人会议"规定了鱼钩的尺寸,以防止捕获小

---

[1] 关于组织捕鱼的协议(1431年10月13日),DA 250E6。

鱼并保护鱼群的再生。[1]另一个例子涉及艾索格,一种由弗洛里米在图 2.1 中描绘的捕鱼技术。艾索格只能在靠近海岸的特定地点(称为"哨所")进行,该地点具有足够的深度和沙床(以便渔网不会被岩石撕碎)。[2]由于这些哨所的数量有限,并且由于渔民会自然而然地以拥有最丰富鱼群的哨所为目标,社区经常面临潜在的"公地悲剧"。为了应对这一集体行动问题,"贤人会议"设计了一套复杂的系统,其中包括若干规则。每个小组按照前一天晚上商定的顺序在每个哨所工作。船上的伙计每晚都在圣让附近挨家挨户走动,以确保每个船员都知道自己的顺序。[3]第一批捕鱼的船员被允许展开一定尺寸的网,而第二批捕鱼的船员可以展开覆盖更大面积的网,依此类推(见图 2.2)。[4]由于这种"顺序制度"(sequential system),每个捕鱼的人都有机会在最佳位置捕鱼,并利用上一个捕鱼人未利用的资源。这一独创的系统与渔民的平等主义和自然保护主义精神完全一致。"贤人会议"有效地赋予了所有渔民在渔场哨所上的平等权利,同时确保最好的哨所不被过度开发。"贤人会议"展现的监管细节令人震惊。它甚至确定了每个渔场可以使用的渔网尺寸(取决于

---

[1] *Description des Pesches, Loix et Ordonnances des Pescheurs de la Ville de Marseille*, DA 250E2, 46.
[2] ibid., 88-89. 渔民通常对这些哨所的位置保密。
[3] ibid.
[4] ibid., 6, 75.

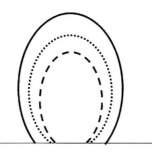

第一批船员的渔网：- - - 　第二批船员的渔网：……　第三批船员的渔网：——

图 2.2　马赛的艾索格规则

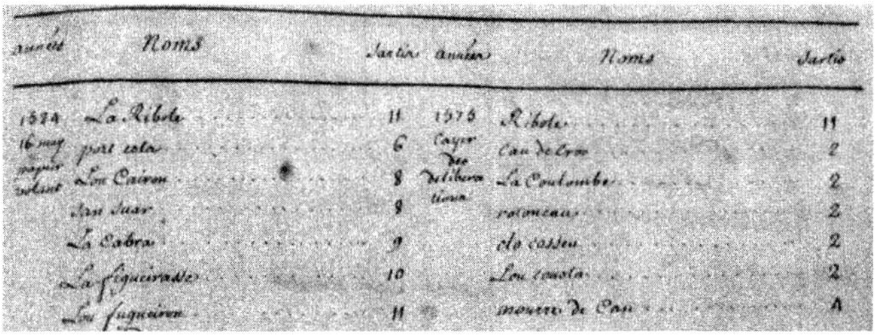

图 2.3　艾索格的规则：渔场和渔网尺寸（1727 年）。资料来源：*Description des Pesches, Loix et Ordonnances des Pescheurs de la Ville de Marseille*, AD 250E2,73。

所涉位置的空间结构）。[1] 图2.3显示了从一份档案中摘录的表格，在该表格中，"贤人会议"记录了18世纪早期每个哨所的渔网尺寸。

收集规则

"贤人会议"不仅创建规则，而且收集规则。"贤人会议"仔细地保存了大量包含其审议和渔业规则的文件。例如，"贤人会议"将其从1489年到1759年的审议情况汇编在一本名为《红皮书》（*Livre Rouge*）的手稿中。[2]

这一汇编是一个关键的发展，因为它证明并保证了"贤人会议"相对于其他机构的自治性。它还追溯了"贤人会议"经常适用的规则谱系。此外，社区内口头交流的偏好使这些档案对"贤人会议"至关重要。事实上，这一汇编是社区保留的唯一正式的活动痕迹。即使在今天，"贤人会议"规则的存在仍然笼罩着一层神秘的面纱，从而加强了其神秘的地位。一些政府官员告诉我，这些规则仅仅是想象的虚构，实际上并不存在，他们对此带有因恼怒而生的怀疑感。然而，我对档案记录的审查表明，"贤人会议"积极地编纂了其规则，并且"贤人会议"的规则确实存在了很长一段时间。当有人提出质疑其自治的主张时，"贤人会议"将其书面文本历史作为一个参照点予以回

---

[1] *Description des Pesches, Loix et Ordonnances des Pescheurs de la Ville de Marseille*, DA 250E2, 73.
[2] 见 *Livre Rouge*, DA 250E4。

应。[1]矛盾的是，出于同样的原因，"贤人会议"十分珍视口头交流。例如，直到19世纪中叶，"贤人会议"都是口头做出判决，以防止国家法院审查其判决。

获取"贤人会议"档案的问题引起了许多冲突，例如，当其成员拒绝将这些文件交给他们的继任者时。与此相对应的，为保留或取回其档案而做出的努力，在"贤人会议"的历史上也屡见不鲜。例如，在丢失了部分档案，尤其是其中包含被封建当局承认的证据文件后，"贤人会议"于1512年提起了诉讼。[2]诉讼的目标是获得关于"贤人会议"自主权的司法声明。在诉讼期间，"贤人会议"召集了19名渔民（包括前"贤人会议"成员）出庭作证。所有的证人都坚持认为，不能对"贤人会议"的裁决提起上诉，并且其裁决的执行率很高。1644年的另一次事件中，"贤人会议"命令其前成员归还所有的文书和资料。[3]"贤人会议"随后建立了一套防止其档案消失的制度："贤人会议"的第四位成员会将档案锁在一个箱子里，而只有"贤人会议"的第一位成员有钥匙。[4]后来，这些档案被存放在"贤人会议"所在的办公楼里，该组织的秘书被委托保管钥匙。1761年，一位秘书的遗孀艾洛

---

[1] 关于书面谱系的政治作用，见 J. C. Scott, *The Art of Not Being Governed: An Anarchist History of Upland Southeast Asia* (New Haven, CT, Yale University Press, 2009), 276。
[2] *Enquête des Prud'hommes sur les anciens privilèges qui leur ont été dérobés* (8 January 1512), DA 250E1.
[3] "贤人会议"1644年3月的法令，DA 250E35。
[4] "贤人会议"1688年1月7日的法令，in *Livre Rouge*, DA 250E4。

伊·阿尔伯特（Eloi Aubert）在其丈夫去世后将这把钥匙归还给一位"贤人会议"成员，但这位"贤人会议"成员拒绝将钥匙交给新任命的秘书。[1]"贤人会议"的其他成员严厉批评了他的行为，强调"无论何时，这些档案都是'贤人会议'成员履行其职责，以及解决提交至'贤人会议'管辖的争端所必需的"。[2]"贤人会议"的档案对于一个坚持保持其独立性的团体来说是极其重要的，该团体仍然有强烈的保护意识。原则上，"贤人会议"不向外界披露其最新的档案。令研究人员感到幸运的是，1933年，"贤人会议"（由于未知的原因）将其大部分的旧文件移交给了地方档案馆。[3]

为了保守秘密，"贤人会议"历来不愿提供一份完整的规则汇编。它更倾向于保留一份只有内部人士才能遵循的稀疏的纸质记录。唯一一次极大地偏离这一做法的情况发生在1727年，当时"贤人会议"委托一位名叫让-安德烈·佩颂耐（Jean-André Peyssonnel）的当地医生兼科学家将规则汇编成一本手抄本。[4]佩颂耐是一位社区外人士，他住在圣让，并通过对红珊瑚的研究与当地渔民建立了许多联系，从而赢

---

[1] 关于"贤人会议"第一秘书的遗孀转交档案的公证法案（1761年9月9日），DA 250E35。
[2] 同上。
[3] "贤人会议"1933年5月28日会议记录，PA。这一决定实属天意，10年后德军于1943年摧毁了"贤人会议"的办公楼，参见第六章。
[4] 见 *Description des Pesches, Loix et Ordonnances des Pescheurs de la Ville de Marseille,* DA 250E2; D. Faget, *Marseille et la mer: Hommes et environnement marin (XVIIIe-XXe siècle)* (Rennes, Presses universitaires de Rennes, 2011), 28-29。

得了"贤人会议"的信任。[1]然而，当佩颂耐提出公开他的手稿时，"贤人会议"的反应是显而易见的："贤人会议"成员告诉佩颂耐，这些规则是严格保密的，只能按顺序"由父亲传给儿子"，以防止"诡计"进入。[2]佩颂耐的手稿仍然可以在档案馆中找到，它为我们了解"贤人会议"过去的规定提供了一个独特的窗口。[3]它还提供了关于渔民目标物种及其在18世纪初之前采用的捕鱼技术的有用信息。

使用规则

除了创建和收集规则，"贤人会议"还积极使用这些规则，通过各种方式裁决争端并维护社区治安。"贤人会议"在每个周日的弥撒后执行第一项任务，其管辖权延伸至在其领域上发生的任何渔业争端。[4]程序如下：原告将两枚硬币放入一个特殊的盒子，以便传唤被告在下一个周日到"贤人会议"出庭。然后双方在"贤人会议"陈述自己的论点，"贤人会议"在听证会后立即做出裁决。败诉的一方不能对"贤人会议"的裁决提出上诉。程序是口头的，裁决迅速且立即执行。大多数被告

---

[1] 见 J. Vandersmissen, 'Experiments and Evolving Frameworks of Scientific Exploration: Jean André Peyssonnel's Work on Coral'in M. Klemun and U. Spring (eds.), *Expeditions as Experiments* (London, Palgrave Macmillan, 2016), 51, 56。
[2] *Mémoire pour les Prud'hommes de la Communauté des Patrons-Pêcheurs de la Ville de Marseille* (1787), DA 250E8, 12.
[3] *Description des Pesches, Loix et Ordonnances des Pescheurs de la Ville de Marseille*, DA 250E2.
[4] 直到20世纪，"贤人会议"的地域范围才被广泛界定。见 F. Grisel, 'Miles and Norms in the Fishery of Marseille: On the Interface between Social Norms and Legal Rules'（作者存档）。

自愿遵守"贤人会议"的裁决。在1512年丢失档案后,由"贤人会议"提起的诉讼中,大多数证人作证说,他们从未见过被告试图上诉或拒绝遵守裁决。[1]一些证人报告了一个案例,一名渔民对"贤人会议"的判决提出上诉,但随后在被出示一份"贤人会议"的权利和特权的记录后撤回了上诉。[2]

"贤人会议"似乎(至少在最初)使用了基于渔民可以从该组织获得的社会利益的关系手段,以便执行其判决和规则。在"贤人会议"中败诉的渔民通常自愿遵守其裁决,以避免被排斥和失去地位。最终,不遵守判决的成员可能会被驱逐出社区,被剥夺投票权或受到公众批评。例如,1632年,"贤人会议"驱逐了几名参与竞争捕鱼的渔民。[3]1647年,"贤人会议"驱逐了一名叫雅克·克拉皮尔(Jacques Clappier)的渔民,因为他侮辱了其中一名成员。[4]1677年,"贤人会议"剥夺了前4名"贤人会议"成员(以及他们的财务主管)的投票权,因为他们被指控财务欺诈,直至他们归还非法取自社区的财物。[5]"贤人会议"还诉诸"点名羞辱"(naming and shaming)来执行其规则。例如,1653年"贤人会议"公开召

---

[1] *Enquête des Prud'hommes sur les anciens privilèges qui leur ont été dérobés* (8 January 1512), DA 250E1.

[2] *Enquête des Prud'hommes sur les anciens privilèges qui leur ont été dérobés* (8 January 1512), DA 250E1.

[3] "贤人会议"1632年1月4日会议记录,in *Livre Rouge*, DA 250E4。

[4] "贤人会议"1647年10月20日会议记录,in *Livre Rouge*, DA 250E4。

[5] "贤人会议"1677年3月21日会议记录,in *Livre Rouge*, DA 250E4。1689年,针对在"贤人会议"选举期间组织抗议的16名渔民宣判了同样的裁决,见"贤人会议"1689年1月23日会议记录,in *Livre Rouge*, DA 250E4。

集其一些成员参加周日的每周集会，强调他们的缺席给社区带来的"极大的偏见"。[1]

从15世纪开始，"贤人会议"还行使警察权力，对不遵守规定的渔民予以罚款[2]，但直到其历史的后期，"贤人会议"似乎才真正诉诸这一权力。如果渔民不遵守其规则，"贤人会议"有权罚款100里弗尔。罚款的收益最初在法国国王和"渔民公地"（commons of the fishers）之间分配，[3]后来为天主教会设立了三分之一的份额。[4] "贤人会议"通过在其管辖范围内给予直接的经济利益，与国家和天主教会建立了联盟。"贤人会议"最初并没有对不遵守规则的成员实施罚款，这可能是因为大多数人自愿遵守其判决和规则。然而，在17世纪，"贤人会议"将罚款作为一种惩罚不遵守规则的成员的手段。例如，1629年，邻近城市的一位名叫文森特·伊卡迪（Vincent Icard）的渔民，因破坏当地渔民的渔网，而被判罚款100里弗尔。[5]佩颂耐1727年的手稿包含了在1688年至1714年间"贤人会议"宣布的55项罚款数据。这些数据提供了一个很好的窗口，来了解社区中最常见的违规行为以及"贤人会议"积极执行的规则类型。我将"贤人会议"

---

[1] "贤人会议"1653年1月19/20日会议记录，in *Livre Rouge*, DA 250E4。
[2] 关于组织捕鱼的协议（1431年10月13日），DA 250E6；对"贤人会议"特权的更新（1489年4月7日），DA 250E3。
[3] 关于组织捕鱼的协议（1431年10月13日），DA 250E6。
[4] 对"贤人会议"特权的更新（1489年4月7日），DA 250E3。
[5] 针对文森特·伊卡迪的行为向普罗旺斯议会提出的上诉（1629年5月29日），DA 250E195。

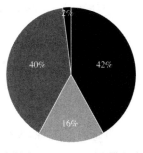

图 2.4 "贤人会议"处以的罚金（1688—1717年）

制裁的社会行为类型进行了编码，并将其分为4类：违反宗教规定、不尊重"贤人会议"、不尊重国王以及违反捕鱼规则。数据如图2.4所示。

图2.4显示，42%的罚款是因为违反宗教规定（大多与禁止在星期日和宗教节日捕鱼有关），40%是因为违反捕鱼规则，16%是因为不尊重"贤人会议"，2%是因为不尊重国王。因此，相当一部分罚款（16%）是对挑战"贤人会议"权威的渔民征收的。更重要的是，"贤人会议"积极支持外部政治，如国王和天主教会，这一立场将在第五章中进一步探讨。

作为最后的手段，"贤人会议"可以扣押船只并没收不遵守规则的渔民的渔网，但这一措施即使有也很少被使用。我只注意到，这一措施的某一次使用是在1774年，当时"贤人会议"扣押了外国渔民的船帆和钓索。[1]这些渔民是社区外来人员，这一事实表明"贤人会议"可能不太愿意扣押自己成员的生产工具，但不介意对外人实施这项惩罚。

适应新的实践：浮网案例

本节通过一个案例说明"贤人会议"使用的监管方法。直到15世纪，马赛的渔民主要依靠用铅锤固定在海床上的定置网（set net）来捕捞金枪鱼或沙丁鱼等物种。但是，从15世纪下半叶开始，渔民越来越多地使用被称为"浮网"（floating net）的渔网，因为它们不是固定在海床上的。这些浮网的出现引起了当权者（定置网的使用者）和挑战者（浮网的支持者）之间的争论，每一方都援引社区规范来支持自己的立场。当权者通常认为，新技术破坏了鱼类资源，违反了保护规范，而挑战者则声称，根据平等规范，他们有权实施新技术。"贤人会议"通过制定规则来解决这些争论，使得社会规范适应马赛渔业的新实践。在下文分析的所有争论中，"贤人会议"允许使用浮网，同时试图控制浮网对鱼类资源的潜在影响。

---

[1] 关于"贤人会议"扣押属于3名加泰罗尼亚渔民的船帆和钓索的公证法案（1774年5月15日），DA 250E41。这一事件导致了法院诉讼，在第三章中有进一步的描述。1717年，"贤人会议"还试图扣押一艘船的舵，但这一尝试没有成功（DA 250E255）。

浮网和金枪鱼捕捞

在金枪鱼捕捞领域，渔民传统上依赖于固定在海床上的网（除了本章前面描述的网）。这些网的使用被称为"定置网"（又称为 tonnaire de poste），是通过一种与艾索格中使用的顺序规则非常相似的合作系统来组织的。在这种系统中，渔民将网放置在被称为"定置网位"的特定位置上。[1] 由于"定置网位"数量有限，渔船按照预定顺序轮流捕捞。第一艘到达"定置网位"的渔船比其他渔船有优先权，前提是其他渔船能在第二天在同一位置放置自己的网。[2] 为了表示对"定置网位"的兴趣，第二艘渔船可以直接通知第一艘渔船，或者，他们可以在软木塞上留下一个记号，表明第一艘渔船的网的位置。[3] 如果第一艘渔船不遵守规定，没有把网收上来，那么第二艘渔船就有权捕捞。[4] 15 世纪末出现的"浮网"（又称为 tonnaire de corre 或 correntille）是对"定置网"这种合作系统的一种挑战。浮网是通过绳索系统固定在船上的一张大网，它漂浮在水中，由海流拖曳（见图 2.5）。

这些浮网对鱼类资源来说比固定的网更具侵略性，因为它们覆盖的区域更大，捕捞量也更大。渔民将网放置在他们想放置的任何地方，海流将网随机地带到整个海洋，包括固定的网被放置的位置。一份 1477 年的文件展现了使用这些新

---

[1]《马赛市渔场法规和条例》（*Description des Pesches, Loix et Ordonnances des Pescheurs de la Ville de Marseille*, DA 250E2, 104）中描述了这一系统。
[2] 同上。
[3] 同上。
[4] 同上。

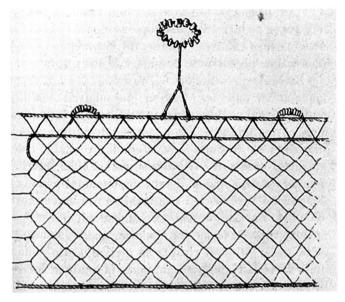

图 2.5 浮网。资料来源：P. Gourret, *Les pêcheries et les poissons de la Méditerranée (Provence)* (Paris, Librairie J.-B. Baillière et Fils, 1894) 209; 法国国家图书馆（BNF Gallica）。

渔网所引起的争端[1]：使用传统定置网捕鱼技术的渔民抱怨说，浮网违反了渔业保护规范，威胁到了渔业的长期可持续性。[2] 同时，新技术的倡导者捍卫了使用浮网的权利，认为这是一个关乎平等的问题，并争辩道，与使用定置网的同行

---

[1] 包含马赛主教仲裁裁决的国王法令（1477 年 11 月 16 日），DA 250E6，该文件在下文中有所讨论，见 de Ruffi, *Histoire de la ville de Marseille*, 233，文中作者将定置网与捕鲔网（madragues）混为一谈。另一位作者道明了这一点，见 J. Billioud, 'La pêche au thon et les madragues de Marseille' (1955) 26 *Marseille - Revue municipale*, 3, 4。

[2] 包含马赛主教仲裁裁决的国王法令。

一样，他们有权开发渔业资源。

争端变得如此激烈，以至于普罗旺斯伯爵出面授权天主教会的两位重要成员解决争端，以便"让渔民们恢复和平"。牧师们召集马赛的渔民，达成了一项协议，并将其纳入了一项法令。应该指出的是，尽管天主教会在解决这一争端中发挥了关键作用，但由其参与制定的规则与"贤人会议"的管理技术完全一致。1477年的法令对两种捕鱼方式采取地理和时间上的划分。6月24日至次年复活节期间，允许在有限的捕鱼区内使用浮网。在剩余的时间内（复活节至6月24日），只允许在另一个捕鱼区内使用定置网。法令还提到有必要"不挑战'贤人会议'指定的其他网具和渔位"。[1] 显而易见，其目标是在不同的地点交替使用每种捕鱼方式，允许不同的渔民群体实践他们偏好的技术，同时保障不同鱼类种群的再生性。由天主教会制定（并由"贤人会议"认可）的规则，在社区规范和渔业中出现的新实践之间起到了协调作用。特别是，这些规则通过在使用新技术和保护渔业资源之间达成妥协，寻求在平等规范和保护规范之间保持平衡。第二个例子进一步说明，对于维护渔民之间的社区和平，这项协调工作是十分必要的。

浮网和沙丁鱼捕捞

渔民传统上使用定置网捕捞沙丁鱼。由于定置网放置在海床上，渔民称这种技术为 sardinau de fond（其字面意思是"海

---

[1] 包含马赛主教仲裁裁决的国王法令。

底沙丁鱼")。使用这种技术的渔民将网放置在特定的位置,并遵循"贤人会议"设计的顺序系统。根据这些规则,第一个到达渔位的渔民比其他人有优先权,但必须将位置让给希望使用同一渔位的其他渔民。[1]

在 15 世纪,马赛出现了一种捕捞沙丁鱼的新技术。渔民不是将网放置在海床上,而是开始使用绳索和软木塞将渔网放置水中。出于这个原因,这种技术被称为"两水沙丁鱼"(sardinau entre deux eaux)或"水域之间的沙丁鱼"(sardinau between waters)。这种新技术被批评为浪费资源,并将鱼从渔场中吓走。具有讽刺意味的是,"海底沙丁鱼"(sardinau de fond)的支持者提出了他们自己在 1291 年所面临的同样的批评。[2] 以上这些档案阐明了两者之间的争论,即传统主义者强烈反对"两水沙丁鱼"技术,而现代主义者接受新技术。现代主义者认为这种新技术并没有显著影响沙丁鱼的总体种群存量。[3] 他们还指责传统主义者使用的渔网破坏了海床,并捕捞了比他们的技术能捕获的更小更年幼的鱼,从而耗尽渔业资源。[4] 因此,每一方都根据保护规范来确定自己的立

---

[1] *Description des Pesches, Loix et Ordonnances des Pescheurs de la Ville de Marseille*, DA 250E2, 175.
[2] 参见本章第二节的"中世纪的规范与争端解决"部分。
[3] 渔民通常通过强调鱼类"取之不尽、用之不竭"来证明他们使用新技术的正当性。见 S. J. Kennelly and M. K. Broadhurst, 'By-catch begone: changes in the philosophy of fishing technology' (2002) 3 *Fish and Fisheries*, 340; T. J. Pitcher, 'Fisheries managed to rebuild ecosystems? Reconstructing the past to salvage the future'(2001) 11 *Ecological Applications*, 601, 603。
[4] 这些论点将在下文中提及,见 DA 250E168。

场,并指责对方威胁了鱼类种群。虽然传统主义者是少数,但"贤人会议"站在他们一边,并在1554年禁止使用浮网。[1]

从那时起,争端逐渐失控。由于与之一边的传统主义者是少数群体,"贤人会议"决定在1554年将投票程序从直接法改为间接法。"贤人会议"决定设立一个由24名前"贤人会议"成员组成的选举团以代替整个社区选举。虽然不完全清楚这一程序上的改变是否旨在支持"贤人会议"禁止浮网的决定,但档案表明,这两项决定的产生并非巧合,通过其前成员来干预选举,明显是为了支持更传统的立场。[2]这一策略至少在1564年之前似乎是成功的,1564年"贤人会议"改变了其先前的决定,允许使用浮网捕捞沙丁鱼。前"贤人会议"(1554年)成员的反应是空前的。他们向皇家法院(即普罗旺斯议会)起诉新当选的"贤人会议"成员(1564年和1565年的成员)。[3]在听取了双方的辩论后,法院在1567年决定允许使用新技术。[4]然而,由于这一决定并未缓解社区内的紧张局势,皇家法院授权10名专家在两个群体之间找到折中方案。[5]虽然这一专家意见的结果未知,但似乎固定的网几乎完全从渔业中消失,并在几十年内被浮动的网取代。[6]因此,这一事件表明"贤人会议"协调渔业实践和社

---

[1] 这些辩论记录见 DA 250E169。
[2] 例见"贤人会议"1554年12月22日会议记录,DA 250E169。
[3] 此诉讼案的报道见 DA 250E168。
[4] 普罗旺斯议会1567年3月1日的决定,DA 250E168。
[5] 普罗旺斯议会1569年1月14日的决定,DA 250E168。
[6] *Description des Pesches, Loix et Ordonnances des Pescheurs de la Ville de Marseille*, DA 250E2, 171。

会规范的使命是特别复杂的。渔民广泛地承认这些社会规范，他们以这些规范为框架提出其主张就说明了这一事实。然而，这些规范似乎不足以规范渔业，因为尽管它们足够广泛，能够证明相互冲突的做法是合理的，但它们缺乏足够的细节来有效地规范这些做法。

结　论

这一章重点介绍了"贤人会议"的起源，并追溯到中世纪马赛的公共经验。档案文献表明，马赛市镇的民主经验鼓励渔民选举自己的代表，并积极参与城市的公共事务。档案记录还强调了渔民社区中两个规范的时间连续性：平等规范（所有渔民平等，且必须以不妨碍其他渔民活动的方式行事）和保护规范（渔民在从事贸易时不应损害渔业资源）。

渔民于1431年创建了"贤人会议"，以解决因具体使用这些规范而产生的争端。"贤人会议"被授权通过创建、收集和使用具体规则来解决这些争端。然而，这项职权很快遭到巨大挑战。例如，15世纪末浮网的出现在渔民社区中引起了长期的争论和分歧，每一方都声称自己是社区规范的真正支持者。最有效的对策是在限制其范围的同时接纳新实践，这是"贤人会议"在其历史上不断从事的一项平衡工作。

><((((˚>

第二部分

抵抗

第三章

全球化降临

> 距离这两个朋友百步开外……,是加泰罗尼亚村庄。有一天,一群神秘的居民离开西班牙,并在这片土地上定居至今。……这个村落建筑奇特,别致如画,半是摩尔风格,半是西班牙风格,现在的居民是那些移民的后代,说着他们祖先的语言。他们忠于这块小小的岬角,如同一群海鸟,在这块小小岬角上安家落户,与马赛居民界限分明,互不通婚,保留故乡原有的风俗习惯和服饰,如同仍然说着祖先的语言一般。
>
> ——大仲马,《基督山伯爵》[1]

导 言

《基督山伯爵》的第一幕发生在马赛港口附近,即现在的加泰罗尼亚海滩。这片土地的名字源于加泰罗尼亚渔民,

---

[1] A. Dumas, *The Count of Monte Cristo*, vol 1 [1844-1846] (London, George Routledge & Sons, 1910), 11.

他们在17世纪30年代初移居马赛，并创建了大仲马笔下描绘的小定居点。加泰罗尼亚渔民不与法国人混居，不认可当地渔民的社会规范，也拒绝承认他们的"贤人会议"。加泰罗尼亚渔民移居马赛只是更广泛进程中的一个例子，是数十年甚至几个世纪人类发展的结果，人们普遍称为"全球化"，这一进程在17世纪初的地中海还处于其早期阶段。[1]当时，一支流动的劳动力涌入地中海，形成了一个"饱和空间"（saturated space），在那里，意大利海上共和国与奥斯曼帝国、连同英国和荷兰商人等新来者，争夺贸易路线的控制权。[2]马赛作为一个主要港口，积极参与了这一迅速发展的全球化进程，"三桅帆船和西班牙大帆船……从这里出发，航行于整个地中海"。[3]事实上，马赛的"全球扩张"发生在17世纪和18世纪，其港口成为欧洲从北非和近东进口初级商品

---

[1] 历史学家把17世纪和18世纪的历史进程称为"原始全球化"（proto-globalisation）。见 A. G. Hopkins, *Globalisation in World History* (London, Random House, 2002)。这一"原始全球化"是全球化进程的关键阶段，其特征是国家间贸易水平的逐步提高，技术和工人的迁移，以及技术变革。当代读者可能会发现这一进程过于有限，不能被认为是我们目前所理解的全球化的一部分。但是，我们应该考虑到，全球化的"规模"是随着时间的推移而演变的，在我们看来可能是"地方性"或"地区性"的东西在几个世纪前就已经是全球化进程的一部分了。见 S. Sassen, *Territory. Authority. Rights: From Medieval to Global Assemblages* (Princeton, NJ, Princeton University Press, 2006), 10–11。

[2] G. Calafat, *Une Mer Jalousée: Contribution à l'histoire de la souveraineté (Méditerranée, XVIIe siècle)* (Paris, Seuil, 2019), 13; F. Braudel, *The Mediterranean and the Mediterranean World in the Age of Philip II*, vol 1 (Berkeley, CA, University of California Press, 1972), 433.

[3] F. Braudel, *The Mediterranean and the Mediterranean World in the Age of Philip II*, vol 2 (Berkeley, CA, University of California Press, 1973), 220.

的入口。[1]

由于马赛港口的位置和丰富的档案记录，"贤人会议"为我们探索私人治理体系如何应对全球化所引发的变化提供了实证材料。过去的学者发现了这些体系面临的潜在困难。例如，奥斯特罗姆指出了在私人治理体系中"拥有更多的参与者"如何"增加了组织、商定规则和执行规则的难度"。[2] 埃里克森指出，紧密联系的捕鲸者群体之间的全球竞争如何加剧了过度捕捞。[3] 格雷夫强调了紧密联系的群体——如"马格里比商人"——在海外做生意时所产生的"承诺问题"。[4] 尽管这些学者从不同的角度表明，私人秩序可能无法应对全球化的挑战[5]，但是，当紧密联系的群体面临全球化的早期阶段时，其适用的私人治理体系将如何演变（或未能演变），我们并不完全清楚。

---

[1] P. Echinard and E. Témime, 'La Préhistoire De la Migration (1482–1830)' in E. Temime (ed.), *Histoire des Migrations à Marseille*, vol 1 (Saint-Rémy-de-Provence, Edisud, 1989), 81–94.

[2] E. Ostrom et al,'Revisiting the Commons: Local Lessons, Global Challenges' (1999) *Science*, 278, 281; P. C. Stern,'Design principles for global commons: natural resources and emerging technologies' (2001) 5/2 *International Journal of the Commons*, 213, 此文使奥斯特罗姆的方法适用于全球公域（global commons）。

[3] R. C. Ellickson,' A Hypothesis of Wealth-Maximizing Norms: Evidence from the Whaling Industry'(1989) 5/1 *Journal of Law, Economics, and Organization*, 83, 95–96.

[4] A. Greif, *Institutions and the Path to the Modern Economy: Lessons from Medieval Trade* (Cambridge, Cambridge University Press, 2006), ch 3.

[5] 格雷夫认为，马格里比商人通过任命他们能够控制的"海外代理人"来应对这些挑战。见 Greif, *Institutions and the Path to the Modern Economy*。

本章聚焦于同全球化早期阶段直接相关的具有重大社会意义的两个事件，并探讨这些事件如何影响"贤人会议"的运转：第一个事件是17世纪早期一种名为"捕鲭网"的新捕鱼技术的引入；第二个事件是整个18世纪来自加泰罗尼亚的移民渔民的到来。关于这两个事件的档案记录非常丰富，并包含了事件在渔民群体中引发的激烈辩论的多个线索。在这些实证证据的基础上，本章认为，"贤人会议"在应对早期全球化带来的挑战上存在困难，因为其行动范围深受其所在社区的社会规范的制约。这些规范创造了一个宪法框架，指导但也制约了"贤人会议"的规则制定功能。换言之，"贤人会议"在一个路径依赖的过程中结合了规范和规则：它不断尝试用社区规范来适应社会变化，但它的规则仍然深受这些规范的制约。

马赛渔业中的捕鲭网

第一个例子是关于一种名为"捕鲭网"的捕鱼技术的出现，这种技术在17世纪早期常见于地中海的各个地区，用于捕捞金枪鱼。[1] 捕鲭网首先出现在突尼斯，然后传播到西班牙、法国和意大利。[2] "捕鲭网"一词来自西班牙语，而西班牙

---

[1] Braudel, *The Mediterranean and the Mediterranean World in the Age of Philip II*, vol 1, 258.
[2] F. de Cormis, *Recueil de consultations sur diverses matières*, vol 2 (Paris, Montalant, 1735), 1199; D. Faget, *L'écaille et le banc: Ressources de la mer dans la Méditerranée moderne XVIe–XVIIIe siècle* (Aix-en-Provence, Presses universitaires de Provence, 2017), 127.

语本身又来源于阿拉伯语，带有世界性起源的痕迹。[1]

捕鲭网是一个巨大的鱼夹，展开可达 250 米长，放置在相对靠近海岸的地方（离海岸 300 米到 500 米远），用一张网将其与海岸相连。[2]捕鲭网被有策略地放置在水流中，这样它们就可以将金枪鱼引向一连串的网箱。当金枪鱼被困在捕鲭网的最后一个网格室（也被称为"死亡之室"）时，渔民就用一套渔网将它们拖到水面。图 3.1 描述的是 18 世纪早期在马赛使用的一种捕鲭网。

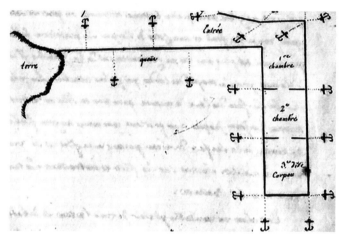

图 3.1 马赛的一张捕鲭网（1725 年左右）。资料来源：*Description des Pesches, Loix et Ordonnances des Pescheurs de la Ville de Marseille*(1725), AD 250E2,143. 捕鲭网两侧的十字架图示是锚。从图中可以看出，捕鲭网由一张网与海岸相连，它由 3 个网格室组成。

---

[1] Faget, *L'écaille et le banc: Ressources de la mer dans la Méditerranée moderne XVIe–XVIIIe siècle*, 126.
[2] ibid., 143; J. J. Baudrillart, *Traité général des eaux et forêts, chasses et pêches*, vol IX (Paris, Librairie d'Arthus Bertrand, 1827), 75.

17世纪以前,渔民主要使用网兜(senche)和网箱(tonnaire)技术来捕捞金枪鱼。[1]网兜是用一套复杂的渔网将金枪鱼群围起来,而网箱是将一张网放置在固定的位置或者用水流拖动网。捕鲭网借鉴了这两种技术的特点:像网兜一样,捕鲭网基于一套复杂的渔网来围捕金枪鱼,但这些渔网被放置在固定的位置,就像网箱一样。捕鲭网可以捕获大量的金枪鱼,同时免除了渔民的追捕工作。因此,对于马赛的渔民来说,捕鲭网似乎是一种经济上的恩赐。一张捕鲭网可以在金枪鱼的洄游期(春季和夏季)捕获多达1,000条金枪鱼[2],渔民将它们饲养起来,这样就可以逐步出售。[3]由于所有这些原因,捕鲭网在整个17世纪变得非常流行,"贤人会议"决定于1619年在莫吉乌(马赛南部)建立第一个捕鲭网,并于1623年在莱斯塔克(马赛北部)建立第二个捕鲭网。[4]

　　然而,捕鲭网的组织很快引起了集体行动问题,主要是资金问题:尽管捕鲭网的经营有潜在的回报,但它们的建造和维护需要大量的流动资金。[5]不仅需要大量的网、锚和软

---

[1] 参见第二章。
[2] M. Duhamel du Monceau, *Traité Général des Pêches*, vol 1 (Paris, Saillant & Nyon, 1769), 170; *Description des Pesches, Loix et Ordonnances des Pescheurs de la Ville de Marseille* (1725), AD 250E2, 144.
[3] 见 P. Gourret, *Les pêcheries et les poissons de la Méditerranée (Provence)* (Paris, Librairie J.-B. Baillère et Fils,1894), 266–267; Duhamel du Monceau, *Traité Général des Pêches*, vol 1, 173:"一些渔民把捕鲭网变成了一个有毒的蓄水池,只有当他们知道售卖金枪鱼能获得大量利润时,才用它捕捞金枪鱼。"
[4] "贤人会议"1619年7月28日会议记录,DA 250E4, 31;"贤人会议"1623年1月6日会议记录,DA 250E4, 64。
[5] Duhamel du Monceau, *Traité Général des Pêches*, vol 1, 173:"这种捕捞技术需要大量投入,但当金枪鱼在海岸大量产卵时,这种技术又是非常有利可图的。"

木，也需要相当大的空间来储存材料。[1]这些高昂的成本，加上潜在的高收益，在一个特别重视平等捕鱼理念的社会中，使搭便车的前景更具吸引力。"贤人会议"试图通过实施两个连续的规则系统来降低这些风险。最初，它制定的规则是根据平等规范形成的。事实很快证明，管理一个如捕鲱网这样资本密集型的技术，这种"平等持股"（equal shareholding）的系统是不合适的。尽管规则明显不足，"贤人会议"在应对和制定新的规则系统方面却进展缓慢。当"贤人会议"最终通过租赁制度解决了这一问题时，它又试图在整体规范体系下限制由不适当的规则调整引起的连锁反应。

平等股份制度

1619年，当"贤人会议"在莫吉乌建立其第一个捕鲱网时，它决定允许每个拥有船只的渔民持有捕鲱网收益的单一股份。[2]这一制度与"贤人会议"的横向治理理念及盛行的平等规范相一致。[3]然而，渔民无法对捕鲱网同等出资，因为他们根本没有相同的财力。因此，很快产生了这样一个问题：这种股份制度是否适合捕鲱网的运营？1620年，社区讨论了渔民是否只能持有捕鲱网的单一股份，或者是否能够基于个人财富和对捕鲱网出资的能力（用他们拥有船只的数量来衡量），

---

[1]"贤人会议"1637年11月30日会议记录，DA 250E4。
[2]"贤人会议"1620年1月5日的法令，DA 250E4。
[3]参见第二章。

获得额外的股份。[1]尽管第二种制度设计可能最适合于解决捕鲭网产生的巨大成本,但社区以压倒性的多数(78票赞成对1票反对)选择了平等股份制度。[2]因此,在1625年,172名渔民(可以说是整个社区)持有了捕鲭网的个人股份。[3]

事实证明,这种僵化的制度阻碍了捕鲭网技术的发展,因为渔民不能平等地为其运营出资。1625年,"贤人会议"报告了捕鲭网造成的"巨大亏损"和累计2,250荷兰盾的债务。[4]社区迫切需要现金,曾于1629年试图迫使一个富有的渔民〔让·安托万·鲍杜夫(Jean-Antoine Bauduf)〕向捕鲭网出资,就是这种迫切需求的证明。[5]1635年,社区允许"贤人会议"向外部借贷来为捕鲭网的费用融资。[6]在接下来的几十年里,"贤人会议"每年都向社区寻求贷款的明确授权。尽管存在严重的问题,直到1640年,"贤人会议"一直保持着基于平等股份结构的模式。[7]在1636年,债务增长到8,300盾(24,900里弗尔)[8],导致了严重的财政危机。为了应对这一危机,法国国王路易十三暂时将"贤人会议"置于王室的直接控制之下,并干预选举进程,以便任命"贤人会议"

---

[1] "贤人会议"1620年1月5日会议记录,DA 250E4, 33。
[2] 同上。
[3] "贤人会议"1625年1月19日会议记录,DA 250E4, 81。
[4] 同上。
[5] "贤人会议"1639年6月14日会议记录,DA 250E4, 106。
[6] "贤人会议"1635年4月22日会议记录,DA 250E4, 149。
[7] "贤人会议"1640年2月5日会议记录,DA 250E4, 170。
[8] "贤人会议"1636年3月9日会议记录,DA 250E4, 157。

的新成员负责清算社区的债务。[1]在很长一段时间内,"贤人会议"顽固地拒绝修改一项反映其社区基本规范的规则,巨额债务的压力和王室的直接参与用了20年时间才克服"贤人会议"的阻力。即使在"贤人会议"同意修改其规则之后,它仍然不愿挑战其社区的社会规范,这一点将在下文"租赁制度"部分中进一步阐述。

租赁制度

经过多年努力,为了协调捕鲭网的管理与其平等规范,"贤人会议"放弃了股份制,并在1640年左右探索了第二种基于捕鲭网的租赁制度。当时,"贤人会议"债台高筑,建立新制度刻不容缓,以便转移部分成本到外部。租赁制度的优势在于:它允许"贤人会议"出租其捕鲭网,产生租金收入,并将运营成本外部化。然而,租赁模式允许单个租户从捕鲭网产生的财政收入中获益,并阻止其他渔民从这一技术中获益,这也破坏了平等规范。我所收集的关于1641年至1688年间捕鲭网租赁的数据(表3.1)也表明,租赁模式使社区外来者也能够参与捕鲭网的运营。

---

[1] "贤人会议"1636年3月9日会议记录,DA 250E4, 157。

表 3.1　租赁制度（1641—1688 年）

时期	1641—1645年	1659—1663年	1664—1670年	1670—1676年	1676—1682年	1682—1688年
租户	让·布劳哈德	让·马伊乌斯	让·鲍杜夫	J. B. 茹尔当	皮埃尔·吉布安	皮埃尔·阿勒曼
内部人/外部人	外部人	内部人	内部人	外部人	外部人	外部人
里弗尔/年	2,964	4,200	7,200	12,000	8,625	6,035

事实上，"贤人会议"于1640年首次将捕鲭网出租给了一位名为让·布劳哈德（Jean Broulhard）的外部人士（为期14年）。[1]然而，布劳哈德很快将他的租赁权转让给了其他3个外部人（德加斯廷斯、马丁和杜兰德）。出于档案记录中没有明确载明的原因，"贤人会议"并未将租期维持很长时间，不到5年后，它于1645年收回了承租人使用捕鲭网的权利。[2]看起来，"贤人会议"这样做是为了重新主张社区对捕鲭网的使用权（这是其规范具有弹性的另一个标志）。然而，社区随后发现自己处于与1640年之前相同的情况，因为它再次需要补贴捕鲭网的财政支出。例如，1657年，"贤人会议"的一份文件报告了捕鲭网产生的"重要费用和支出"。[3]

---

[1] "贤人会议"1640年11月9日会议记录，DA 250E30。
[2] "贤人会议"与布劳哈德、马丁和杜兰德3位先生的和解协议（1645年5月9日），DA 250E31。
[3] "贤人会议"1657年1月7日会议记录，DA 250E4, 205。

1659年,"贤人会议"再次采用租赁制度,与社区内部人士让·马伊乌斯(Jean Maïousse)签订了第二份为期5年(1659—1663年)的合同。[1]马伊乌斯是一位杰出的渔民,整个17世纪,他的家族中有不下6位"贤人会议"成员(让·马伊乌斯本人也于1678年当选为"贤人会议"成员)。马伊乌斯家族与社区有很深的联结,圣让有一条街道就是以马伊乌斯家族的名字命名的。1659年,在与"贤人会议"签署租赁合同后不久,马伊乌斯与其他31位渔民签署了一份相反的契据,以便与他们分享捕鲭网的收益。[2]一种理解是,马伊乌斯向他的渔民同胞开放捕鲭网,说明这些捕鲭网对渔民个体来说太昂贵了,但考虑到马伊乌斯家族当时的显赫地位和财富,这种解释似乎不太可能。一种更合理的解释是,马伊乌斯试图以符合平等规范的方式,与其他渔民分享捕鲭网的收益。

在马伊乌斯被起诉试图绕过租赁制度后,"贤人会议"于1664年将捕鲭网租赁给让·鲍杜夫(Jean Bauduf),租期至1670年。[3]让·鲍杜夫是让·安托万·鲍杜夫的儿子,这位富有的渔民曾在1629年被"贤人会议"要求出资(1644

---

[1] 与让·马伊乌斯关于捕鲭网签订的租赁协议(1659年1月7日),DA 250E31。
[2] 同上。
[3] "贤人会议"于1663年起诉马伊乌斯,称他密谋挪用捕鲭网的利润(40,000里弗尔,根据起诉书),并将返利给授权其租约的人[马伊乌斯和"贤人会议"在庭审期间出示的文件清单(1663年),DA 250E213]。1663年,艾克斯皇家法院下令将租赁权重新拍卖(1663年3月14日),DA 250E213。

年，他成为"贤人会议"的成员）。显然，捕鲭网只能由最富有和最显赫的渔民来管理，或者由社区外人士来管理。彼时"贤人会议"已经准备将捕鲭网出租给社区外人士，具体如表3.1所示。然而，如下文所述，"贤人会议"对向富有的社区外人士共享其捕鲭网的前景感到不安，它提起的多起诉讼证明了这一点。将捕鲭网的经营委托给富有的社区外人士，这与"贤人会议"的平等主义精神背道而驰，似乎促使"贤人会议"决意向租赁两个捕鲭网的社区外人士积极主张其权利。

不断增长的债务和社会冲突

1676年，在实行租赁制度和维护成本外部化之后，人们本应看到社区债务有所缓解。然而，"贤人会议"的债务继续快速增长（见图表3.1），1666年达到75,000里弗尔，1710年达到140,000里弗尔，1740年达到230,000里弗尔。大约到18世纪中叶，皇家政府将"贤人会议"置于其直接控制之下，"贤人会议"的财务状况才得以稳定并有所改善。[1]

---

[1] 这种控制始于1727年。见国务会议1727年8月27日的决定，DA 250E75，此决定将"贤人会议"交由普罗旺斯的皇家管理机构负责，这一时期的通货膨胀率可以忽略不计。

图表3.1 "贤人会议"的债务问题（1625—1789年）

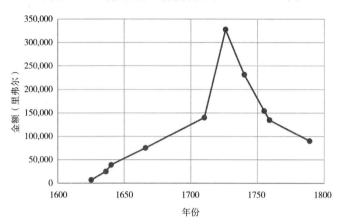

债务不断增长的一个解释是，1676年后渔民群体逐渐不再从捕鲭网中获益。"贤人会议"将其成本外部化，并从租户那里收取租金，但与此同时，其社区成员不再从捕鲭网产生的大量收入中获益。另一种解释似乎更中肯，这与股份平等制度的消亡和越来越多的社区外人士参与捕鲭网的管理密切相关。

事实上，社区外人士的介入产生了"贤人会议"内部无法处理的争端。为了解决这些争端，"贤人会议"在皇家法院提起了一系列的诉讼，这给社区带来了极大的代价并增加了其债务。[1]我发现，1624年至1678年间，在法院有9起涉"贤人会议"捕鲭网的诉讼案件。这些案件是关于什么的？

---

[1] 例如，"贤人会议"在1635年获得了一笔贷款以支付其诉讼费用。见"贤人会议"1635年4月22日会议记录，DA 250E4, 149。

为什么会有这么多？这些案件可以分为两类：第一类是关于社区外人士参与捕鲭网并从中获益的行为（以及"贤人会议"阻止他们进入渔业的相应行为），而第二类是关于租约本身引起的争端。

第一类法院案件是捕鲭网对社区外人士产生吸引力而"贤人会议"为维持捕鲭网的开发垄断采取相应措施的结果。一些社区外人士试图从1623年至1640年间实施的股份制度中获益，而另一些人则请求皇家授权，以建立他们自己的捕鲭网。在所有这些案件中，"贤人会议"都通过起诉社区外人士来积极维护其对捕鲭网的权利。然而，"贤人会议"不能通过自己的法院系统（该系统是为解决渔民之间的争端而保留的）来实现这一点，而必须求助于皇家法院。例如，"贤人会议"在1623年至1624年间起诉了4个社区外人士，他们冒充渔民以获得捕鲭网的股份。[1]这一案件被提交到马赛的行政当局（海军部中尉），然后又提交到普罗旺斯地区的艾克斯皇家法院。对"贤人会议"来说更具挑战性的是，富有的社区外人士（通常是贵族成员）也试图在马赛建立更多的捕鲭网。[2]"贤人会议"的内部反应是驱逐任何协助这些社区外人士建造和维护新捕鲭网的渔民。[3]然而，这些措施

---

[1] 这一诉讼的记录见 DA 250E191。
[2] 例见国王授权弗朗索瓦·德·赛斯特尔在卡里勒鲁埃建立捕鲭网的信（1643年6月29日），DA 250E32, 96。关于这些特权的清单参见 J. Billioud,'La pêche au thon et les madragues de Marseille'(1955) 26 *Marseille: Revue municipal*, 3。
[3] "贤人会议"1632年1月4日会议记录，DA 250E4, 125。

并不足以阻止外人在马赛的渔业中立足，因为这些外人对"贤人会议"施加的压力并不在意。因此，"贤人会议"在艾克斯和格勒诺布尔的皇家法院提起了漫长而昂贵的诉讼，试图禁止富有的社区外人士建造捕鲭网。这些诉讼对"贤人会议"来说大多是失败的：例如，1646 年艾克斯皇家法院责令"贤人会议"不得阻止在马赛北部建立一个新的捕鲭网。[1]"贤人会议"在其对吕克伯爵（Count of Luc）的诉讼中同样败诉，路易十四授予吕克伯爵建立数个捕鲭网的权利。[2]即使法院站在"贤人会议"一边［如 1673 年法院拒绝玛丽亚·特蕾莎女王的宠臣多米尼克·德拉·克罗斯（Dominique de la Crosse）在索米奥（Sormiou）和蒙特雷东（Montredon）建立捕鲭网的权利请求］，[3]几十年后马赛仍出现了数个捕鲭网（蒙特雷东的情况也是如此）。

第二类案件突出了租赁模式带来的具体困难。"贤人会议"对几乎所有的租户都提起了诉讼。这些案件显示了租赁制度的弱点：租赁价格似乎太高（或租赁期限太有限），租户无法做到收支平衡。3 个租户要求降价，理由是他们不能产生足够的利润来收回成本。其中一个租户［皮埃尔·吉博恩（Pierre

---

[1] 普罗旺斯议会 1646 年 4 月 30 日的决定，DA 250E32, 108。
[2] "贤人会议"对吕克伯爵发起的司法诉讼（1705 年 9 月 17 日），见 DA 250E40。吕克伯爵在"贤人会议"的领地内设立了几所捕鲭网（档案记录不清楚其确切数量，两所、三所或五所捕鲭网都有所提及），"贤人会议"试图从吕克伯爵手中买回这些捕鲭网，意图将其捣毁，但没有成功，见给庞塞特上将（Admiral Poncet）的信（1727 年 9 月 30 日），NA C5/1。
[3] 普罗旺斯议会 1673 年 5 月 29 日的决定，DA 250E227。

Giboin）〕在其接受审判期间提供了显示其1676年至1678年的收入和支出的数据。[1]

表3.2表明，吉博恩在1676年至1678年之间经营捕鲭网亏损严重，造成22,910里弗尔的短缺。虽然捕鲭网产生的收入（31,419里弗尔）足以支付经营成本（并产生利润），但如果考虑到租金，则收入不足。[2]

表3.2 捕鲭网的财务报表（1676—1678年）

年份	收入（里弗尔）	支出（里弗尔）		合计（里弗尔）
		经营成本	租金	
1676	13,698	10,130	8,625	−5,057
1677	12,945	8,828	8,625	−4,508
1678	4,776	9,496	8,625	−13,345
合计	31,419	28,454	25,875	−22,910

由于租户似乎无法维持足够的盈利能力来经营捕鲭网，捕鲭网的吸引力下降了。渔民无法独立经营捕鲭网，而租户因高昂的租金无法获得足够的利润，局势以僵局告终。1688年，"贤人会议"报告说，在过去的一年半时间里，没有人出价

---

[1]捕鲭网收入和支出汇总表，DA 250E235, 9。
[2]另一位租户（让·鲍杜夫）试图通过提高金枪鱼价格来增加捕鲭网的盈利能力。然而，他面临马赛市发起的另一项诉讼，要求将金枪鱼价格维持在恒定水平。参见关于马赛市和让·鲍杜夫的庭审记录，禁止他以每磅超过3索尔的价格销售金枪鱼（1664年9月30日），MA HH372。（索尔为秘鲁共和国的货币单位，1索尔=100美分。——译注）

租赁这些捕鲭网。[1]应对之策是降低租金水平，以增加捕鲭网的盈利能力。例如，捕鲭网的租金在 1717 年降至 1,674 里弗尔。[2] 1735 年，只有一个地方租户以大幅折扣（150 里弗尔／年）出价。[3]租赁模式一直持续到 19 世纪，但它为"贤人会议"带来的租金收入减少了。

总之，"贤人会议"对捕鲭网的实践相当不成功，不仅分裂了社区，还威胁到了相对于王室的机构独立性，严重挑战财政预算构成。事实证明，当争端涉及不承认"贤人会议"权威的富裕的社区外人士时，"贤人会议"无法在自身制度范围内处理争端。更重要的是，"贤人会议"在制定符合平等规范的规则并对由捕鲭网带来的具体挑战提供明确回应时遇到了巨大的困难。这些困难说明了本书探讨的一个主题：规范是强有力的治理工具，但也是社会惰性（social intertia）的重要力量。"贤人会议"对平等的热情的一个意外后果是，捕鲭网的开发扩散开来，"贤人会议"失去其运营垄断。

捕鲭网的扩散和金枪鱼资源的减少

正如上文所述，"贤人会议"未能保持对捕鲭网运营的垄断。由于无法保持平等的股份制度，"贤人会议"选择出租捕鲭网给富有的社区外人士，最终导致社区外人士直接开发运营捕鲭网的情形增加。事实上，在这一时期，马赛的渔

---

[1] "贤人会议" 1688 年 1 月 18 日会议记录，DA 250E4, 369。
[2] "贤人会议"向海军部中尉提出的请求（1719 年 7 月 17 日），DA 250E256。
[3] "贤人会议" 1735 年 2 月 6 日会议记录，DA 250E4, 392。

业出现了不下 10 个捕鲭网。[1]这些捕鲭网中只有两个（莱斯塔克和莫吉乌）属于"贤人会议"，而其余的都由社区外人士控制。在第一张地图（图 3.2）上，我用黑色箭头标出了捕鲭网的位置，以便读者理解。

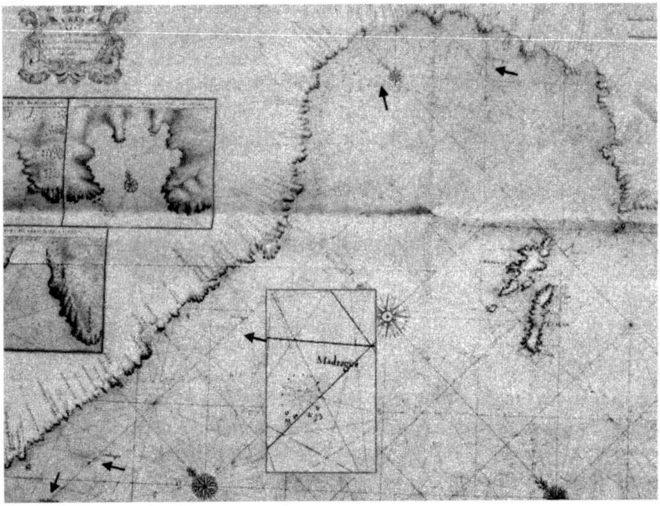

图 3.2　1694 年马赛西海岸及其捕鲭网。资料来源：法国国家档案馆（BNF Gallica），*Carte de la Baie de Marseille avec les plans particuliers des endroits où on peut mouiller* (1694), Cartes et Plans。

---

[1] 见 *Mémoire adressé à l'Assemblée nationale pour la colonie des pêcheurs catalans* (1790), CCI YC/2209, 21。这些捕鲭网的名字从西到东分别是：圣十字捕鲭网、索塞特捕鲭网、吉尼亚克捕鲭网、莱斯塔克捕鲭网、拉维尔捕鲭网、红角捕鲭网、蒙特勒捕鲭网、波德斯塔捕鲭网和莫吉乌捕鲭网。

在第二张地图（图3.3）上，读者可以辨认出马赛沿岸被锚包围的矩形捕鲭网。这张地图表明，除了现有的10个捕鲭网，还计划建造另外4个捕鲭网。捕鲭网显然是马赛渔业的新财富，它们脱离了仍然固守其规范的"贤人会议"的管辖范围。

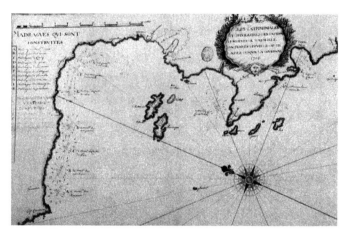

图3.3 1714年马赛渔业的捕鲭网。资料来源：*Mers Patrimoniales et Privilèges des Patrons Pêcheurs de Marseille contenues depuis le Cap de l'Aigle jusqu'à la Couronne* (1714), AM 78Fi36。

然而，这一财富是有代价的，因为马赛沿岸捕鲭网的扩散似乎对金枪鱼种群产生了负面影响。造成这一结果的原因有很多。蓝鳍金枪鱼是一种洄游鱼种，遍布大西洋和地中海地区。因此，在一个特定区域进行捕捞活动对一个大地理区域内的鱼群循环产生的影响，应该是有限的。事实上，这是"贤人会议"为论证17世纪早期建立捕鲭网的合法性而提出的理由之一。[1]然而,金枪鱼春季和夏季在温暖的水域繁殖[2],这一时期正好是马赛捕捞金枪鱼的季节,而捕鲭网通常建立在靠近海岸的区域。[3]因此,捕鲭网在金枪鱼繁殖周期的关键阶段和关键区域捕获金枪鱼,从而对金枪鱼种群产生最大的影响。事实上,从17世纪下半叶开始,有多份报告表明金枪鱼种群崩溃。[4]一位当时的观察家在1769年报道说,"贤人会议"放弃运营其中一个捕鲭网,因为金枪鱼已经离开了马赛海岸。[5]在19世纪50年代,10个捕鲭网中有7个已经停产。[6]一份由马赛市委托撰写的内部报告指出,由于1870年金枪鱼种群的崩溃,捕鲭网的运营"停止并消亡"。[7]在20世纪早期,另一份报告指出,金枪鱼已经从马赛海岸消失,并强调了停止使用剩余的捕鲭网的必要性。[8]马赛渔业的最

[1] *Description des Pesches, Loix et Ordonnances des Pescheurs de la Ville de Marseille* (1725), DA 250E2,146.
[2] Ifremer, *Le thon rouge Atlantique* (4 September 2019), available at https://wwz.ifremer.fr/content/ download/41835/file/DP%20thon%20rouge%202019_MiseAjour.pdf.
[3] Braudel, *The Mediterranean and the Mediterranean World in the Age of Philip II*, vol 2, 258.
[4] 见 Faget, *L'écaille et le banc*, 138. 其中也有关于整个鱼类种群崩溃的报告。渔民们如此绝望,以至于他们求助于马赛主教,请他为鱼的回归祈祷,见 A. Fabre, *Les Rues de Marseille*, vol.2 (Marseille, E. Camoin,1867), 357-358。
[5] *Quelles sont les causes de la diminution de la pêche sur les côtes de Provence? Et quels sont les moyens de la rendre plus abondante? Discours du Père Menc à l'Académie de Marseille* (7 April 1769), BNF Gallica, 9.
[6] 见 Gourret, *Les pêcheries et les poissons de la Méditerranée (Provence)*, 249。
[7] *Rapport de M. Jules Guibert au Conseil municipal de Marseille pour l'interdiction des filets traînants* (22 June 1870), DA 6S10/3.
[8] *Rapport final de l'ingénieur des Ponts et Chaussées rejetant la demande d'indemnisation de M. Fremin du Sartel* (22 February 1905), DA 6S52/1.

后一个捕鲭网于1913年被拆除。[1]

当然，确定鱼类种群演变的原因是具有挑战性的，因为鱼类种群的演变受到捕捞以外的无数因素的影响。实际上，档案记录表明，诸如马赛港的扩建等其他因素在金枪鱼种群数量减少和捕鲭网消失方面可能发挥了作用。图3.4绘制于1904年，显示了新码头建造对金枪鱼洄游潮和马赛最后一个捕鲭网经营产生的影响。

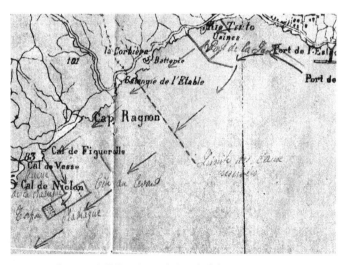

图3.4 马赛最后一个捕鲭网（1904年）。资料来源：Letter from Mr. Fremin du Sartel to the Préfet des Bouches-du-Rhône (18 January 1905), DA 6S52/1。

---

[1] Billioud, 'La pêche au thon et les madragues de Marseille', 16.

尽管如此，捕鲭网的扩散也极有可能导致了金枪鱼种群数量的减少，而捕鲭网的扩散是"贤人会议"政策的间接结果。"贤人会议"在根据其平等规范管理捕鲭网方面所面临的困难，方便了富有的社区外人士从其渔业中攫取利益，导致了捕鲭网的运营扩散和对金枪鱼种群的过度开发。更令人震惊的事实是，马赛的渔民在这一时期仍然坚决维护平等规范，并且他们倾向于对这一规范进行狭义的解释，尽管这一解释似乎与捕鲭网的开发不相容。规范的开放性很容易使"贤人会议"促进对平等规范的更灵活的解释。当"贤人会议"试图通过实施基于租赁制度的新规则体系来实现这一点时，渔民们试图绕过这些规则（马伊乌斯试图让其他渔民参与捕鲭网的租赁，就是明证），而捕鲭网则落入了富有的社区外人士的手中。马赛渔民对其社区规范的执着，以及这一执着的意外后果，在18世纪早期面对外国渔民的到来时变得更加明显。

劳动力迁移和加泰罗尼亚人的到来

从18世纪20年代开始，"贤人会议"面临另一个挑战，加泰罗尼亚渔民逐渐开始在马赛定居。这些加泰罗尼亚渔民离开西班牙移民法国的原因尚不清楚。[1]可以肯定的是，他们在马赛的定居是劳动力迁移的一部分，这种迁移始于16世

---

[1] 见 D. Faget, 'Maîtres de l'onde, maîtres des marchés et des techniques: les migrants catalans à Marseille au XVIIIe siècle (1720-1793)'(2012) 84 *Cahiers de la Méditerranée*, 159, 160。

纪晚期人口过剩的地中海欧洲地区。[1]换句话说，加泰罗尼亚渔民来到马赛是早期全球化的又一表现，而这种全球化已经伴随着捕鲭网的出现而出现。他们的到来深刻地影响了"贤人会议"的日常运转，而这一历史背景对当地的渔民来说已经是一种挑战：捕鲭网使当地经济受到了严重的影响，更糟糕的是，渔民们还遭遇了17世纪20年代初马赛港的大瘟疫，损失惨重。正如大仲马生动地描述的那样，西班牙渔民创造了自己的独立飞地，并拒绝服从"贤人会议"的管辖。因此，本节描述了整个18世纪加泰罗尼亚渔民抵达马赛的情况，他们不遵守当地的社区规范，并一再违反"贤人会议"的规则。面对这些违反规则的行为，"贤人会议"表现出对社区规范的顽固依附，并不愿意调整其规则。本节证实了这样的观点：在私人秩序的运作中，社会规范不仅是一种阻力，也是一种社会惰性的因素。

加泰罗尼亚人的到来

从18世纪20年代开始，加泰罗尼亚渔民陆续抵达马赛，形成移民流。他们在马赛港的南部定居，而当地渔民则居住在港口北部的圣让。根据法吉特公证记录报告，1722年至1792年间，有39名加泰罗尼亚渔民（携带家眷）移民至

---

[1] 例见 Braudel, *The Mediterranean and the Mediterranean World in the Age of Philip II*, vol 1, 415–418; Echinard and Témime, 'La Préhistoire De la Migration (1482–1830)', 93–94。

马赛。[1]而"贤人会议"报告说,1787年有102艘加泰罗尼亚渔船,共载有812名船员(这显然是出于政治动机的夸大)。[2]

马赛市警察局的记录对1826年加泰罗尼亚渔民人口进行了更为准确和客观的统计[3],共计117名渔民,其中大多数人(83人)出生在马赛。[4]警方给出的预估数据与我本人根据对1816年至1818年间马赛港渔船数量进行详尽审查得出的社区统计数字一致。[5]我的数据显示,有22艘加泰罗尼亚渔船,船员115人(其中112人被描述为"西班牙人")。这一实证证据能够比较加泰罗尼亚渔民和当地渔民的社区规模:当地渔民经营141艘渔船,船员683名。因此,加泰罗尼亚渔民在首次抵达马赛大约100年后,占整个社区的14%或16%(取决于这一比例是根据船员数量还是渔船数量来计算)。这些数字虽然不能追踪整个18世纪的人口演变,但提供了社区及其紧接相关时期(18世纪)之后的规模的概貌。数据表明,加泰罗尼亚渔民在马赛全体渔民人口中占据了可观的比例。[6]

---

[1] D. Faget, *Marseille et la mer: Hommes et environnement marin (XVIIIe–XXe siècle)* (Rennes, Presses universitaires de Rennes, 2011), 357.

[2] *Mémoire pour les Prud'hommes de la Communauté des Patrons-Pêcheurs de la Ville de Marseille* (1787), DA 250E8, 89.

[3] 省长致马赛市长的信,要求了解加泰罗尼亚人的情况(1826年3月31日),MA 18F6。

[4] 警察局局长致马赛市长的信,报告了加泰罗尼亚人的情况(1826年4月),MA 18F6。

[5] 马赛的船只清单(1819年),AA 13P103。

[6] R. Axelrod, *The Evolution of Cooperation* (New York, NY, Penguin Books, 1990), 66-67.

马赛渔业中的"以牙还牙"

如前所述,马赛渔民坚定决心要保护他们的渔业资源,哪怕是为了让他们的子孙后代能够长期利用它。因此,"贤人会议"制定了规则,确保捕鱼行为不会影响鱼类资源。加泰罗尼亚人在马赛定居时,似乎对这一规范漠不关心,他们似乎对保护鱼类资源不感兴趣,也许是因为他们并不想在马赛待很久。特别是,他们一再违反"贤人会议"针对一种叫作"延绳钓"(palangre)的技术制定的规则。延绳钓由一根长线构成,其上连接着多条小线和数百个鱼钩。根据原始地图的细节,图3.5展示了这一技术的示意图——这一技术仍然在马赛的渔业中使用。延绳钓渔民对他们所选择的技术感到非常自豪。马赛只剩下少数几个这样的渔民,他们将延绳钓描述为一种"美丽"的捕鱼技术(与使用渔网不同),可以保护鱼的身体完整性。

图3.5 1660年左右的延绳钓。资料来源:截取自 *Carte d'une partie des costes maritimes de Provence, 1660*,法国国家图书馆(BNF Gallica)。

"贤人会议"规定了延绳钓所用鱼钩的尺寸,以防止捕获幼鱼。这一做法的最终目标是通过保护幼鱼来保护鱼类的繁殖周期。然而,加泰罗尼亚人完全无视这一规则,使用更小的鱼钩,用以捕获幼鱼,这极大地影响了鱼类资源。相较当地渔民,加泰罗尼亚人还行驶更窄更快的船,将延绳钓部署在离岸更远的地方。此外,加泰罗尼亚渔民拒绝遵守"贤人会议"周日禁渔的规定,也不遵守周日向法庭报告的义务。[1]总而言之,加泰罗尼亚渔民对"贤人会议"的规则漠不关心,他们经常违背这些规则。

当地渔民对这些违规行为反应强烈。18世纪20年代第一批加泰罗尼亚人抵达后不久,"贤人会议"就表达了自己的担忧,并开始向加泰罗尼亚人兜售其管辖权的优点,这可能是为了争取他们遵守其规则:

> 自1722年以来,在最近几年,"贤人会议"惊恐地看到来自加泰罗尼亚的外国人携带配备小型鱼钩的延绳钓来到马赛。"贤人会议"注意到使用小型鱼钩对海洋造成的危害,重新制定了禁令和规则,根据该禁令和规则,只有编号为13或14的鱼钩可以使用延绳钓,而这些鱼钩对鱼类资源无害。[2]

---

[1] Fagett, *Marseille et la mer: Hommes et environnement marin (XVIIIe—XXe siècle)*, 45-48.
[2] *Description des Pesches, Loix et Ordonnances des Pescheurs de la Ville de Marseille* (1725), DA 250E2, 45.

"贤人会议"还试图说服加泰罗尼亚人缴纳"一半份额"的收益,即其对鱼类销售征收的特别税。[1]然而,这一策略并未产生结果,"贤人会议"随后更加强硬地试图使加泰罗尼亚人服从其管辖。例如,在1735年的一封信函中,海军大臣提到了"贤人会议"试图"强迫"加泰罗尼亚人遵守其规则的行为:

> 迫使加泰罗尼亚人使用与马赛渔民使用的船只和渔网相似的渔具捕鱼,并配备相同数量的船员,期望加泰罗尼亚人停止在马赛渔场使用延绳钓捕鱼,避免产生与这些新船只和渔网相关的额外费用……[2]

为使加泰罗尼亚人遵守规则,"贤人会议"采取了一系列广泛的报复措施。例如,"贤人会议"阻止加泰罗尼亚人在其码头上晾晒渔网。[3]它甚至在1774年没收了3名拒绝遵守其规则的加泰罗尼亚渔民的船帆和钓索。[4]然而,很明

---

[1] 例见"贤人会议"致普罗旺斯议会第一任主席的信(1736年11月17日),DA 250E5。
[2] 莫尔帕伯爵致德·朗热里先生的信(1735年11月15日),DA 250E5。
[3] "贤人会议"向马赛监督局请求禁止加泰罗尼亚人在"贤人会议"拥有的土地上晾晒渔网(1777年9月19日),见 DA 250E276。
[4] "贤人会议"的公证声明(1774年5月15日),DA 250E41。艾克斯皇家法院在两项判决中撤销了"贤人会议"没收这些船帆和钓索的决定,这两项判决后来被国务会议推翻,甚至引发了西班牙大使对法国政府的正式投诉。见"贤人会议"1775年4月30日全体会议的记录,DA C4028;西班牙驻法国大使阿兰达伯爵致法国外交大臣德·韦尔热讷伯爵的信(1775年5月22日),DA C4028。

显，加泰罗尼亚渔民对"贤人会议"的措施无动于衷，他们打算继续按照自己的意愿捕鱼。

对"贤人会议"来说，情况变得更加复杂，因为加泰罗尼亚渔民成为马赛鱼类供应的宝贵来源。通过积极使用延绳钓捕鱼，加泰罗尼亚渔民捕获了更多（并且可以说质量更好）的鱼，他们赢得了当地利益相关者——如市政官员——的支持。例如，1790年11月7日，马赛市政委员会承认加泰罗尼亚渔民在过去50年中"捕获了更好的鱼"。[1]为应对加泰罗尼亚人新建立的影响力，"贤人会议"积极寻求法国政府的支持。"贤人会议"与王室当局建立了联盟，意图使加泰罗尼亚人远离马赛渔业，我将在第五章中进一步讨论这一话题。作为这一联盟的结果，1738年至1786年间，国务会议做出了不下5项决定，澄清了"贤人会议"对加泰罗尼亚人的权力。国王甚至派遣了一名特使丹尼尔-马克-安托万·查尔顿（Daniel-Marc-Antoine Chardon）到马赛，规范延绳钓的使用，解决法国和加泰罗尼亚渔民之间的争端。这些努力促成了1790年制定的一项法令，法令明确规定"贤人会议"对加泰罗尼亚人具有管辖权，加泰罗尼亚人与当地渔民具有相同的义务和权利（例如，支付一半份额收益的义务，以及在"贤人会议"选举中成为候选人的权利）。[2]但是，这些措施并

---

[1] 马赛市政厅关于法国渔民和加泰罗尼亚渔民之冲突的意见（1790年11月7日），MA 18F6。

[2] *Loi Relative aux Pêcheurs des différents Ports du Royaume, et notamment à ceux de la ville de Marseille* (12 December 1790), CCI E/159, Arts 1, 2, 3 and 4.

没有产生显著的结果。特别是，这些措施没有结束马赛渔民与加泰罗尼亚同行之间的冲突。加泰罗尼亚人仍然形成了自己的社区，并且在他们到达之后的很长一段时间里，仍然很少或根本不理会"贤人会议"的规则。[1]

紧张局势加剧

如前所述，"贤人会议"被外来者的到来搞得焦头烂额。档案文件描述了"贤人会议"面对加泰罗尼亚渔民一而再再而三地违反规则时的绝望：

> 所有这些违规行为都是经常发生的。尽管渔业法明文禁止，加泰罗尼亚人还是在夜间进行井下捕鱼。他们从不缴纳"一半份额"税（"贤人会议"征收的税），尽管他们知道这是他们的义务。周日和节假日的捕鱼禁令同样不能阻止他们，在周日晚上，他们不与当地渔民一起离开港口，以便到达他们的捕鱼地点……，而且他们总是比当地渔民先到一步：他们自行选择，按照自己的意愿占领捕鱼地点，而毫不犹豫地违反合作和平等的法令。这些做法的负面后果是巨大的。鱼类外逃和濒临灭绝还只是其中最轻微的。更值得注意的是平等规范的减损、不服从规则及其招致的混乱与灾难性后果。[2]

---

[1] 例见罗讷河口省省长致马赛市长的信，关于西班牙领事就"贤人会议"对待加泰罗尼亚渔民的方式提出的投诉（1817年1月11日），MA 18F6。
[2] "贤人会议"寄给查尔顿先生的信，以反对外来者（1786年），DA 250E36, 6。

一群外来者的出现成功地与"贤人会议"竞争，使当地渔民退居次要地位，并在社区内制造了紧张局势。由于加泰罗尼亚人擅长延绳钓捕鱼，一些当地渔民开始向他们出售沙丁鱼（加泰罗尼亚人用来捕鱼的鱼饵）。当"贤人会议"试图禁止向加泰罗尼亚人出售沙丁鱼时，很快就遇到了来自其内部的反对，因为出售沙丁鱼可以带来利润。[1]加泰罗尼亚人使用的捕鱼技术的优越性也吸引当地渔民模仿，使他们不再坚持传统技术。在1786年3月20日的一项决定中，国王委员会实施了一系列措施，鼓励当地渔民从事延绳钓捕鱼，愿意从事延绳钓捕鱼的当地渔民可以获得一艘船，3年内免缴"一半份额"税和免服兵役。[2]王室直接进行干预，以鼓励当地渔民克服加泰罗尼亚人施加的竞争压力。"贤人会议"也支持这一政策，拨款8,000里弗尔给希望从事延绳钓捕鱼的当地渔民购买钓索。[3]这些努力收效甚微。加泰罗尼亚人是延绳钓捕鱼的大师，当地渔民根本无法与他们相比。[4]"贤人会议"不愿修改其规则，允许当地渔民与外来渔民竞争。就像对待捕鲭网一样，"贤人会议"很容易就做到了这一点。事实上，"贤人会议"本可以更有效地解释社会规范，如使

---

[1] Faget, *Marseille et la mer: Hommes et environnement marin (XVIIIe–XXe siècle)*, 61.
[2] 国王委员会关于对马赛市法国渔民和外来渔民进行管理的决定（1786年3月20日），CCI E/159。
[3] 关于"贤人会议"的记录（1787年），DA 250E8, 52。
[4] 关于这些努力的失败，见 Faget, *Marseille et la mer: Hommes et environnement marin (XVIIIe–XXe siècle)*, 78-79.

用更有利于折中监管的方式和创造更严格遵守其规范的新规则。"贤人会议"未能做到这一点证实了第二章中已经观察到的事实,即社会规范创造了一条在私人治理体系中约束监管行为的路径。这条路径可能或多或少是狭窄的,这取决于社区成员是否愿意做出妥协。社会规范的矛盾特性——既开放又富有刚性,似乎是一个关键的方面,我将在后续章节中进一步探讨这一问题。

结 论

本章考察了"贤人会议"在面对全球化早期阶段时的运作。特别是,考察了这一"原始全球化"所引发的两类社会事件:17世纪一种被称为捕鲱网的新捕鱼技术的出现和18世纪加泰罗尼亚渔民的到来。"贤人会议"丰富的实证记录提供了证据,证明了它是如何应对这些社会事件的。在这两个例子中,"贤人会议"仍然坚决遵守其社区规范,并且——特别是在面对加泰罗尼亚人的到来时——极不愿意调整其规则。此外,即使在巨大的财政和政治压力下,它调整了规则,渔民通常也会忽视这些新规则,而支持他们信奉的社会规范(就像捕鲱网的管理一样)。换句话说,渔民的社会规范通过引导它在几个世纪中所创造的规则的形式和内容,为"贤人会议"的监管功能创造了一个宪法框架。

因此,渔民的社会规范类似于一个甜甜圈,中心有一个洞,留有解释空间,同时对"贤人会议"所构想的规则施加了约束,以解决具体的挑战。"贤人会议"的规则被"甜甜圈"的外层所包围,"甜甜圈"的外层框定了规则的范围和解释。针对这一分析,下一章将通过对"贤人会议"如何应对不同社区规范之间发生的冲突的探索,来提供另一种解读的可能性。

><((((°>

第四章

规范之战

导 言

捕鱼是艰苦的冒险,需要特殊的技能、耐心和运气。马赛的渔民经常将自己比作在地中海中不停地追踪猎物的猎人。渔民间也存在激烈的竞争,如同一位老渔民所言:"优秀的渔民总是嫉妒其他渔民。"对渔民来说,使用更大的网、马力更大的船和更有效的渔具,能帮助他们比竞争对手更快地捕到更多的鱼,因此这种诱惑是巨大的。但这一依赖捕鱼装备的趋势会过度开发鱼类资源,甚至导致地中海鱼类资源枯竭的灾难性后果。

"贤人会议"一直很清楚,渔民富有狩猎的本能,这与保护渔业免于由过度捕捞带来的灾难性后果之间存在紧张关系。前述章节描述了"贤人会议"如何限制捕鱼技术——特别是新的、可能具有侵略性的技术对渔业资源的影响。"贤人会议"平衡了宽容的平等规范和限制性的保护规范,以适应新技术的发展。这一做法将受欢迎的新技术融入原有的捕鱼实践,同时限制它们对渔业的潜在影响。正如前几章所述,

"贤人会议"制定了大量的规则,涉及渔网的尺寸、鱼钩的类型、特定技术的使用位置和时间段。[1]

本章的重点是电力和内燃机等主要技术的涌现让"贤人会议"的工作更具挑战性。随着渔民使用这些技术,平等规范和保护规范之间的内在紧张关系进一步加剧。19世纪和20世纪的档案记录提供了大量有关"规范之战"的例子。本章将重点介绍马赛渔民的三大技术发展:发动机、电力和炸药。这些技术在捕鱼过程的不同阶段以不同的方式运行,为捕鱼工作提供便利并提高生产力。发动机是原动机,相比风力和人力,在操作船只和渔网时性能更佳。电力产生的光是极具吸引力的诱饵,能顺利诱鱼入网。炸药可以迅速捕杀大范围的鱼类。据此,本章研究了"贤人会议"如何以政治妥协适应新技术,以及由此产生的意想不到的后果,即有害技术对未来技术产生了棘轮效应*。"贤人会议"难以平衡其规范,对平等的承诺最终压倒了对鱼类种群的长期保护。"贤人会议"对于平等原则的倾向性,造成了其无法也不愿遏制的向下竞争局面,而此种演变对维系保护规范是有害的。

发动机和拖网

在17世纪和19世纪末之间,发动机作为一种原动机逐渐

---

[1] 参见第二章第四节"适应新的实践:浮网案例"。
* 由经济学家杜森贝利提出的一种经济学效应,指人的消费习惯形成之后具有不可逆性,即易于向上调整,而难于向下调整,后被广泛用于心理学和社会学领域。

出现，并极大地提高了马赛渔民的生产力。然而，发动机进入马赛并不完全是史无前例的，因为基于拖网的古老捕鱼实践为发动机的引入提供了肥沃的土壤。尽管发动机对鱼类种群产生了巨大的影响，"贤人会议"的反应却是微弱的，发动机很快取代了帆船和人力，成为马赛渔业发展的原动力。作为开场白，本节简要总结了发动机的发展历程，并展示了捕鱼业如何逐渐从这种原动机中获益。然后，本节描述了发动机在马赛渔业中的应用，并审视了"贤人会议"对这一发展的反应。

发动机作为原动机的兴起

发动机的历史是一个反复试验的过程，在这一过程中，科学家和工程师试图用机械产生的动力取代人力。在17世纪，当科学先驱开始为所谓的"机器时代"奠定基础时，这一点甚至还不太明显。[1] 4个多世纪后，历史证明了这些先驱的正确性，他们的研究对发动机的出现起到了重要作用。其中一位名叫丹尼斯·帕平（Denis Papin，1647—1712）的科学家，在17世纪末第一个将蒸汽作为驱动汽缸中活塞的手段。[2] 1705年，他甚至建造了第一艘由蒸汽机驱动的明轮船。[3] 传说帕平在德国的威悉河上试验他的明轮船，当地的船夫担忧生计，破坏了他的发明。[4] 读者可能更熟悉这一

---

[1] C. Singer, E. J. Holmyard, A. R. Hall and T. I. Williams, *A History of Technology*, vol IV (Oxford, Clarendon Press, 1958), 148.
[2] ibid., 173.
[3] R. Woodman, *The History of the Ship* (London, Conway Maritime Press, 1997), 134.
[4] ibid.

技术的其他先驱，如托马斯·纽科门（Thomas Newcomen，1663—1729），他设计了第一台基于活塞和汽缸的复杂的蒸汽机，还有詹姆斯·瓦特（James Watt，1736—1819），他进一步改进了这台"纽科门机器"。瓦特通过将汽缸保持在与蒸汽相同的温度，最大限度减少了纽科门机器中的能量损失。他还通过将单作用活塞（在汽缸中产生向下运动的力）转变为双作用活塞（在汽缸中向上和向下运动）来优化机械运动。[1]到18世纪末，固定式蒸汽发动机已经很成熟了，但瓦特设计的蒸汽推进系统又花了几年时间才成功地应用于船舶。17世纪早期帕平在威悉河上的不幸经历只是一系列试验中的第一个，这些试验最终导致了19世纪上半叶蒸汽推进桨的应用。[2]当时，明轮船确保了哈德孙河（1807）上的客运服务，横渡大西洋（1819），甚至用于私掠船（1821）。又过了几十年，第一艘蒸汽船才于19世纪70年代早期在马赛港出现。[3]

当弗朗西斯·佩蒂特·史密斯（Francis Pettit Smith，1808—1874）将螺旋推进技术应用于蒸汽船时，该项技术再次得到了改进。尽管佩蒂特·史密斯设计的螺旋杆在高水压下断裂了，但他的想法促进了进一步的研究。随后，在旨在测试螺旋推进效率的一次试验中，皇家海军于1845年组织了一次拔河比赛，参赛者分别是HMS响尾蛇（Rattler，一艘螺

---

[1] Singer et al., *A History of Technology*, vol IV, 182-186.
[2] ibid, 142-146.
[3] 马赛港的数据，DA PHI529/1。

旋推进战舰）和 HMS 阿莱克托（Alecto，一艘明轮战舰）。[1]比赛以响尾蛇向后拖拽阿莱克托而告终，从而确立了螺旋推进相对于明轮的优势。[2] 19 世纪末，涡轮机的发明及其在船舶推进中的应用，也是发动机机械设计的重大飞跃。1897 年，第一艘用蒸汽涡轮机推进的船是图尔比尼亚号，在 1897 年为维多利亚女王钻石禧年举行的海军检阅中，这艘船大放异彩，轻易地将一艘紧追不舍的海军快艇甩在身后。[3] 从那时起，螺旋推进技术成为汽艇的主导技术。

蒸汽机比传统的原动机功率大得多，但它的效率相对较低。例如，瓦特的发动机能量输出与能量成本之比接近 4.5%（相比之下，丰田最近发布了一款热效率为 41% 的发动机[4]）。这是因为蒸汽机属于外燃式发动机，能量在发动机汽缸外产生，因此在将能量传递到汽缸和活塞的过程中会产生大量的浪费。与此相反，一些科学现实主义的先驱，如帕平，注意到直接在汽缸内点燃火药来产生动力的可能性。[5] 这是 17 世纪末内燃机设计的第一步，随后内燃机在 19 世纪末出现。时至今日，现代经济在很大程度上依赖于各种内燃机，如柴油机或汽油机。这些发动机功率大，可靠且坚固。在考察内燃机如何提高马赛船队的捕捞能力之前，我将解释一下现有

---

[1] Woodman, *The History of the Ship*, 142.
[2] ibid.
[3] Singer et al., *A History of Technology*, vol V, 151.
[4] 见 https://newsroom.toyota.co.jp/en/powertrain2018/engine/（最后访问时间为 2020 年 9 月 10 日）。
[5] Singer et al., *A History of Technology*, vol V, 157.

的技术如何促进了马赛船队的集合,这些技术得益于内燃机提供的几乎无限的力量。

捍卫拖网渔船:布雷金、艾索格、杆基和牛式捕鱼

如第二章所示,在马赛最流行的渔具之一是名为"布雷金"的小型围网,渔民们用这种围网将鱼围在浅水处。图4.1描绘了一队渔民在法国南部的海滩上操作布雷金,这表明需要相当多的人力才能把鱼拖到海滩上。

图4.1 布雷金捕鱼技术。资料来源:法国国家图书馆(BNF Gallica), P. Gourret, *Les pêcheries et les poissons de la Méditerranée* (Paris, Librairie J.-B. Baillière et Fils,1894), 173。

其他的捕鱼技术大规模地复刻了布雷金的特征。例如，艾索格捕鱼技术与布雷金类似，尽管它在更深的水域，使用更大的渔网。波梅格（Pomégues）和拉托诺（Ratonneau）岛（距离马赛港口大约一英里）是使用艾索格技术的传统渔场。在图 4.2 中，渔民利用帆船而不是桨船，这表明艾索格比布雷金需要更多的动力。这可以解释为，布雷金渔民比艾索格渔民更靠近海岸（因为艾索格渔民需要更深的渔场）。

图 4.2　艾索格捕鱼船。资料来源：法国国家图书馆（BNF Gallica），P. J. Guéroult du Pas, *Recueil de vues de tous les diffrérents bâtiments de la mer Méditerranée et de l'Océan avec leurs noms et usages* (Paris, Pierre Giffart, 1710), 2。

总之，布雷金和艾索格都依赖于使用小船来展开渔网，并依靠人工力量把这些渔网拖回海滩（或船上）。在 14 世纪下半叶，一种名为"杆基"（gangui）的新式捕鱼技术出现，标志着捕鱼史的一个转折点。[1]杆基成为随后几个世纪的主要捕鱼方式。像布雷金和艾索格一样，杆基拖船的渔网装备有可触至海底的沉降器。有些杆基拖船甚至装备有木制或铁制的挖泥船。然而，与布雷金和艾索格不同的是，杆基拖船的渔网不是由人工力量拖动，而是由船本身拖动。事实上，杆基是现代拖网渔船的早期样态，因此，它可以在远离海岸的地方使用，疏浚能力比布雷金和艾索格更显著。但杆基会破坏为幼鱼提供繁殖地和自然栖息地的藻类。早在1362年，一些渔民就抱怨，使用杆基会破坏鱼类资源。[2] 15世纪的档案记录包含了渔民因使用杆基而发生冲突的各种资料。1431年，当"贤人会议"成立时，马赛的渔民同意允许在限定的区域内使用杆基，但禁止超出限定的区域，"否则将处以100里弗尔的罚款"。[3] 1462年4月的一份文件总结了"贤人会议"为此所做的大量工作，为协调杆基渔民和其他渔民的关系，"贤人会议"为不同渔民群体分别单独划分渔场。[4]同一份文件提及"杆基的限制性措施"应该"每年公布，这样每个人都会知道，没有人敢违反"。[5]平等规范和保护规范之间的矛盾在历史记录中清晰可见。"贤人会议"以平等之名容

---

[1]见马赛市议会1362年7月29日会议记录，MA BB23。
[2]同上。
[3]见关于组织捕鱼的协议（1431年10月13日），DA 250E6。1454年再次提到了专门为杆基而设立的捕鱼区域。见马赛法官的法令（1454年2月23日），PA。
[4]见1462年4月12日的仲裁裁决，DA 250E6。
[5]1462年4月12日仲裁裁决，DA 250E6。

纳杆基渔民，同时以保护之名限制其对鱼类资源的影响，试图解决这一矛盾。然而，"贤人会议"逐渐放松了对杆基的限制，并扩大了最初在15世纪划分的捕鱼区域。[1]非常值得注意的是，在随后的几个世纪中，针对杆基的批评从未停止过。例如，1754年的一本小册子中，出现了对"滥用"杆基的批评，以及对烧毁杆基捕鱼渔网之必要性的论证。[2]1999年，这些批评再次出现在法国政府的一份内部说明中，该说明指出了杆基捕鱼技术对环境的危害。[3]在这些争论中，"贤人会议"扮演了一个模棱两可的角色，不断地在禁止和接受杆基之间摇摆。在1803年寄给政府的一封信中，"贤人会议"批评了对杆基的禁令，辩称考虑到杆基会破坏海藻，已经存在一年"只能"使用9个月的限制，同时强调"马赛的大多数渔民"都在使用杆基。[4]1835年，"贤人会议"以多数票通过保留杆基的决议（87票赞成，16票反对）。[5]从20世纪中叶开始，"贤人会议"又采取积极反对杆基的态度，并于20世纪

---

[1] 在"贤人会议"规则的编纂中，佩颂耐注意到了捕鱼区域的扩大，并补充说杆基渔网能捕捞非常小的鱼，破坏了海床，对鱼类资源产生了负面影响。见 *Description des Pesches, Loix et Ordonnances des Pescheurs de la Ville de Marseille*, DA 250E2, 101。

[2] *Mémoire servant à faire connaître les abus du filet appelé gangui qui s'emploie également au boeuf et les moyens propres pour y remédier* (June 1754), NA MAR/C/4/179.

[3] *Note d'information rapide sur la senne tournante, senne de plage et gangui en Méditerranée* (1 February 1999), NA 20160293/180.

[4] "贤人会议"致法国海军部长和殖民地行政官员的信（1803年6月10日），AA CC5/374。

[5] "贤人会议"致法国阶级委员会的信（1835年6月13日），DA 250E126。

40年代末与国家当局达成一致，同意禁止杆基。[1]但"贤人会议"偶尔才会执行这一禁令（例如，渔民弗朗索瓦·鲁杰罗因在1961年使用杆基而被判处50法郎的罚款[2]），而且"贤人会议"从未设法在马赛禁止使用杆基。据1974年的报道，渔民"似乎已经忘却"使用杆基的禁令。[3]在20世纪80年代和90年代，"贤人会议"容忍了杆基的使用，至少直到20世纪90年代中期欧盟发布杆基的使用禁令。[4]杆基的例子表明，"贤人会议"在面对其相当一部分成员使用的有害技术时，表现出了迟疑。此时"贤人会议"似乎更倾向于保护个人使用某种捕鱼技术的权利，而不是满足长期保护鱼类资源的需要。

作为这一演变的下一步，渔民在18世纪早期开始使用由大帆船拖曳的大网。这种船被称为"塔坦"（tartane），通常可搭载10名船员，可以在远离海岸的强风中使用。"塔坦"这个名字不仅指这些船，也指被船拖在后面的大网（有时被称为"巨型杆基"或"大杆基"）。[5]图4.3描绘了塔坦，从大帆和船员身上可以很快辨认出它。作为捕鱼竞

---

[1] 例见 *Arrêté réglementant l'emploi du gangui à poissons dans les eaux de la Prud'homie de Marseille* (1 October 1949), MA 100ii, 264。
[2] "贤人会议"1961年7月5日会议记录，PA。
[3] 见地方渔业委员会会议记录（1974年1月30日），PA；地中海联络委员会会议记录（2000年6月9日），NA 20160293/180。
[4] 如第五章所述，对杆基的禁止最终源于欧盟的一项法规（第1626/94号法规）。见 F. Gauthiez, *Point sur les mesures techniques en Méditerranée* (5 March 2001), NA 20160293/180。
[5] J. J. Baudrillart, *Traité général des eaux et forêts, chasses et pêches*, vol 4 (Paris, Arthus Bertrand, 1827), 526-530.

赛的加分项，渔民将两艘塔坦组合在一起，共同拖曳一张网，大大增加了网的拖曳力量。这种捕鱼技术被称为"牛式捕鱼"（pêche au boeuf），可以直译为"牛捕鱼"（ox fishing）。这一术语的确切起源不详：可能意指两艘帆船拖着渔网呈现的三角形状（类似牛头），也可能蕴含两艘三角帆船像两头牛一样在海底"耕作"的事实。图 4.4 描绘了牛式捕鱼的实景图。

图 4.3　塔坦。资料来源：法国国家图书馆（BNF Gallica），P. J. Guéroult du Pas, *Recueil de vues de tous les diffrérents bâtiments de la mer Méditerranée et de l'Océan avec leurs noms et usages* (Paris, Pierre Giffart, 1710), 3。

图 4.1、图 4.2、图 4.3 和图 4.4 之间的比较证实了显而易见的事实：马赛渔民使用越来越有力的渔具来拖曳深海渔网。马赛渔民使用的拖网对海底的负面影响引起了猛烈的批评。然而，"贤人会议"对此的回应却很温和。例如，18 世纪末，

图4.4 牛式捕鱼。资料来源：法国国家图书馆（BNF Gallica），V. F. Garau, *Traité de pêche maritime pratique illustrié et des industries secondaires en Algiérie* (Algiers, Imp P Crescenzo,1909), 70。

国王派往马赛的特使丹尼尔-马克-安托万·查尔顿认为，布雷金和杆基对渔业"害处极大"。[1] 1883年，马赛大学生物学教授安托万·福琼·马里昂（Antoine-Fortuné Marion）注意到，杆基对海床鱼类有"灾难性的"影响，并且由于这种技术，地中海伞（umbrella Mediterranean）等软体动物几近灭绝。[2] 保罗·古雷（Paul Gourret，另一位生物学家，马里昂的学生）批评布雷金、塔坦和牛式捕鱼捕获过多幼鱼，破

---

[1] 查尔顿被派往马赛，以解决当地渔民和加泰罗尼亚人之间的争端（见第三章第三节的"紧张局势加剧"部分）。见 *Note de Chardon sur les différentes pêches qui se font dans les ports de Toulon, Marseille et ses environs* (8 July 1784), NA MAR/C/4/179。

[2] A. F. Marion, *Esquisse d'une topographie zoologique du Golfe de Marseille* (Marseille, Cayer & Cie, 1883), 66-67.

坏了鱼群的自然栖息地，对渔业造成了"相当大的损失"。[1]这场辩论的另一位主角是保罗-安托万·门茨（Paul-Antoine Menc），一位多米尼加神父，他在1769年马赛科学院的一次演讲中，强烈谴责了所有类型的拖网（布雷金、艾索格、杆基和塔坦）。[2]尽管门茨演讲的科学依据相当薄弱，但足够有说服力以引起"贤人会议"的回应。在一份备忘录中，"贤人会议"援引鱼类"互相吞噬"的事实，作为对鱼群数量锐减的解释，在这场重要的辩论中，这是一个含糊而略显荒唐的论点。[3]

事实上，"贤人会议"的立场如此温和，以致引起了一群持不同意见的渔民的不满。这些渔民聘请了一位叫拉杰特·德·波迪奥（Laget de Podio）的律师，波迪奥于1835年以书面形式向马赛市长和检察官转达了渔民的担忧。[4]波迪奥谴责了"贤人会议"的态度，批评它没有禁止拖网捕鱼，而拖网对渔业造成了巨大的影响。[5]波迪奥甚至指控"贤人会议"的4名成员使用拖网和牛式捕鱼，暗示"贤人会议"

---

[1] P. Gourret, *Les pêcheries et les poissons de la Méditerranée* (*Provence*) (Paris, Librairie J.-B. Baillière et Fils, 1894), 147-150, 179-180.
[2] *Quelles sont les causes de la diminution de la pêche sur les côtes de la Provence? Et quels sont les moyens de la rendre plus abondante?* (5 April 1769), BNF Gallica.
[3] *Mémoire des Prud'hommes pêcheurs de la ville de Marseille sur le Code des Pêches* (10 March 1806), CCI YC/22/09, 12.
[4] 见 *Les pêcheurs de la ville de Marseille et autres pêcheurs de sa banlieue, côtes et villes voisines à M le Maire de la Ville de Marseille* (Marseille, Marius Olive, 1835); *Mémoire de M. Laget de Podio, avocat, au nom des pêcheurs de la ville de Marseille adressé au Procureur du Roi auprès du Tribunal civil de Marseille* (11 June 1835), MA 18F6。
[5] 同上。

在避免禁止自己从事的活动。[1]这并不意味着马赛的每个渔民都使用拖网捕鱼。一些渔民聘请律师对"贤人会议"提出申诉的事实就表明,并非整个社区都使用拖网捕鱼,而且拖网在渔民中引起了巨大的争议。然而,即使从长远来看拖网对鱼类种群造成了潜在的危害,但对其广泛的使用也助长了"贤人会议"容忍的态度。这并不是说几个世纪以来,拖网从未受过监管;事实上,拖网是众多法规的适用对象,在此无法全部列举总结。[2]然而,其中绝大部分法规是由法国政府颁布的,至少在19世纪中叶以前,"贤人会议"并不认为自己受到这些法规的约束。[3]拉杰特·德·波迪奥的抱怨在几十年后得到了回应,一位市议员谴责"贤人会议"对拖网捕鱼持"同谋"态度,据他所言,这种态度导致了其他渔民的"损失"和鱼群的"灭绝"。[4]19世纪末,一位著名的动物学家古雷(Gourret),也是一本地中海捕鱼业参考书的作者报告说,由于"贤人会议"的成员同样使用拖网捕鱼,他们因此"受到违规者的影响,并对违规者睁一只眼闭一只眼"。[5]在19世纪末,拖网捕鱼破坏了渔业,而"贤人会议"

---

[1] *Les pêcheurs de la ville de Marseille et autres pêcheurs de sa banlieue, côtes et villes voisines à M le Maire de la Ville de Marseille* (Marseille, Marius Olive, 1835); *Mémoire de M. Laget de Podio, avocat, au nom des pêcheurs de la ville de Marseille adressé au Procureur du Roi auprès du Tribunal civil de Marseille* (11 June 1835), MA 18F6。
[2] 国务会议第一次发布了对牛式捕鱼的禁令。见国务会议1725年9月25日的决定,DA 250E5。
[3] 这一论点在第五章中得到了进一步的发展。
[4] *Rapport de M. Jules Guibert au Conseil municipal de Marseille pour l'interdiction des filets traînants* (22 June 1870), DA 6S/10/3.
[5] Gourret, *Les pêcheries et les poissons de la Méditerranée* (Provence), 322.

的成员似乎是这一过程中的同谋。事实上，他们似乎倾向于维护开发渔业的个人权利，而非保护渔业。

到目前为止，我对拖网捕鱼监管的描述可能令人沮丧，但当20世纪初蒸汽机和内燃机在马赛出现时，情况进一步恶化了。在此之前，人力或风能从内部限制着渔民可使用的技术，即使随着时间推移，这些技术变得越来越强大。[1]事实上，拖网的类型和尺寸直接取决于拖网渔船的动力。内燃机的蛮力和几乎无限的动力释放了拖网的力量，从而对渔业产生了颠覆性影响。

现实与历史的相遇：引擎动力的竞赛

1911年，在接受一家当地报纸采访时，"贤人会议"的秘书称赞帆船上部署的杆基"不像通常认为的那样具有破坏性"。[2]然而，在说这些话时，这位秘书不可能没有意识到，装备有蒸汽机（1903年）和内燃机（1909年）的渔船抵达了马赛。[3]几年后，马赛一家名为Beaudouin的公司设计了一台5马力的小型汽油发动机，并制造出第一台柴油发动机。[4]马赛的许多渔船装备了Beaudouin发动机，这成为了马赛渔业

---

[1]布雷金、艾索格、杆基和塔坦都可以被置于一个由弱到强的技术连续体中。
[2]*A propos des arts traînants* (14 August 1911), DA 6S/10/3.
[3]*A Marseille, la pêche avant les chalutiers à vapeur* (May 1975), CCI MR/45221; 'La pêche maritime en France: sur le littoral méditerranéen' in *Le Petit Journal* (23 May 1912, May 1912)（提及了在马赛作业的两艘分别长32米和37米的蒸汽式拖网渔船）。
[4]见 www.beaudouin.com/fr/historique.html（最后访问时间为2020年9月10日）。

的象征。汽艇开启了法国南部海岸渔业历史的新篇章。渔民们很快意识到了发动机的强大动力及其对拖网作业的潜在好处。发动机可以拉动更大的渔网，与依赖人工的帆艇相比，它能拖曳渔网至更远的距离。但是发动机成倍地增加了拖网对海床的冲击力。20世纪20年代末，渔民们组织了抗议活动，反对在海岸附近作业的蒸汽式拖网渔船。例如，1927年2月，数百名渔民在马赛街头示威，反对拖网捕鱼。[1]

人们可能会认为，在这些抗议活动之后，"贤人会议"会寻求一种折中方案，即允许使用发动机，但同时减少其对渔业的影响（例如，限制渔网的尺寸和/或发动机的功率）。尽管"贤人会议"采取了这类措施，但其限制大功率发动机影响的效果却不敌这些发动机对渔民的吸引力。很明显，在汽艇出现并在马赛渔业中迅速普及后，风帆艇的境遇并不好。图表4.1显示，汽艇的使用一直到20世纪40年代都在迅速发展，势不可当。到20世纪50年代末，风帆艇在马赛的渔业中完全消失了。

"贤人会议"本可以通过限制汽艇的数量、马力或渔网尺寸来遏制这一演变。然而，"贤人会议"在是否限制发动机的问题上犹豫不决，其原因似乎与平等主义规范的包容性相关。我将讨论与汽艇相关的三种捕鱼技术：定网捕鱼（set-net fishing）、围网捕鱼（purse-seine fishing）和拖网捕鱼（trawler fishing），来阐述上述观点。

---

[1] 见马赛市警察局局长致罗讷河口省省长的信(1927年2月7日)，AD 4M2333。

图表 4.1　马赛各类别渔船的年度数量（1909—2014 年）

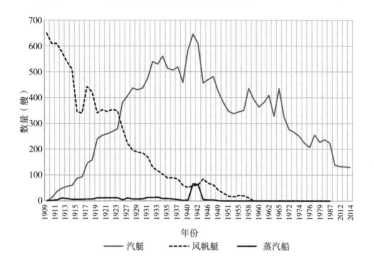

定网捕鱼

联合国粮食及农业组织（Food and Agricultural Organization，FAO）将"定置网"定义为"由浮线和加权地线保持大致垂直而形成的单一网墙"。简单地说，定置网类似于放置在海底的羽毛球网。[1]传统上，由于网是固定的且尺寸有限，因此定置网的危害能力被降低了。此外，渔民过去通常需要用手去拖拽这些网，这也极大地限制了定置网的尺寸和放置深

---

[1] 见联合国粮食及农业组织网页：www.fao.org/fishery/geartype/219/ en（最后访问时间为 2018 年 9 月 10 日）。

度。在18世纪早期,定置网的尺寸相对较小(长130米,高5米)[1],在19世纪后期,其尺寸增长到了长约1,200米。[2]汽艇的使用再次增强了定网捕鱼的能力。渔民最初投资于小型汽艇(尺寸7.5—10米,发动机功率20—70马力),后来逐渐替换为尺寸更大、更有力的汽艇(尺寸11.5—12.5米,发动机功率50—100马力),这些汽艇可以拖拽更长的渔网。[3]汽艇现在装备了液压拉网机,在起渔网时,液压拉网机已经取代了人力。此外,发动机功率的增长与20世纪50年代尼龙网的出现是同步的。在此之前,渔民使用棉网,为避免腐烂,棉网需要定期在树脂浴(resin bath)中清洗处理。"贤人会议"的关键职能之一是将棉网放入大锅中清洗,大锅使用了几个世纪,直到20世纪60年代初才被拆除。[4]但尼龙网替代了棉网,因为尼龙网更耐腐蚀,不需要定期在树脂浴中清洗,对渔民更具吸引力。"贤人会议"试图通过调节渔网的尺寸和网眼的形状来减少发动机的影响(大网眼不会困住幼鱼,因此更能保护鱼群)。例如,"贤人会议"试图将定置网的尺寸限制在45段(在3,150米和5,400米之间),但渔民一

---

[1] *Description des Pesches, Loix et Ordonnances des Pescheurs de la Ville de Marseille* (1725), DA 250E2, 171.
[2] 见 *Annales du Sénat et de la Chambre des députés*, 30 November 1880, 455。
[3] M. Bonnet, *La pêche au large aux filets maillants et trémails sur les côtes de Provence*, DA 2331W282.
[4] "贤人会议"颁布了一项规则,禁止渔民使用其他社区的大锅。见"贤人会议"1687年5月20日会议记录,DA 250E4。其中一个大锅仍然可以在莱斯塔克看到。它已被法国政府列为历史古迹。见 www.pop.culture.gouv.fr/notice/merimee/IA13000883(最后访问时间为2021年2月2日)。

般无视这一限制，使用大于 6,000 米的定置网。[1] 总之，尼龙网与发动机的结合，致使定置网的数量在 3 个世纪内增长了 60 倍。

围网捕鱼

如第二章所述，20 世纪初捕鲭网消亡后，当地渔民转而使用中世纪的网捕技术捕捞金枪鱼。[2] 网捕要求渔民之间高度合作，他们隶属于所谓的"商行"，每家商行容纳有不少于 50 名渔民。[3] 在 20 世纪 50 年代，马赛仍有 4 家渔民商行在使用网捕技术，但这种捕鱼技术在 20 世纪 60 年代已不再受欢迎。[4] 网捕技术消亡的原因尚不清楚。例如，有人可能会猜测，随着蓝鳍金枪鱼数量的下降，网捕成本超过了其潜在收益。另一种解释与围网船的出现有关，围网船装有大功率发动机，这使得渔民能够用更密集的船员和更少的船只在远离海岸的地方复刻网捕技术。一位受访者向我讲述了，为了在 20 世纪 60 年代中期在马赛建造第一艘围网船，他的父亲和叔叔是如何从圣地亚哥进口图纸的。围网船配有"围网"，这是一种巨型的、荷包状的网墙，用来围住鱼群（如金枪鱼

---

[1] 例见海事局局长致区域海事事务主任的信（1986 年 12 月 31 日），DA 2331W282（其中提到渔网长度达 6,000 米）。我的一位受访者甚至报告说，他们使用长达 15,000 米的渔网捕捞金枪鱼。
[2] 如第二章第三节的"'贤人会议'的诞生"所述，网捕在 15 世纪就已存在。
[3] *Renseignements sur la pratique de la seinche* (ca 1941), NA 19860461/21.
[4] "贤人会议" 1959 年 3 月 15 日会议记录，PA。

或沙丁鱼）。[1]联合国粮食及农业组织将围网描述为"最有效的渔具，用于捕捞正在上浮的大型和小型深海鱼种"。尽管网捕只需要5艘船和50多名渔民，但一艘金枪鱼围网船仅需10到20名渔民就可以捕获整个金枪鱼群，并可多次重复作业。这些围网船装备有1,600马力的发动机、几艘硬壳汽艇，甚至还有用于定位金枪鱼群的直升机。围网由重型吊杆支撑，并由动力滑车牵引拖拽，这是一种由液压泵驱动的机械滑轮，连接到主机或辅助发动机，能够围住整个金枪鱼群。[2]图4.5描绘了一艘金枪鱼围网船，小汽艇、直升机和动力滑车都在甲板上方。

人们常常认为，金枪鱼围网船对西地中海盆地蓝鳍金枪鱼数量的减少负有责任。例如，埃利斯（Ellis）写道，金枪鱼围网船"效率很高，以至于西地中海的传统渔场已经枯竭并废弃，代之以东部高密度的产卵鱼群"。[3]在过度开发金枪鱼种群方面，以马赛为基地的金枪鱼围网船名声显著。尽管马赛仍然是它们的母港，但金枪鱼围网船的航行范围远远超出了法国海岸。受访者告诉我，金枪鱼围网船如何在仅持续几周的捕捞活动中用尽年度配额，航行至巴利阿里（the Balearics）群岛，甚至利比亚海岸（the coast of Libya）。有时船主会将保存好的鲜活的金枪鱼运到马耳他的海上养殖场，

---

[1] 见联合国粮食及农业组织网页：www.fao.org/fishery/geartype/249/en（最后访问时间为2020年9月10日）。
[2] 同上。
[3] R. Ellis, *Tuna: Love, Death and Mercury* (New York, NY, Vintage Books, 2009), 63.

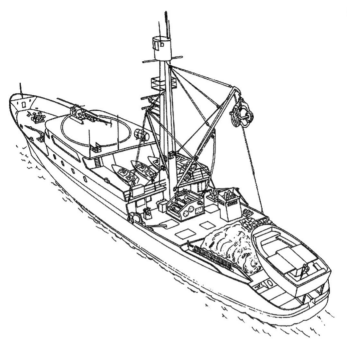

图 4.5 金枪鱼围网船。资料来源：联合国粮食及农业组织网页：www.fao.org/figis/common/format/ popUpImage.jsp?xp_imageid=7936（最后访问时间为 2020 年 9 月 10 日）。

育肥后出口到日本，在丰洲（Toyosu，原为筑地）市场上以天价出售。这些活动远超出"贤人会议"对渔业的监管范围，以至于它对此无能为力。人们也认为金枪鱼围网船船主与在马赛作业的渔民属于不同的类型。由于金枪鱼的高昂价格与围网船活动范围的跨国性，金枪鱼围网船船主经常被认为是商人而不是渔民。尽管直到 20 世纪 60 年代末，"贤人会议"一直积极监管着网捕技术的使用，但当涉及金枪鱼围网船时，它的合法性和权力几乎不存在，围网船的活动远远超出了它的管辖范围（管辖范围由领海松散地界定）。

拖网捕鱼

前述案例描述了发动机对马赛传统捕鱼技术的影响，借助发动机，渔民能够使用更长的、拖曳力更强的渔网，并能够到达遥远的渔场。一个与之完全一致甚至更显著的变化，涉及发动机如何促进拉网（dragnet）作业的动力竞争——拉网是马赛渔业最流行也最富争议的捕鱼技术之一。第二次世界大战后，马赛最流行的一种拉网捕鱼形式，即著名的杆基，因其对海床的破坏性影响被禁止使用。[1]同时，艾索格捕鱼技术被限制在几个"哨所"。[2]为保护生态，杆基和艾索格捕鱼技术不被允许使用，这理应引发马赛捕鱼技术的更新。然而，在杆基和艾索格捕鱼被禁止后，渔民出人意料地转向了更具侵略性的捕鱼技术，如拖网捕鱼。[3]在1949年禁止使用杆基和艾索格捕鱼后，一些原用于杆基捕鱼的船只被改造成了拖网渔船。当时，这些渔船的发动机相对较小，功率从

---

[1] *Arrêté réglementant l'emploi du gangui à poissons dans les eaux de la Prud'homie de Marseille*（1 October 1949），DA 2331W287。1949年法国颁布禁止使用杆基捕鱼的法令后，很快又出现了杆基捕鱼的现象。例如，在1961年"贤人会议"负责的案件中，一名渔民被指控使用杆基捕鱼。20世纪80年代和90年代，杆基在法国南部沿海的使用仍然非常普遍。

[2] "贤人会议"致马赛海事局局长的信（1951年1月8日），MA 100ii264。马赛最后一名艾索格渔民罗伯特·卢布拉诺一直使用这一捕鱼技术，直到20世纪90年代。

[3] 如上所述，其中一些人悄悄恢复了旧做法，尽管这些做法已被禁止。

20马力到38马力不等。[1]但在随后的几年中，它们的功率和尺寸持续增长。在20世纪60年代，拖网渔船长达约15米，发动机功率达150马力。[2]20年后，渔船增长至24米长，发动机功率在120马力到430马力之间。[3]1981年，研究人员报告了发动机功率的"持续上升"，发动机功率最高达430马力。[4]目前，在普罗旺斯近海作业的拖网渔船（16米至24米）的平均功率是437马力。[5]在一次访谈中，一名前"贤人会议"成员向我说明，存在装备800马力到1,500马力发动机的拖网渔船。因此，在过去70年间，拖网渔船的发动机功率平均增加了12倍多。

虽然"贤人会议"经常指控拖网渔船，但它并没有采取什么措施限制它们的功率。"贤人会议"确实试图将拖网渔船置于其管辖之下，但这一尝试几乎完全失败，1921年发生了一起提请国务会议审理的诉讼案。20世纪20年代初，海事局注意到，装备蒸汽机的拖网渔船在马赛渔场引发了各种问题，这些蒸汽船促进了渔场的"工业化"，为渔民驶向远

---

[1]使用杆基的船只清单（约1949年，未注明具体日期），MA 100ii264。
[2]一名"贤人会议"成员致马蒂格海事局局长的信（1986年7月23日），DA 2331W282。
[3]地中海海事事务主任致法国交通部长的信（1980年2月8日），DA 2331W286。
[4]海洋科学与技术研究所致商船队总干事的信（1981年5月21日），DA 2331W286。另见1981年5月21日在塞特港举办的一场会议的记录，AD 2331W279。
[5]*Etat des lieux et caractéristiques de la pêche maritime professionnelle et des élevages marins en PACA*, (CRPMEM PACA, 2016) 40.

海提供了便利。[1]海事局就"贤人会议"与船主之间的争端向国务会议提出上诉,船主将两艘蒸汽式渔船用做拖网渔船,[2]"贤人会议"要求这名渔民支付适用于所有社区成员的税款,但这位渔民拒绝支付税款,理由是其拖网渔船不在"贤人会议"管辖的领海范围内作业。[3]在此之前,"贤人会议"广义上的管辖权延伸至"整个马赛渔业",这一划界留下了充足的可以争辩的空间。最终国务会议裁定,"贤人会议"的管辖权仅限于"领海"(当时为离岸3英里),其对超出3英里界限的拖网渔船没有管辖权。[4]国务会议裁决的具体结果是,如果拖网渔船的作业超出了3英里的界限,就不必向"贤人会议"交税。更重要的是,除非这些拖网渔船在它的领海范围内作业,否则"贤人会议"不能监管拖网渔船的活动。这一裁决标志着"贤人会议"(它试图管理拖网渔船)与拖网渔船(辩称其作业不属于"贤人会议"的管辖范围,尽管他们经常闯入"贤人会议"的管辖水域[5])之间持续不断的冲突的开始。

马赛引进的发动机,以前所未有的方式提高了渔民的生产力。发动机使渔民能够利用动力更充足的渔船、使用更大

---

[1]负责港口、航运和渔业的公共工程部副国务秘书致国务会议副主席的信(1921年4月8日),NA AL/3415。
[2]同上。
[3]同上。
[4]国务会议第178042条法律意见(1921年5月11日)。
[5]1983年,"贤人会议"指控拖网渔船"过于频繁地侵入"3英里海域。见"贤人会议"1983年3月18日会议记录,DA 2331 W275。

的渔网。这种趋势对鱼类种群产生了直接影响，因为拖网渔船操作大型拖网的能力（以及捕获更多鱼类的能力）与其发动机的动力成正比。1947年，马赛科学院检查了狮子湾的海床，进而评估了发动机的动力对海床的影响。科学家们在两年半时间内进行了82次疏浚作业，最后得出结论："自从渔船使用内燃机以来，拖网对海湾的水生动物造成了毁灭性打击。"[1]科学家们强调，"波西达尼亚草甸"（鱼类的产卵场）已经"完全毁坏"，鱼类的数量急剧下降，体型（衡量捕鱼压力的指标）也急剧缩小。[2]"贤人会议"似乎无法控制这场随着发动机的引进而达到高潮的捕鱼竞赛。在探讨潜在原因之前，我将先考察马赛渔业中另外两个技术变革的例子。

炸药捕鱼

这一节探讨的是另一个案例研究，即对炸药在马赛渔业中的使用情况的研究。类似于发动机的引入，持续存在的古老习俗促进了炸药的使用，进一步加剧了对海洋栖息地的破坏。尽管"贤人会议"坚持反对使用炸药，但它也迁就了许多使用炸药的成员的行为。

---

[1] *Note sur l'Etat des Fonds Littoraux du Golfe de Marseille* (14 April 1950), DA 2331W287.
[2] ibid.

爆破和炸药

炸药是19世纪最重要的发明之一。在19世纪中叶,科学家们已经研究了"高威力"爆炸物(如火药棉和硝化甘油)的特性,但无法控制它们的爆炸效果。硝化甘油释放的能量是火药的两倍,但其易变性导致了许多试图利用其威力的人的伤亡。在19世纪60年代,阿尔弗雷德·诺贝尔(Alfred Nobel)将硝化甘油与一种名为硅藻土(kiselguhr)的惰性材料同雷管结合在一起,产生的混合物被称为"炸药"(dynamite),可以相对安全地使用。炸药使其发明者大发横财,并被广泛应用于建筑业、采矿业、爆破工作,当然还有军事行动之中。不久,渔民也发现了诺贝尔这项发明的用途。事实上,马赛渔业第一次被报道使用炸药的时间可以追溯到1873年,距炸药在英国和瑞典获得专利仅过了6年。[1]然而,炸药并非在马赛凭空出现,因为渔民们已经在使用具有类似效果(尽管效果有限)的其他有害装置。

马赛渔业中的致命武器

很长一段时间,渔民都使用毒药来大规模地杀死或毒晕鱼类。一些档案文件报道了渔民们为达到这一目的而使用一种名为"大戟属"(euphorbia)的有毒植物。[2]为了减少这

---

[1]马赛市议会1873年8月7日会议记录,DA 6S10/3。
[2]例见 *Description des Pesches, Loix et Ordonnances des Pescheurs de la Ville de Marseille*, AD 250E2, 46。

些风险，1725年和1728年，国务会议颁布了使用有毒鱼饵的禁令。[1]"贤人会议"偶尔谴责向马赛水域投毒的渔民[2]，但有时它却宽恕甚至支持这些行为。[3]例如，在1829年给一名政府官员的信中，"贤人会议"为使用titbimale的渔民进行辩护——titbimale是一种能引发痢疾的有毒植物。[4]在20世纪中叶，渔民讨论了向水域投毒的可能性，以减少海豚的数量。[5]炸药具有与毒药同样的效果，但不会危害健康：炸药几乎能立即捕杀大量鱼类，而不会威胁消费者的健康。因此，19世纪末和20世纪末，爆破捕鱼（blast fishing）成为马赛渔民的一种重要捕鱼方法。[6]

爆破渔业：炸药在马赛的使用

爆破捕鱼包括向水中投掷炸药棒，以及收集浮在水面的被炸晕或死亡的鱼。另一种方法是投掷炸药棒，以便将鱼（特

---

[1] 国务会议1725年9月25日的决定，DA 250E5。
[2] 对类似案例的报道，见 D. Faget, 'Le poison et la poudre. Passé du braconnage halieutique en Méditerranée' in D. Faget and M. Sternberg (eds.), *Pêches méditerranéennes: Origines et mutations Protohistoire- XXIe siècle* (Paris, Karthala, 2015), 169。
[3] *Les pêcheurs de la ville de Marseille et autres pêcheurs de sa banlieue, côtes et villes voisines à M le Maire de la Ville de Marseille*, (11 June 1835), MA 18F6.
[4] "贤人会议"致法国阶级委员会的信（1829年8月30日），DA 250E126。
[5] 渔民协会关于蒙特雷东捕鲭网的报道（1950年9月29日），MA 100ii264; 海洋渔业委员会总干事致商船队内阁副部长的备忘录（1950年11月14日），MA 100ii264。
[6] 法吉特坚持认为，在法国南部，毒药使用和炸药使用间有连续性。见 Faget, 'Le poison et la poudre. Passé du braconnage halieutique en Méditerranée'。

别是深海鱼类，如沙丁鱼）带到水面。一个多世纪以来，马赛的渔民大规模地实行爆破捕鱼。我发现整个20世纪有许多关于爆破捕鱼的报道。早在1900年，海军部长就向总理报告说，"被这种轻松的捕鱼方式所吸引的马赛渔民"在大规模使用爆破捕鱼。[1] 1910年，爆破捕鱼被指控给马赛的渔业带来了"荒漠化"（desertification）。[2] 1963年，政府官员报告说一些专业渔民使用炸药。[3] 尽管提及这些时并不情愿，一些证人也证实了渔民广泛而持续地使用炸药的情形，虽然他们的证言很少被记录在案。一位渔民告诉我，他的祖父在20世纪中叶使用炸药。一位前"贤人会议"成员开玩笑地向我透露，一位渔民（和他的儿子）因为滥用炸药而获得了"砰砰"（Bam Bam）的绰号。据另一位证人所言，"贤人会议"的一位杰出成员在捕鱼时失去了一只眼睛，而小道消息分析他的事故是由炸药引起的。

爆破捕鱼对生态系统的影响众所周知：它不分青红皂白地抹杀所有的物种和大小不同的对象，摧毁了其他海洋生物，并破坏了海床。爆破捕鱼是过度捕捞的典型成因，也是一种简单易行但目光短浅的提高渔业生产力的方法。[4] 马赛的渔民一直非常清楚这些负面影响，事实上，在渔业历史的不同

---

[1] 海军部长致总理的信（1900年2月19日），DA 6S10/3。
[2] 罗讷河口省委员会1910年2月17日会议记录，DA 6S10/3。
[3] 法国海事局的报道（1963年2月22日），DA 2331W291。
[4] D. Pauly, G. Silvestre and I. R. Smith, 'On development, fisheries and dynamite: a brief review of tropical fisheries management' (1989) 3/3 *Natural Resource Modeling*, 307, 323。

时期，其中一些渔民对使用炸药持强烈反对态度。例如，在1917年，一群渔民因为使用炸药而发生了肢体冲突，造成两人死亡。[1]由于炸药对渔业的负面影响，人们预计"贤人会议"会采取强硬而积极的态度来反对炸药。适用其传统的平衡法，"贤人会议"理应只允许受控和有限的炸药使用行为。但是，"贤人会议"的反应模棱两可：没有采取任何具体行动反对爆破捕鱼，只是大声谴责。在谴责爆破捕鱼时，"贤人会议"区分了两类渔民：不从事爆破捕鱼的专业渔民和对渔业的损害负有实际责任的偷猎者。[2]但是，这一区分经不起推敲，其目的显然是纵容"贤人会议"支持者的行为。事实上，"贤人会议"试图以牺牲现实为代价，维护其社区的规范结构：它实际上允许其成员从事爆破捕鱼（这一立场与平等规范一致），同时出于保护规范的考虑谴责爆破捕鱼。在实践中，从事爆破捕鱼的不仅仅是社区外部人士，许多专业渔民（包括"贤人会议"成员）也参与其中。对爆破捕鱼的有效应对来自政府层面。例如，法国政府一再试图控制爆炸物的销售，巡逻渔场，禁止销售使用炸药捕获的鱼。"贤人会议"公开支持国家的举措，但在实践中却并没有多少作为。[3]爆破捕鱼的例子让人想起发动机的案例。"贤人会议"似乎很难反对一种被其选民广泛使用的技术。它没有参与可能被视为威

---

[1] 见罗讷河口省省长致内政部长的信（1917年12月24日），DA 4M2333。
[2] 例见，"贤人会议"致罗讷河口省省长的信（1917年8月29日），DA 6S10/3；"贤人会议"1950年2月2日会议记录，PA。
[3] 例见，关于爆破捕鱼的行政备忘录（1926年1月8日），DA 6S10/3。

胁渔民个人权利的斗争，只是口头承诺保护其渔场，但却没有采取充分行动来实现这一目标。

电灯作为诱饵

几个世纪以来，马赛渔民一直使用光来诱捕鱼，人们常称为"火钓"（fire fishing）。尽管"贤人会议"历来试图限制火钓，但电力将火钓效果发挥至极致，以至于"贤人会议"不愿继续限制这一技术的使用。马赛渔场电力的到来再次证明了"贤人会议"的困境，它难以阻止渔民们面对巨大的财富时产生的短视的冲动。

火钓的传统

光吸引鱼，渔民们很早就注意到并利用了这一自然吸引力。几个世纪以来，渔民们在日落或日出时撒网，以便在沙丁鱼向自然光方向游去时捕获它们。[1]与其使用阳光，渔民们很快就想出了制造人造光的方法来吸引鱼。14世纪晚期的档案文献提到了渔民在船上生火以诱鱼入渔网的事例。[2]渔民调整船后的铁制烤架，在夜间点燃烤架上的软木。[3]"火钓"一词反映了渔民们将生火作为一种产生光线来吸引鱼的方法。

---

[1] *Description des Pesches, Loix et Ordonnances des Pescheurs de la Ville de Marseille* (1725), DA 250E2, 171-172.

[2] 例见，关于禁止火钓的审议（1382年6月17日），MA BB28。

[3] *Description des Pesches, Loix et Ordonnances des Pescheurs de la Ville de Marseille* (1725), A 250E2, 48.

火钓不仅对渔场有害，因为它吸引了大量的鱼，而且对渔民来说也是危险的，因为火光可能吸引海盗——在中世纪晚期，海盗经常绑架渔民以索要赎金。例如，1458年，"贤人会议"禁止火钓捕鱼，就是因为火钓捕鱼会导致"船员的被捕和渔船的损失"。[1] 1658年，"贤人会议"重申了这一禁令，以避免"海盗和私掠船"绑架渔民。[2] "贤人会议"的重点是渔民遭受的风险，而不是对鱼群的潜在威胁，这可以解释为，从各方面考虑，后者的威胁相对来说是温和的。但是，电的出现使渔民能够使用越来越强大的光源，这对鱼群产生了复杂的影响。

"电气精灵"的诞生

人类对电所提供的可能性的迷恋，最初是由自然事件引起的，例如闪电或由鱼类产生的电脉冲（electric impulse），具有讽刺意味的是，电力在几个世纪后对鱼类起到了毁灭性的作用。电鲶（*Malapterurus electricus*）对古埃及人产生了巨大的吸引力，他们用这种鱼来命名他们的第一位法老纳尔默（Narmer）。[3] 又过了几个世纪，人类才学会如何通过电来产生光。与发动机不同，电并不是"原动机"，因为它是由另一种能源产生的。美国的本杰明·富兰克林（Benjamin

---
[1] *Description des Pesches, Loix et Ordonnances des Pescheurs de la Ville de Marseille* (1725), 49.
[2] "贤人会议" 1658年8月6日会议记录，DA 250E5。
[3] 见 T. A. H. Wilkinson, 'What a King is This: Narmer and the Concept of the Ruler'(2000) 86 *The Journal of Egyptian Archeology*, 23。

Franklin)、意大利的亚历山德罗·沃尔特（Alessandro Volta）和英国的迈克尔·法拉第（Michael Faraday）等著名科学家进行了开创性的研究，将电开发为一种新的动力能源。尤其是法拉第的研究导致了 19 世纪的机械发电。1879 年，白炽灯的发明促进了球泡灯（buld lamps）的出现，球泡灯是一种在经济上可控的光源。又过了几十年，电才取代煤气成为大城市和家庭照明的主要光源。在法国，电的昵称是"电气精灵"（fée électricité）或"电仙女"（electricity fairy），这个词原本用来描述由一种能够产生光、热和动力的新技术带来的奇迹。与其他技术一样，渔民们很快就想出了将这一创新与现有技术相结合的方法。以电为例，渔民们很快就明显认识到它可以顺利地取代火作为一种诱鱼的光源。电不仅不存在与火相关的风险，而且还可以产生几乎无限量的光。

融合传统与现代技术：兰帕罗的出现

马赛渔业的一个历史插曲，让人联想到 18 世纪的加泰罗尼亚移民，它同样展现了像"贤人会议"这样的机构在面对为社区带来负面影响却为个人带来巨大收益的捕鱼技术时，如何限制使用这种技术面临的巨大困境。在第二次世界大战前后，马赛的渔业再次面临移民的涌入，这一次移民潮来自意大利。[1] 这些意大利移民通常来自拉齐奥地区、那不勒斯或阿

---

[1] 见 F. Grisel,'How Migrations Affect Private Orders: Norms and Practices in the Fishery of Marseille' (2021) 55 *Law & Society Review*, 177。

尔及利亚，他们的祖先19世纪末在那里定居。[1]许多受访者描述了他们的祖先在20世纪初或20世纪中叶离开意大利或阿尔及利亚来到马赛的情形。意大利人移民到马赛（和其他地方）的原因很多：大部分人在祖国面临严峻的经济形势时想去马赛寻求庇护；另一些人在1962年阿尔及利亚独立后不得不离开那里。与加泰罗尼亚人一样，这些意大利移民不仅带来了劳动力，还引入了新型捕鱼技术。其中一种技术利用光线诱鱼，人们称为"兰帕罗"（lamparo）。兰帕罗利用光线吸引深海鱼类（通常是沙丁鱼或海鲷），以便将其围在巨网中。1909年的一篇捕鱼论文描述了意大利裔渔民在阿尔及利亚海岸使用兰帕罗的过程，他们使用铁制的烤架，点燃浸有煤油的木头。[2]图4.6描绘了20世纪初在阿尔及利亚使用的一种兰帕罗。

兰帕罗与中世纪的火钓非常相似，不同的是，煤气灯和电灯逐渐取代了火作为光源的地位。由于两起社会事件，兰帕罗被引入马赛渔业。如上所述，第一个事件是意大利移民潮，他们在20世纪30年代到60年代引入了这些技术。一位当地的渔民——也是"贤人会议"的前成员——告诉我，他的祖父是一位意大利渔民，1962年离开阿尔及利亚，当他的祖父利用灯光捕获了两吨鱼时，其做法引起了当地渔民的震惊。

---

[1] 关于意大利渔民在阿尔及利亚的迁徙，见A. Luetz de Lemps, 'Pêcheurs algériens' (1955) 30 *Cahiers d'outre-mer,* 161; R. H. Rainero, 'Les Italiens en Afrique du Nord française' in P. Milza (ed.), *Les Italiens en France de 1914 à 1940* (Rome, Ecole française de Rome, 1986), 745。

[2] V. F. Garau, *Traité de pêche maritime pratique illustréet des industries secondaires en Algérie* (Algiers, Imp P Crescenzo, 1909), 37–39.

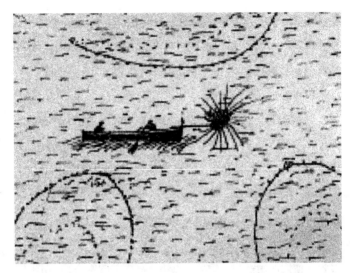

图 4.6 20 世纪初的兰帕罗渔船。资料来源：法国国家图书馆（BNF Gallica），V. F. Garau, *'Traité de pêche maritime pratique illustré et des industries secondaires en Algérie* (Algiers, Imp P Crescenzo, 1909), 38。

据他说，一些当地渔民后来采用了兰帕罗渔船，或多或少都取得了成功。

马赛引入兰帕罗渔船的另一个原因是，法国国家政策在战后重建时期鼓励使用富有生产力的技术。法国政府的一位高级官员，吉尔伯特·格朗德瓦尔（Gilbert Grandval），在20世纪60年代初制定这一政策时发挥了重要作用。[1]格朗德瓦尔在决策过程中采用了海洋科学与技术研究所（Institut Scientifique et Technique des Pêches Maritimes, ISTPM）的建议，

---

〔1〕关于格朗德瓦尔及其在法国战后政治中的作用，参见第五章。

ISTPM是一家专攻"海洋学科学"（oceanographic science）的研究机构。当法国经济快速发展，面临前殖民地人口的涌入之际，格朗德瓦尔和ISTPM认为，兰帕罗渔船是弥补马赛渔业"开发不足"的适当方法。在一份法国海事名录的内部说明中，一位政府官员报告说：

> 1960年，商船队秘书长格朗德瓦尔先生注意到了实际渔获量与ISTPM渔业研究报告中的数据之间的差异，报告显示地中海中海鱼的密度很高，格朗德瓦尔先生于是考虑使用新的方法，并建议使用兰帕罗渔船捕捞沙丁鱼，这些移民者（来自意大利南部）毫不犹豫地改用了这种捕鱼技术……[1]

一位1950年从意大利斯佩隆加市移居马赛的老渔民向我描述了，他的家庭在20世纪60年代初如何将拖网渔船改为兰帕罗渔船，并为此从斯佩隆加市购置了灯具。

在这个故事的背后，是支持引入兰帕罗渔船的法国政府和强烈反对引入兰帕罗渔船的"贤人会议"之间的监管之争。本书将在第五章重点回顾这场监管之争。"贤人会议"在这场斗争中失败了，这为兰帕罗渔船之间的电力捕鱼竞赛铺平了道路。法国政府预料到了电力捕鱼竞赛的风险，因此限制兰帕罗渔船的用电量：每条船只能使用4盏灯，每盏灯

---

[1] 关于兰帕罗渔船的海事备忘录，DA 2331W291。

功率为500瓦，插头为1,000个。[1]但使用兰帕罗渔船的渔民很快设法规避了这一限制，他们使用多条船捕鱼，从而成倍地增加了灯光的数量。1963年，ISTPM的期刊报道了兰帕罗渔船在捕鱼时使用4,000至12,000个插头，用电总功率是规定功率的3倍。[2]同年，地中海海事事务主任在给ISTPM的一封信中报告了渔民之间对电力的"恶性竞争"。[3]还有大量的报道说兰帕罗渔船将灯与炸药结合在一起，以便让更多的鱼浮出水面。

在这种情况下，吉尔伯特·格朗德瓦尔认为兰帕罗渔船作为一种捕鱼技术是有效的，这一点并无不当。事实上，随着全球的沙丁鱼捕捞量从20世纪50年代的每年200—300吨增加到1963年的4000吨和1964年的5000吨[4]，当时的马赛迅速成为法国最大的沙丁鱼港口。1976年，马赛的兰帕罗渔船仍然捕获了大约4000吨沙丁鱼。[5]图表4.2显示了20世纪60年代早期马赛沙丁鱼捕获量的巨大增长。

然而，格朗德瓦尔没有料到捕鱼竞赛会对渔民群体产生可怕的影响。他也没有预料到兰帕罗渔船会耗尽法国地中海

---

[1] 例见第119号法令，关于在马赛地区使用兰帕罗渔船和"沙丁鱼"技术的规定（1960年6月25日），DA 2331W291.
[2] G. Kurc, 'La pêche à la lumière en Atlantique'(1963) 113 *Science et Pêche*, 1, 5.
[3] 地中海海事事务主任致海洋科学与技术研究所实验室主任的信（1963年8月10日），DA 2331W291.
[4] C. Maurin,'Situation de la pêcheàla sardine dans la région marseillaise' (1965) 143 *Science et Pêche*, 1.
[5] 马赛市海事局局长致地中海海事事务主任的信（1977年10月11日），DA 2331W279.

图表 4.2　1956—1987 年马赛沙丁鱼的年捕获量

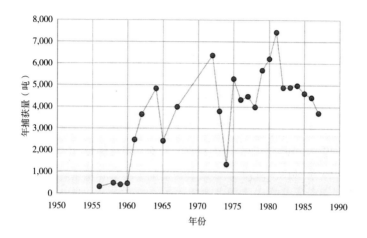

沿岸的沙丁鱼资源，毕竟 ISTPM 在 20 世纪 50 年代末还在吹嘘着当地有丰富的未开发的沙丁鱼资源。沙丁鱼群的规模太小了，无法在马赛市商业化，格朗德瓦尔的期望就此落空。渔民们通常将此归咎于浮游生物质量的下降（水污染的副作用）和"幽灵网"（ghost nets）的存在，这些"幽灵网"在消失后还能继续摧毁鱼群。然而，在将原因归结为生物效应的过程中，不能忽视兰帕罗渔民的责任——渔民动用了所有可用的技术手段，无节制地捕获沙丁鱼。尽管在法国政府一再无视"贤人会议"警告并鼓励马赛渔民使用兰帕罗技术时，"贤人会议"对这一技术表示了真正的关切，但事实证明，"贤人会议"无法限制这些行为。

结　论

为什么即使"贤人会议"在渔民中享有权力和信誉，它在规范19世纪和20世纪新技术的出现时，效率却相对低下？本章表明，"贤人会议"无法制定和实行一项限制使用新型技术的议程，这些新型技术为社区带来了短期利益，但也威胁到对渔业的长期保护。事实上，"贤人会议"更倾向于保护其成员开发渔业的个人权利，而不是履行保护鱼类资源的义务。"贤人会议"似乎被其成员的个人精神所压倒，口头上支持保护鱼类的公共规范，实际上却在不断地违反这一规范。在第一个案例中，"贤人会议"似乎无法有时甚至不愿限制发动机的功率和尺寸。在第二个案例中，由于其大多数成员都使用炸药捕鱼技术，"贤人会议"反对该技术的官方立场被削弱。在第三个案例中，"贤人会议"试图限制使用电灯作为诱饵的行为，但在国家支持的制衡力量，即第二次世界大战后提供就业和食物的需要面前，"贤人会议"栽了跟头。在这三个案例中，"贤人会议"似乎都无法设计和实施维护其选民的长期利益的政策。此外，这三个案例中的新型技术都被嫁接到了旧的捕鱼实践中，而"贤人会议"通过政治妥协接受了这些做法。[1]

---

[1] 这一争论与"技术'冲击'通常以先前的技术变革为前提"的观点是一致的。见 M. Roe Smith and L. Marx (eds.), *Does Technology Drive History? The Dilemma of Technological Determinism* (Cambridge, MA, The MIT Press, 1994); W. E. Bijker, T. P. Hughes and T. Pinch (eds.), *The Social Construction of Technological Systems: New Directions in the Sociology and History of Technology* (Cambridge, MA, The MIT Press, 2012)。

本章所描述的案例研究的特殊性无法得出一般性的结论。然而，在以上案例中，"贤人会议"一直优先支持平等规范，而不是旨在保护渔业环境的保护规范。前一规范的性质可以解释"贤人会议"的偏好，并突显了私人秩序的基本特征——像私人秩序这样的"超国家"空间，通常依赖于社会组织的平等主义模式。[1] 因此，"贤人会议"这类正式组织在本质上属于一个水平发展的社会，它植根于强大的平等主义文化传统，共情个人的做法，即使这些做法与社区的另一种基本规范相抵触，它也会努力容纳它们。在本章所探讨的案例研究中，渔民对平等的热情纵容了破坏社区保护规范的做法。实际上，"贤人会议"权衡了两种规范，并倾向于保护最重要的那一种。[2]

我将在第六章进一步探讨新实践与保护规范之间的脱节，并整合收集到的材料，得出本书的核心结论。但在此之前，第五章将审视并摒弃私人治理研究中的另一个论点，该论点将私人秩序的失败归结为国家这个不可或缺的角色。

---

[1] J. C. Scott, *The Art of Not Being Governed: An Anarchist History of Upland Southeast Asia* (New Haven, CT, Yale University Press, 2009), 18, 274–277. 即使这些政体助长了对社区外来者的歧视行为，并且在透明度和问责制方面没有提供与公共秩序相同的保障，情况也常常如此。E. D. Katz, 'Private Order and Public Institutions' (2000) 98 *Michigan Law Review*, 2481.

[2] 关于原则的权衡，见 R. Dworkin, *Taking Rights Seriously*, 26–27。

后记：皮埃尔·莫利纳里的普罗旺斯诗，《渔民对海洋的屠杀或对鱼类的破坏》（1875）

皮埃尔·莫利纳里（Pierre Molinari）是法国南部的一位地方诗人、词作家和小说家。他的诗《海洋屠杀》（*The Massacre of the Sea*）切合本书所探讨的几个主题。[1] 莫利纳里转述了19世纪下半叶的一份关于马赛鱼类资源枯竭的证据确凿的申诉。他提到了当地渔民的贪婪和短视——他们未能限制渔具的影响，并使用破坏性的方法（例如塔坦或杆基）——以及来自那不勒斯的渔民的到来所造成的困境。

有趣的是，莫利纳里对"贤人会议"只字未提。然而，他确实提到了政府对马赛渔业缺乏监督。下述章节将探索"贤人会议"与国家之间的复杂关系，并解释为何"贤人会议"未能阻止莫利纳里描绘的"海洋屠杀"情形。

---

[1] P. Molinari, *Le massacre de la mer exécuté par les hommes de métier ou la destruction des poissons, Poésie provençale* (Marseille, Petit Marseillais, 1875). 原文是用普罗旺斯的旧方言写的，法文翻译自 *Annales du Sénat et de la Chambre des députés* (1880), 456-459。

诗歌《海洋屠杀》法文原文与中文译文对照表

法文原文	中文译文
Braves gens de Marseille, écoutez-moi! Voici une poésie pleine de vérités. Vous devez avoir remarqué que dans nos pays On ne voit plus de poisson comme autrefois. Jadis nous mangions le poisson à discrétion, L'ouvrier pouvait s'en payer, il étaità donation. Jadis on voyait encore des merlans pêchés à la palangre, Les soles, les pagels aujourd'hui ont maigri! Et les merlans d'alors avaient bien quatre pans! Il faut nous contenter du poisson de l'Océan, Qui le plus souvent nous arrive sans tête, Dé capté, de peur de nous donner la peste!	善良的马赛人,请听我说! 这是一首充满真理的诗。 你们一定注意到, 在我们的家乡, 鱼不像以前那么多了。 过去,我们想吃多少鱼就吃多少鱼, 工人负担得起,而且是免费的。 过去,人们还可以看到延绳钓捕获的鳕鱼。 现在,收入和食物都缩水了! 那时的鳕鱼大小抵四个平底锅![1] 现在,我们只有来自大西洋的鱼,[2] 这些鱼经常没有头, 因为害怕带来瘟疫!
Autrefois nous avions des capélans, des rougets, des saint pierre, avec des bélégans. Les maquereaux, que nous ne mangeons qu'à trois francs le kilo, On en donnait deux pour un sou comme des berlingots.	我们曾经吃过无头鱼、红鲷鱼、彼得鱼和Bélégans[3]。 我们今天吃的鲭鱼,每公斤要3法郎, 过去1苏能买到两条, 像berlingots[4]糖果那样便宜。
Parfois vous rencontriez quelques beles langoustes, Allez-y maintenant, vous en saurez le prix!	有时,你能遇到一些很好的岩龙虾, 现在去看看,它们的价格是多少!

---

[1] 四个平底锅大约是25厘米。
[2] 莫利纳里的意思是,从大西洋进口的鱼才是安全的。
[3] Bélégans应该是一个法语方言中的古老词语,我无法将其准确翻译出来。
[4] berlingots是一种来自普罗旺斯的传统糖果。苏和法郎是货币单位:1法郎价值20个苏。从莫利纳里的诗可以推断,1870年代马赛的鱼价飙升。

第四章 规范之战

（续表）

法文原文	中文译文
Il arrivait souvent qu'au dimanche matin On partait en famille pour faire un arlequin (pique nique); Chemin faisant, on descendait sur le quai Pour quarante sous, en chargeait-on des poissons!	过去，在星期天的早晨，我们全家去野餐； 在路上，我们会在码头停下来， 只要40苏，我们就能吃上一船鱼！
Allez-y aujourd'hui, ce ne sont que bêtes avariées Bonnes à mettre au fumier triès cher Coûtant et donnant des nauseées Et qu'il faut jeter aux pourceaux! L'ouvrier pouvait en manger: pécereée! Qu'ils'é trangle aujourd'hui avec des haricots!	现在去那里，你只会看到腐烂的标本， 准备好被扔到粪堆上吧！ 那可是一大笔钱， 这些标本让你生病，适合扔到猪圈喂猪！ 过去，工人吃鱼了，会被人说可怜的家伙！ 现在，大家嫉妒称道，让他被豆子噎死吧！
Ah! si l'on ne prenait que les gros en laissant les jeunes L'an d'après il y aurait encor des poissons. La cause de tout ce mal vient de vos tartanes, Qui ravagent les fonds, détruisent les demeures Des habitants de la mer et mettent leurs retraites Planes comme des boulevards.	哎！要是取回大鱼，留下幼鱼， 来年还会有鱼留下。 这一切罪恶的根源是塔坦， 破坏了海底， 摧毁了家园， 摧毁了海洋中的居民， 让它们的栖息之地 和林荫道一样被拆毁。[1]
Je ne sais pourquoi ce siècle de lumière, après tant d'inventions, a fait tant d'ignorants.	我不知道， 这个光明的世纪， 在有用发明之后， 带来的却是无知。

---

[1] 莫利纳里提到塔坦破坏了为鱼提供庇护的海藻和波西达尼亚草甸。

(续表)

法文原文	中文译文
Vous ne pensez qu'à vous, non à vos descendants. Oui! vos enfants, un jour enflamés de colière, Mourront de faim en maudissant leurs pères	只考虑自己， 不顾及后代。 是的！ 有一天， 你们的孩子， 会怒火中烧， 一边挨饿， 一边咒骂父亲。
LA RISSOLE Au mois de mars la pêche à la rissole Aux pauvres soclets coûte la vie. Les patrons pêcheurs, toujours en éveil, Arment des bateaux et partent pleins de joie; Ils savent où le poisson dépose ses œufs, Ils entourent la calanque et prennent poissons et œufs. Pas de matelots avec eux! Tous patrons, plus grande est la part du butin. Avec un peu de prévoyance, Vous auriez pensé à ceux qui viendront après vous;	**里索莱**[1] 在三月里， 用里索莱（Rissole）捕鱼， 牺牲了穷人的生命。[2] 渔民们总是很清醒， 他们准备好船， 欢快地驶向远方； 他们知道鱼的产卵地， 包围卡兰克斯群岛（Calanque）， 取走鱼和卵。[3] 没有水手和他们在一起！ 所有的渔民， 每个人都有更大份额的战利品。[4] 如果有一点远见， 就会考虑到那些后来的人，

---

[1] 里索莱（Rissole）是一种网眼很小的网，用来捕捞沙丁鱼和凤尾鱼。
[2] Soclet 是小沙丁鱼。
[3] 卡兰克斯群岛是马赛沿岸的天然珊瑚礁。莫利纳里似乎用这个词来指代这些礁石形成的小海湾。
[4] 莫利纳里在这里指的是渔船上实行的支付制度。渔民有权得到两份，水手有权得到一份（"贤人会议"为自己征收了一半的份额）。参见第五章。

(续表)

法文原文	中文译文
Vous n' auriez point dit: Tout à nous! Que faire, direz-vous, pour détruire le mal? Ne pêchez jamais qu'à la palangre avec de gros hmeçons, Ou bien avec des filets à la maille du quatre Ou du huit ou du dix, mais rien de moins! Qu' on m' interroge, je m' expliquerai, Car je ne parle pas en homme passion. Qu' on prohibe la pêche comme on a prohibé la chasse; Quand le poisson fait ses œufs, laissez-le tranquille!	你不会说：这一切都属于我们！ 你会问，怎样做才能消灭这罪恶？ 答案就是： 只用大号鱼钩的延绳钓， 或网眼尺寸为四、八、十的网， 但不能再小！ 问我，我会解释， 因为我不被激情所蒙蔽。 让我们禁止捕鱼， 就像我们禁止打猎； 当鱼产卵时， 让它安静地生活！
Et vos enfants, au lieu de vous maudire, Après votre mort, vous béniront. Vous me la baillez belle, en accusant les dauphins, De causer tout le mal, de sauter au milieu des filets, Et de tout briser! Plût à Dieu qu' il y en eût au moins un milliard, Pour détruire vos filets qui ravagent la mer! Au printemps, quand les gens de Sainte Marguerite Débarquent à Marseille, les dents vous en tombent. Après eux, plus rien! Raclez les fonds, vous ne prendrez que des étoiles (de mer). Le gouvernement qui a tant besoin d' argent, Devrait mettre un impôt sur les patrons. Ce n' est pas sur le poisson que j' aurais mis la taxe, C' est sur les filets aux petites mailles. Alors on verrait le poisson multiplier, les gros seuls seraient pris, les petits resteraient. Ah! si chaque maille payait cent francs, De leurs filets ils feraient de beaux feux de joie	只有这样 你的孩子，才不会咒骂你， 反而会歌颂你。 不要愚弄任何人， 指责海豚造成这一切罪恶，指责它们跳进渔网， 打破一切！ 上帝啊， 要是有至少十亿就好了， 毁掉你那践踏海洋的渔网！ 春天，当来自圣玛格丽特[1]的人们 在马赛上岸时，你简直不敢相信。 他们走了之后， 什么也没有留下！ 刮尽海底，你只会捕到星星(鱼)。 政府如果需要很多钱， 应该向渔民征税， 我不会向鱼征税， 应该反对小网眼的渔网， 这样鱼才能繁衍， 只捕获大鱼，放归幼鱼。 啊！如果每个网眼收税一百法郎， 他们会用渔网点燃美丽的篝火。

---

[1] 莫利纳里可能指的是戛纳海岸外的圣玛格丽特岛。

（续表）

法文原文	中文译文
LE GANGUI Lorsque vous calez votre gangui pour pêcher des oursins, Chaque fois que vous le retirez vous faites des milliers de victimes. Vous abîmez tout, les œufs, les pères et les mères. Le gouvernement finira bien par y prendre garde! Les œufs, à l'éclosion, ne donnent qu'un alevin déjà mort! Et vous qui vous dites hommes du métier, Vous ne cherchez qu'à priver de poisson le peouple.	**杆基** 当渔民用杆基 去捕捞海胆， 每次撒网造就 成千上万的受害者。 毁掉了一切：鱼卵，父亲和母亲。 政府最终会注意到这一点的！ 孵化的鱼卵只会带来已经死掉的小鱼。 而你们这些自诩为专家的人， 只想着掠夺人民的鱼。
LE CALEN (LA Pêche DE NUIT) Voici une pêche infernale Que les malandrins font pendant la nuit. Oh! ces Napolitains! par une nuit tranquille, Ils s'en vont, armés d'un grand instrument. Appelé le calen, tout le long du port, Râcler les fonds, sous les bâtiments à l'ancre. Là, ils prennent tout, les gros et les petits. Cette infamie ne se voit qu'à Marseille. Partout ailleurs, à Brest, à Rochefort, La pêche dans le port est interdite. Au mauvais temps le poisson y cherche un abri. Ils viennent l'y surprendre et l'assassiner. Des étrangers seuls se livrent à cette pêche, Pourquoi ne les force-t-on pas à ne pêcher qu'à la ligne. Qu'ils pêchent à la palangre, ces braves gens-là, Ou qu'ils partent! Nous'en serons pasfâchés. Aussitôt ils joueraient du couteau.	**Calen** （夜间捕鱼） 一种邪恶的捕鱼方式， 由强盗们在夜间进行。 哎！瞧这些那不勒斯人！ 在一个安静的夜晚， 他们带着一个大工具， 叫作"calen"， 沿着海港，扒开锚泊的船只。 捕获所有的鱼，无论大小。 这种暴行只有在马赛才能看到。 在其他任何地方，在布雷斯特， 在罗什福尔， 海港捕鱼都是被禁止的。 在恶劣的天气里，鱼在船底寻觅栖身之所。 那不勒斯人出其不意地捕杀它们。 只有外国人才这样捕鱼， 为什么不限制捕鱼方式呢？ 要么用延绳钓，要么离开！ 我们的生活才能回归安宁， 但他们很快就会开始反击。

><((((°>

第三部分

崩溃

第五章

法律和（私人）秩序

> 我们必须建立……宣誓的"贤人会议"，他们有义务申报所注意到的一切；他们是不花费国家一分钱的真正的监督者。
>
> 拿破仑·波拿巴，1811[1]

导　言

本章探讨私人秩序在没有国家支持的情况下无法有效运作这一论点。支持该论点的理论，我称为"国家依赖论"（state dependence thesis），这一理论认为政府的支持对于维持私人秩序的运作是必要的，国家过多的干预会影响私人秩序的自治，而缺乏国家支持会破坏其运作。[2] 例如，这一观点隐含

---

[1] *Notes de Napoléon dictées en conseil du commerce et des manufactures le 25 novembre 1811*, in *Correspondance de Napoléon Ier publiée par ordre de l'Empereur Napoléon III,* vol 23 (Paris, H Plon, 1868), 38. 原文为：[I] l faut établir sur ces points des prud'hommes assermentés, obligés de déclarer tout ce qui vient à leur connaissance; ce seraient de véritables surveillants qui ne coûteraient rien.

[2] 这一论点并没有穷尽对私人秩序与国家法律体系如何相互作用的分析。其他作者认为私人秩序产生于"功能失调"（dysfunctional）的法律体系中。见 J. McMillan and C. Woodruff, 'Private Order under Dysfunctional Public Order' (2000) 98 *Michigan Law Review*, 2421.

在斯丁汉姆对私人治理的分析中，或在伯恩斯坦对20世纪80年代"法律体系"过度干预钻石商的私人秩序的方式的研究中。[1]在奥斯特罗姆关于国家当局对私人规则的必要"承认"的论述中[2]，以及萨基对"公共秩序"在建立和维持私人秩序中的"积极作用"的分析中，这一观点更加明确。[3]换句话说，根据国家依赖论，私人秩序监管能力与国家支持的关系遵循高斯函数的规律，呈现为一条钟形曲线。私人监管能力随着国家支持而提高，但随着政府监管变得过于严格而降低。

乍看之下，"贤人会议"的历史似乎与这一分析一致。事实上，"贤人会议"通过密集游说来积极寻求国家支持，这表明它需要这种支持才能正常运转。例如，"贤人会议"向政府官员兜售礼物（通常是金枪鱼）[4]，为他们组织节日[5]，并在书面手册中宣传其监管体系的优点[6]。在这些活动的最后一项中，"贤人会议"委托著名律师为其提供服

---

[1] 例见，E. P. Stringham, *Private Governance: Creating Order in Economic and Social Life* (Oxford, Oxford University Press, 2015), 194: "私人治理总是在不同程度上发挥作用，但受政府掣肘越多，它的作用就越低。" L. Bernstein, 'Opting out of the Legal System', 115,156-157: "老一辈仲裁员担心，钻石贸易中的法律干预终有一天会摧毁做生意的传统方式。"

[2] E. Ostrom, *Governing the Commons*, 101.

[3] T. Sagy, 'What's So Private about Private Ordering?', 923, 945.

[4] 例见"贤人会议"1740年9月8日会议记录，DA 250E4。

[5] 例见关于为国王兄弟的来访而举行的庆祝活动的记录（1743年1月），DA 250E39。

[6] 例见"贤人会议"送给查尔顿先生以反对外来者的纪念手册（1786年），DA 250E36。

务，如律师行业的领袖、法国民法典的主要起草者波塔利斯（Portalis）。[1]通过这些努力，"贤人会议"确保了国家当局支持其在监管斗争中的立场，并承认其几个世纪以来缓慢积累出的职权范围。这些目标中的每一项——冲突管理和监管认可——在历史记录中都能找到具体的例证。

第一个例子涉及1670年"贤人会议"与玛丽亚·特蕾莎女王的宠臣多米尼克·德拉·克罗斯就在马赛渔场设置新捕鲭网产生的争端。[2]为了在与德拉·克罗斯的博弈中取得优势，"贤人会议"派遣了两名特使前往凡尔赛宫觐见国王路易十四。[3]取得国王的支持并战胜德拉·克罗斯后，"贤人会议"向一位即将崭露头角的年轻艺术家弗朗索瓦·普热（François Puget）订购了一幅画[4]，画中再现了"贤人会议"的代表们匍伏在路易十四脚下，恳求他支持的这一情景。[5]"贤人会议"为了这幅画不惜血本：它花费了大约

---

[1] 见"贤人会议"关于马赛渔业的纪念手册（1787年），DA 250E8，146。
[2] 参见第三章第三节的"紧张局势加剧"部分。
[3] "贤人会议"的代表是路易·隆巴顿（Louis Lombardon）和让·邦帕德（Jean Bompard）。隆巴顿于1665年加入"贤人会议"，是该团体的杰出成员。邦帕德是"贤人会议"的官方撰稿人。
[4] 弗朗索瓦·普热是皮埃尔·普热（Pierre Puget）的儿子，皮埃尔·普热是17世纪著名的艺术家，有时被称为"法国的米开朗基罗"。弗朗索瓦·普热是马赛最杰出的画家之一。他的一些画作陈列在卢浮宫。不幸的是，他为"贤人会议"所做的那幅画现在下落不明。见 G. Reynaud, 'Du portrait de Louis XIV à l'assomption de la Vierge: Deux œuvres perdues de François et Pierre Puget' (1997) 190 *Provence historique,* 587。
[5] "贤人会议"和弗朗索瓦·普热之间签订的相关协议（1677年7月26日），DA 366E211。

350里弗尔（相当于一艘渔船的价格）来订制这幅作品，并对其进行装裱和镀金。[1]渔民们将普热的画作挂在"贤人会议"办公地点的墙上，以表达他们对路易十四的感激之情，同时也表明他们有能力获得法国最有权势者的支持。如今，"贤人会议"办公地点的墙上仍然挂满了其成员与世界领导人的合影，如法国前总统希拉克（Chirac）或不太出人意料的威尔士亲王（Prince of Wales）。几位知情者告诉我，一位前"贤人会议"成员很喜欢揣测他与时任马赛市长的亲属关系，两人姓氏碰巧相同。"贤人会议"试图与现任政治领导层保持密切关系，这表明了它的敏锐，但也表明它需要获得国家当局的支持才能在渔业内外的冲突中占得上风。

第二个例子更具体地说明了"贤人会议"需要获得国家对其权力的承认。这个例子是根据1789年法国大革命开始后出现的一种情况提出来的。当时，"贤人会议"处于危险的境地，因为它在过去的几个世纪中一直支持君主制。此外，出于哲学理念上的原因，革命者打算解散行会和贸易协会，比如"贤人会议"。[2]但"贤人会议"不仅在法国大革命中幸存下来，也没有受到1791年6月14日颁布的禁止行会和贸易协会的法令的影响。为此，马赛的渔民们运用了过去几个世纪中被

---

[1] "贤人会议"订购这幅画花费了240里弗尔（见"贤人会议"与普热的协议），52里弗尔用于装裱，60里弗尔用于给画框镀金［财务收据（1678年3月28日），DA 366E212］。

[2] 这种对行会和既得利益的厌恶反映了卢梭的公意概念（general will），这是革命者的一个重要灵感来源。见 J.-J. Chevallier, *Les grandes oeuvres politiques: de Machiavel à nos jours* (Paris, Armand Colin,1970), 109–131。

证明是成功的游说方法。1790年7月和10月,"贤人会议"派出代表向巴黎的国民议会提交了一份书面备忘录。[1]这份文件强调了"贤人会议"的民主性质及其与"革命原则"的一致性。[2]"贤人会议"将自己描述为"由普遍信任和渔民自由意志选出的真正的仲裁者"。这一举动非常明智,因为革命者打算将仲裁置于法国司法制度的核心。[3]1790年10月28日,"贤人会议"的代表们在国民议会的演讲中进一步阐述了这些观点。[4]他们的演讲令人信服,著名的革命家米拉波(Mirabeau)和国民议会主席巴尔纳夫(Barnave)都认为"贤人会议"在大革命之前就建立了一套"大众司法"(popular justice)的制度。[5]"贤人会议"还采取了具体措施来表明它对革命事业的支持,比如捐赠了2,000里弗尔至法国

---

[1] *Mé moires sur lapolice de la pêche française* (1790), CCI YC/22/09. 第一组代表由图尔农(Tournon,"贤人会议"的成员)、弗卢(Floux,"贤人会议"的前成员)和庞萨德(Ponsard,"贤人会议"的档案管理员)组成。第二组代表由英伯特(Imbert)、阿德尼(Ardéni)和庞萨德(英伯特和阿德尼都是"贤人会议"的成员)组成。

[2] ibid., 15.

[3] 见 F. Grisel, 'The Private-Public Divide and its Influence over French Arbitration Law: Tradition and Transition'(未发表,作者存档)。这一类比在1796年关于"贤人会议"的合宪性的讨论中被再次使用。见 *Procès-verbal des séances du Conseil des Cinq-Cent* (10 December 1796), AD 250E9。

[4] 见 D. Rauch, *Les prud'homies de pêche en Méditerranée française à l'époque contemporaine* (Nice, Serre Editeur, 2017), 94–99; Y. Bosc, 'La prud'homie des patrons-pêcheurs de Marseille pendant la Révolution française'(未发表,作者存档)。

[5] Rauch, *Les prud'homies de pêche en Méditerranée française à l'époque contemporaine*, 98–99。"贤人会议"甚至与前任政府背道而驰,公开宣称"古代政权的政府从未给予渔民这一职业应有的保护"[*Encouragement pour le service de la Marine ou Dé pend de la Dé libé ration desPatrons-Pê cheurs de Marseille* (3 October 1790), CCI E/159]。

当局，承诺免费确保马赛港的安全，支付渔民应征入伍的服役费。[1]

通过巧妙地站在国家当局一边，"贤人会议"度过了法国历史上的这一动荡时期。然而，从 19 世纪开始，它在获取国家支持方面也遇到了一些困难。为何"贤人会议"能在几个专制政权和革命中幸存，却在争取共和政权支持时遇见困难？一个立即浮现在我脑海中的假设是，几百年来，国家力量不断加强，最终战胜了"贤人会议"。事实上，研究"贤人会议"的学生和当地的渔民对这个问题的潜在答案讨论热烈。[2]根据这种观点，"贤人会议"在近代崩溃，是因为国家努力将渔民群体吸收进自己的管理框架中。当被问及"贤人会议"崩溃的原因时，我的受访者抱怨说，政府"控制一切"，"削减渔民数量"，"盲目且控制欲太强"。另一位受访者告诉我，政府"近距离射杀了'贤人会议'"。这一观点与"国家依赖论"完全一致，即把私人秩序的有效性与国家法律体系的支持联系起来。[3]

这一解释有一定的道理，但它只抓住了部分事实。虽然

---

[1] Rauch, *Les prud'homies de pêche en Méditerranée française à l'époque contemporaine*, 98-99.
[2] 例见，F. Féral, 'Un phénomène de décentralisation contestée: Les Prud'homies de Pêcheurs de Méditerranée' (1986) 133/134 *Economie Méridionale*, 95; B. Pierchon-Bédry, 'Les Prud'hommes pêcheurs en Méditerranée' in J. Krynen and J. C. Gaven (eds.), *Les désunions de la magistrature (XIXe- XXe siècles)* (Toulouse, Presses de l'Université de Toulouse 1 Capitole, 2013).
[3] 例如，斯丁汉姆指责国家对私人命令实施"规范和监管"，"很少考虑它们是否真正有利于市场参与者"。见 Stringham, *Private Governance*, 204。另见 T. de Moor, *The Dilemma of the Commoners*, 112。

私人秩序的自治取决于国家当局对它们的认可，但本章将重点放在私人秩序本身，而不是国家，以解释私人秩序的复原力。与第二章的发现一致，本章表明，国家在维持私人秩序的存在方面具有深刻的自主性。[1]同一论点的一个更大胆的版本是，私人秩序或许有能力捕获监管程序，以维持其自身的机构自治。[2]这一能力很大程度上取决于这些系统能否让国家官员相信，它们完全具备执行其成立之初所设定任务的能力。本章提出的论点与皮里（Pirie）的观点一致，皮里认为，"自治并不代表缺乏与外部力量的互动，反而是与外部力量的积极接触"。[3]这也与萨莉·法尔克·穆尔的"半自治社会领域"概念一致，该概念精准地描绘出，私人秩序内部监管过程与约束构建这一过程中的外部力量之间的复杂互动关系。[4]换句话说，私人监管和国家权力之间相互作用的钟形曲线函数，可能无法完全解释私人秩序和国家当局不断互动、争夺监管地位或相互合作的复杂过程。关键是，我们不能只看表面价值就接受"国家依赖论"的命题：在国家统治之外，隐藏着一个复杂得多的现实，在这个现实中，私人秩序与国家建立了相互依赖的关系。

为了支持这一论点，本章回溯了行政国家逐步取得对马

---

[1] 关于这个问题，见 A. Greif, *Institutions and the Path to the Modern Economy*, ch 4。
[2] 私人主体在进行国际仲裁时也会受到类似的监管。见 F. Grisel, 'Treaty-Making between Public Authority and Private Interest: The Genealogy of the Convention on the Recognition and Enforcement of Foreign Arbitral Awards' (2017) 28 *The European Journal of International Law*, 73。
[3] F. Pirie, 'Legal Autonomy as Political Engagement', 77.
[4] S. Falk Moore, 'Law and Social Change', 719.

赛渔场的监管权，同时又对"贤人会议"保持相对尊重的过程。事实上在很长一段时间内，"贤人会议"设法保持了与国家的联盟关系，而它无法与更遥远的政治体（如欧盟）保持联盟关系的事实，又提供了有用的反面例证。事实上，欧盟比法国政府更有效地驾驭了"贤人会议"的权力，这可能是因为"贤人会议"无法与欧盟进行有意义的互动从而不受监管。因此，本章的一个主要目标是强调像"贤人会议"这样历史悠久的组织是如何确保外部合作的，以及在历史关键时刻，"贤人会议"的治理失败如何削弱了它维系这些联盟的能力。本章的分析提供了"国家依赖论"命题的一个更精细的版本，根据这一命题，私人秩序不仅受到公共监管者的影响，也可以成为决定其自身制度命运的行动者。

"贤人会议"的缓慢编纂史

"贤人会议"的档案中充斥着历任法国国王对其表示正式认可的法令。[1] 几个世纪以来，"贤人会议"在很大程度上决定了其自身的权能范围，而国王通过一系列制诰（patent letters）在事后（ex post facto）认可了这些权能。同时，配备专业行政机构的中央集权国家逐步崛起，国家在"贤人会议"权能的法律编纂中扮演了更加积极主动的角色，其角色也越来越精确。1681年的《大海事法令》（Great Maritime Ordi-

---

[1] 法国国王通过一系列制诰承认了"贤人会议"及其权能，这些制诰见 DA 250E1。

nance）和1738年国务会议的一项重要决定都表明了这一编纂过程。由于"贤人会议"面临着第三章和第四章中描述的社会挑战，1852年和1859年的总统令都以更严格的条款将其权能范围编纂成文。

1681年《大海事法令》

路易十四对国家行政管理部门采取多种加强治理形式。科尔伯特（Colbert）是法国行政机构早期形成的关键人物，也是路易十四时期的海军大臣，他在17世纪末编纂了与渔业管理有关的规则，这一编纂工作形成了《大海事法令》，从1681年被通过到2006年被废除，该法令一直是法国海洋政策的重要支柱。[1]《大海事法令》的第五部也是最后一部在其第一条规定，只要使用"现行法令所允许的渔网和引擎"，捕鱼活动就可以"不受管制"（即自由捕鱼）。[2] 换句话说，凡是《大海事法令》没有明令禁止的，都是被允许的。事实上，该法令规范了马赛一些最古老的捕鱼技术。例如，该法令禁止在3月至5月期间使用杆基和布雷金。[3] 它还规定使用捕

---

[1] 见 *Ordonnance n° 2006-460 du 21 avril 2006 relative à la partie législative du code général de la propriété des personnes publiques*, Art 7, II, 7°。
[2] Great Maritime Ordinance (August 1681), Book 5, Title I, Art I. 由于这一自由原则，海洋被视为无主物，任何人都可以对其主张权利。见 R. Grancher, 'Les communs du rivage: L'Etat, les riverains et l'institution juridique des grèves de la mer (Manche, XVIIIe–XIXe siècle)' in F. Locher (ed.), *La nature en communs: Ressources, environnement et communautés (France et Empire français, XVIIe-XXe siècle)* (Ceyzérieu, Champ Vallon, 2020)。
[3] Great Maritime Ordinance (August 1681), Book 5, Title II, Art XIII.

鲭网必须获得国王当局的"明确许可"。[1]尽管这些禁令非常重要且具有潜在影响,"贤人会议"却对这些禁令置若罔闻。例如,佩索内尔(Peysonnel)编纂的1725年"贤人会议"渔业法并未涉及《大海事法令》中的任何禁令。[2]在档案记录中,我没有发现任何关于"贤人会议"为使用捕鲭网而寻求"明确许可"的记载。"贤人会议"可能认为,《大海事法令》在禁止某些捕鱼行为和寻求监管其他捕鱼行为的同时,并没有质疑它的权威性,而是默许它继续管理马赛渔业。事实上,《大海事法令》并没有明确规定或限制"贤人会议"的管辖权。恰恰相反,它承认渔民有权选举"贤人会议"成员。[3]这种模糊性导致了对马赛渔业的双重管辖权:一方面是"贤人会议"的管辖权;另一方面是法国当局的管辖权,法国当局管辖权可以(也可以是应当)执行《大海事法令》中包含的禁令。对《大海事法令》的主要评论[即"瓦兰评论"(Valin's Commentary)[4]]承认了这种双重管辖权的存在,称"贤人

---

[1] Great Maritime Ordinance (August 1681), Book 5, Title IV, Art I.
[2] 1681年的《大海事法令》在由佩索内尔编纂的"贤人会议"规则中只出现过一次。"贤人会议"似乎并不认为《大海事法令》中包含的禁令具有约束力。见 *Description des Pesches, Loix et Ordonnances des Pescheurs de la Ville de Marseille* (1725), DA 250E2, 101. 佩索内尔编纂的法令见第二章第三节"收集规则"部分。
[3] 渔民选举"贤人会议"的权利受到海军官员的监督,新当选的"贤人会议"领导必须在海军官员面前宣誓。见 Great Maritime Ordinance (August 1681), Book 5, Title VIII, Art VI.
[4] 勒内·若苏埃·瓦兰(René-Josué Valin, 1695—1765)是18世纪伟大的法学家之一,因其在海商法方面的工作而声名鹊起。

会议"针对渔业的警察权力并不妨碍王室行使自己的警察权力,"贤人会议"的管辖权并不限制国家法院对渔业中的"罪行"和"违法行为"的管辖权,渔民和"贤人会议"应当遵守法律。[1]然而,只要"贤人会议"的利益与国王的政治议程保持一致,"贤人会议"就能无视王室制定的规则,甚至在国家获得了超越"贤人会议"权限的监管权之后也是如此。

1738年国务会议的决定

第三章描述了17世纪"贤人会议"在建立捕鲭网时面临巨大的财政困难。为了克服这些财政困难,"贤人会议"在1725年开始征收一种特别税,即所谓的"一半份额"税。"一半份额"税反映了渔船上的薪酬制度:渔民按份额分配其总收入,每个船员有权获得一份,船长有权获得两份。"贤人会议"为充实预算而征收"一半份额"税,考虑到每个船员仅有权获得一份收入的事实,这是个沉重的税额。正如人们所料,一些渔民拒绝向"贤人会议"缴纳"一半份额"税,"贤人会议"转向国家寻求支持。1727年,艾克斯皇家法院(普罗旺斯议会)批准了"贤人会议"设立"一半份额"税的决定(这也是"贤人会议"没有忽视国家支持的另一个迹象)。[2] 1728年,

---

[1] R. J. Valin, *Nouveau Commentaire sur l'Ordonnance de la Marine du Mois d'Août 1681*, vol 2 (La Rochelle, Légier et Mesnier, 1760), 744.
[2] 普罗旺斯议会1727年1月27日的决定,DA 250E75。该决定提到"渔民被迫花费巨资在国王会议上进行的各种诉讼大大增加了'贤人会议'的开支"。

国务会议决定任命6名渔民负责收回"一半份额"税。[1]国家的支持使"贤人会议"得以在法律上获得支持,并有权通过限制人身自由来保障税收,例如,1729年一名固执的渔民因不愿缴纳"一半份额"税而入狱。[2]

导致"贤人会议"再次重申其权能的关键纷争是,"贤人会议"试图向自1720年初就移居马赛的加泰罗尼亚渔民征收一半的税收[3],而外国渔民甚至比法国渔民更不愿意缴纳"一半份额"税,一系列涉及"贤人会议"是否有权向外国渔民征税的诉讼接踵而至。1735年,马赛海军部裁决"贤人会议"无权征税。[4]"贤人会议"随即在国务会议上质疑海军部的裁决。[5]1738年5月16日,国务会议推翻了海军部的裁决,这一判决成为承认"贤人会议"权能的长期先例。[6]

1738年5月16日的判决篇幅长且内容详细:首先阐述"贤人会议"和加泰罗尼亚渔民的立场,随后列举以往几个世纪

---

[1] 国务会议1728年3月6日的决定,DA 250E75。普罗旺斯议会第一主席在此后不久任命了这6名渔民,见普罗旺斯议会首任议长卡尔丹·勒布雷特的法令(1728年8月27日),CCI E/159。
[2] 马赛渔民社区的来信(1729年3月20日),DA 250E94。1729年12月28日国王会议的一项决定,授权负责征收"一半份额"税的渔民扣押不服从命令的渔民的船只、渔网和鱼货(引自国王会议1738年5月16日的决定,CCI E/159,7)。
[3] 参见第三章第三节的"马赛渔业中的'以牙还牙'"部分。
[4] 马赛海军部1735年12月9日的决定。这一裁决在国务会议1738年5月16日的决定中也被提及,CCI E/159。
[5] 国务会议1736年2月25日的决定,DA 250E75。
[6] 国务会议1738年5月16日的决定,CCI E/159。这一决定也被国务会议1913年4月22日的法律意见引用。

中不同国王颁发的制诰。[1]该判决从广义上承认"贤人会议"：

> 有权在马赛水域单独行使渔业管理权，并有权不经特定程序、书面文件或律师或党派代表，以最高权力对法国或外国渔民在该水域违反其规章的行为及渔民之间在此贸易中可能发生的任何争端进行裁决。……[2]

在此基础上，国务会议禁止海军官员、国家法院和法官以任何方式干预"贤人会议"。国务会议的决定是引人注目的，因为它是最早承认"贤人会议"对马赛渔业行使特定权限的决定之一。[3]根据这一决定，"贤人会议"可以自由地管理、立法和裁决马赛渔业争端，不受国家权力机构的干涉。国务会议对"贤人会议"权能的认可，比《大海事法令》中承认渔民有权选举"贤人会议"成员的规定要更具体。因此，这一决定代表了"贤人会议"的巨大成功，特别是在维护其对外国渔民的管辖权方面。与一种普遍观点相反，正是"贤

---

[1] 国务会议1738年5月16日的决定，CCI E/159。
[2] 国务会议1738年5月16日的决定，CCI E/159。法文原文为：'le droit de connaître seuls, dans l'étendue des Mers de Marseille, de la police de la pêche, et de juger souverainement sans forme, ni figure de Procès, et sans Ecritures, ni appeler Avocats ou Procureurs, les contraventions à ladite police, par quelques pêcheurs, soit Français ou Etrangers, fréquentant lesdites Mers qu'elles soient commises et tous les différends qui peuvent naître, à l'occasion de ladite protection, entre lesdits pêcheurs '…
[3] 国务会议在随后的决定中保留了这些权力。例见国务会议1776年11月9日的决定，CCI E/159，承认"贤人会议"有权对马赛的渔业行使警察权和司法权。

人会议"在其历史关键时期的治理无能,才为国家提供了侵占其机构监管权能的理由。

1852年和1859年的总统令

如本章导言所示,革命者们没有触及"贤人会议"的广泛权力。[1] 1791年年初,当向渔民宣读1790年12月12日新通过的法令时,渔民们欢呼雀跃。[2]他们有充分的理由来表达他们的喜悦。事实上,"贤人会议"是少数(如果不是唯一的)在法国大革命中幸存下来的行会之一。1790年12月12日的法令不仅维持了"贤人会议"的职能,而且鼓励在整个地中海沿岸复制类"贤人会议"机构。法令第9条允许地中海沿岸的其他港口创建他们自己的类似"贤人会议"的机构。[3]不到两个月后,"贤人会议"建议邻近港口塞特(Sète)的渔民也创建"贤人会议"。[4]在5个月内,其他类"贤人会议"机构在土伦(Toulon)、塞特、圣特罗佩(St Tropez)、坎涅(Canne)、卡西斯(Cassis)、阿格德(Agde)、佩皮尼昂(Perpignan)、格鲁桑(Gruissan)、安提贝(Antibe)、班多尔(Bandol)和圣纳扎尔(St Nazaire)出现。[5]目前在

---

[1] *Loi Relative aux Pêcheurs des différents Ports du Royaume, et notamment à ceux de la ville de Marseille* (12 December 1790), DA C4029.
[2] "贤人会议"致海军部长的信,NA C4/181。
[3] *Loi Relative aux Pêcheurs des différents Ports du Royaume, et notamment à ceux de la ville de Marseille* (12 December 1790), DA C4029, Art IX.
[4] "贤人会议"致塞特渔民的信(1791年2月9日),NA C4/181。
[5] 关于创设新"贤人会议"的法令,请见 AD 250E9。

法国地中海沿岸有32家类"贤人会议"机构。"贤人会议"也在随后几十年法国政权更迭（包括两大帝国、三个王国和数不清的共和国）中幸存下来。拿破仑吹捧"贤人会议"是"不花费国家一分钱的真正的监督者"[1]，他甚至在荷兰王国创建了"贤人会议"[2]，并考虑将"贤人会议"推广到整个帝国。[3]

然而，马赛渔业中日益增长的社会冲突使"贤人会议"的监管工作备受压力，致使它欢迎行政机关介入渔业管理。这些冲突的起因是"贤人会议"一再纵容国家禁止的捕鱼活动，特别是杆基和牛式捕鱼（又称"牛捕鱼"）。[4]"贤人会议"试图在这些争论中挽回面子，争辩说他们实际上反对牛捕鱼，指责其他人（即邻近城市马蒂格市的渔民）多次使用这种技术。[5]但是，正如第四章所示，"贤人会议"的官方立场并没有愚弄到任何人，反而在马赛引起了公众的强烈不满。特

---

[1] *Notes de Napoléon* (n 1), 36–39.

[2] *Décret impérial relatif aux pêches de la morue, du hareng et du poisson frais* (25 April 1812), Arts 12–14.

[3] *Notes de Napoléon* (n 1), 36–39.

[4] 关于拖网捕鱼法的发展，见第四章。如本章第二节的"1681年《大海事法令》"部分所述，《大海事法令》禁止在3月、4月和5月使用杆基和布雷金。从18世纪上半叶开始，皇家政府就禁止牛式捕鱼。例见卡尔丹·勒布雷特的法令（1725年8月4日），AM HH369；国务会议1725年9月25日的决定，AD C2774。1803年3月12日的一项法令再次禁止"牛式捕鱼"和杆基，见 J. J. Baudrillart, *Traité général des eaux et forêts, chasses et pêches*, vol IX (Paris, Librairie d'Arthus Bertrand, 1827), 600; *Loi qui prohibe la pêche aux boeufs et celle connue sous le nom de pêche au gangui* (12 March 1803), AD 250E9.

[5] "贤人会议"致阶级委员会的信（1865年6月13日），AD 250E126；马赛市"贤人会议"致马蒂格市"贤人会议"的信（1835年6月21日），AD 250E126。

别是，一位名叫拉杰特·德·波迪奥的律师在1835年向马赛市长和检察官提交了一份申诉状。[1]拉杰特·德·波迪奥在申诉中指出，"贤人会议"成员使用拖网捕鱼法，不愿执行针对这些捕鱼方法的法律禁令。[2]政府官员对申诉严阵以待，并开始重新审查"贤人会议"对马赛渔业的职权范围。例如，海事局成立了一个委员会，来调查马赛的拖网捕鱼。[3]但是，最有效的回应来自最高法院，它援引一系列的案例来质疑"贤人会议"的职能范围。

最高法院对"贤人会议"职能的挑战

坎尼斯案（The Canesse Case）

第一个案例说明了1681年《大海事法令》"双重管辖权"所引起的一些突出的问题。1835年，"贤人会议"对一位名叫坎尼斯的渔民处以罚款，因为他使用了杆基，这是一种被

---

[1] 见 *Les pêcheurs de la ville de Marseille et autres pêcheurs de sa banlieue, côtes et villes voisines à M le Maire de la Ville de Marseille* (Marseille, Marius Olive, 1835); *Mémoire de M. Laget de Podio, avocat, au nom des pêcheurs de la ville de Marseille adressé au Procureur du Roi auprès du Tribunal civil de Marseille* (11 June 1835), AM 18F6。
[2] 参见第四章。
[3] 该委员会于1738年通过了一项限制使用牛式捕鱼的条例（在"贤人会议"控制下）。见 *Règlement sur la pêche pour le quartier de Marseille* (2 January 1838), PA。官方人员随后"埋葬"了这部法规，在马赛市议会1850年8月5日的陈述中已提及，MA 1D79。

禁止的拖网捕鱼法。[1]但是，"贤人会议"所处的罚款（4法郎）与成文法最低罚款数额（300法郎）相比是微不足道的。[2]在"贤人会议"做出决定之后，马赛的检察官诉至地方法院，地方法院再次对坎尼斯处以适当法定数额的罚款。[3]随后，"贤人会议"以两个理由向最高法院提出异议：第一，下级法院违反了既判力原则（principle of res judicata），不顾"贤人会议"已经处罚过坎尼斯的事实，仍然对他处以罚款；[4]第二，根据1790年12月12日的法令，下级法院侵占了"贤人会议"的职权范围。

最高法院不仅维持了下级法院的裁决，而且以限制性的方式解释了"贤人会议"的职权。最高法院首先认为，下级法院没有违反既判力原则，因为"贤人会议"的决定不能被认定为"法院"裁决。换言之，这一解释否认了"贤人会议"对马赛渔业拥有司法权力。最高法院还驳回了有关下级法院侵占"贤人会议"职权范围的指控，认为"贤人会议"的职权仅限于执行"贤人会议"内部的规则，而不是国家法律。[5]因此，最高法院以一种损害"贤人会议"职权范围的方式解释了双重管辖权，并且授权下级法院在马赛渔业争端中适用

---

[1] 见 *Cour de cassation*, 9 April 1836, (1836) 32 *Journal du Droit Criminel*, 273. 相关禁止规定出自1803年3月12日的法令（n 55）。
[2] *Cour de cassation*, 9 April 1836, 273.
[3] ibid.
[4] 既判力是一项法律原则，防止诉讼当事人因同一诉讼而受到两次审判。
[5] *Cour de cassation*, 9 April 1836, 173.

国家法律。在这一裁决做出后不久，普罗旺斯地区艾克斯的检察官就指示其下属调查任何违反禁止使用杆基和牛捕鱼法律规定的行为。[1]

加利夫案（The Galiffet Case）

第二个案件是由马蒂格（邻近马赛的一个城市）的"贤人会议"于1846年强行打开了一位德·加利夫先生（de Galiffet）所有的渔网引起的。[2] 德·加利夫先生向刑事法庭起诉，称马蒂格市"贤人会议"侵犯了他的私人财产，并在最高法院的另一项诉讼中对"贤人会议"的决定提出申诉。这些针对马蒂格市"贤人会议"的诉讼引发了最高法院的两项重要裁决。在第一项裁决中，最高法院认为，根据法国法律，"贤人会议"无权享有赋予法官的法律豁免权，同时决定刑事法庭无权对"贤人会议"的非法行为进行裁决。[3] 在第二项裁决中，最高法院认为它无权受理"贤人会议"的决定，其依据不是"贤人会议"对其渔业引起的争端享有完全的和最终的管辖权，而是因为"贤人会议"当时的决定是口头做出的（根据法国法律，禁止对法院判决提出上诉）。[4] 反之，

---

[1] 这一指示在马赛市"贤人会议"致马蒂格市"贤人会议"的信（1836年7月17日）中被提及，DA 250E126。

[2] 见 *Cour de cassation*, 19 June 1847, (1847) 2 *Journal du Palais*, 176。

[3] *Cour de cassation*,19 June 1841,176. 最高法院的判决直接与蒙彼利埃皇家法院1846年3月17日的另一判决相矛盾，后者根据法国法律给予科利乌尔的公民（Hostalrich先生）同等的法律保护。见 *Cour royale de Montpellier*, 17 March 1846, (1847) 2 *Journal du Palais*, 176。

[4] 见 *Cour de cassation*, 13 July 1847, (1847) 2 *Journal du Palais*, 179。

如果"贤人会议"以书面形式做出决定,最高法院将受理上诉。[1]

坎尼斯案和加利夫案表明,界定"贤人会议"管辖权范围的困难越来越多,而使用拖网对马赛渔业的灾难性影响又加剧了这种困境。19世纪40年代末,地方当局成立了几个委员会,负责调查拖网的影响,并设法在马赛实施渔业法。[2] 1849年,马赛市议会批评各"贤人会议"成员串通一气的态度,指出他们"不仅没有实施禁止拖网的禁令,反而是第一批违反禁令的人"。[3]事实上,"贤人会议"在这些问题上保持了令人惊讶的沉默,甚至没有试图管理拖网,这就给了以上批评以可信度。这招致了旨在限制"贤人会议"职权的广泛的立法活动,最终导致1852年和1859年法令的颁布。

1852年法令

1852年法令是旨在规范法国渔业的第一部法令。[4]这项法令对"贤人会议"来说是灾难性的:它暂时将"贤人会议"的职能削减到几乎为零,并对马赛的渔业建立了非常严格的

---

[1] 这也间接地说明了公民委员会倾向于口头交流的政策的有效性。参见第二章第三节的"'贤人会议'的规则制定职能"部分。
[2] 见 *Délibération du Conseil Municipal de Marseille nommant une commission spéciale sur la pêche* (10 November 1848), MA 1D78; *Arrêté du Préfet des Bouches-du-Rhône visant à créer une commission spéciale pour étudier 'les abus de la pêche'* (26 February 1849), CCI MR/45221;马赛市议会1849年5月24日会议记录,AM 1D78;马赛市议会1850年5月16日会议记录,MA 1D79。
[3] 马赛市议会1849年5月24日会议记录,MA 1D78。
[4] *Décret sur l'exercice de la pêche côtière* (9 January 1852), CCI MR/45221.

管理体系。1852年法令允许"贤人会议"在经签署的会议记录中报告违反国家法律的行为，会议记录必须转交法院进行最终裁决。[1]这样，1852年法令不仅无视"贤人会议"的立法权和司法权，还将其降格为警察权的代理人，更重要的是，无视其口头传统（这是"贤人会议"独立于州法院的关键特征，加利夫案就是明证）。1852年法令还规定，如果违反捕鱼条例，将被处以最高罚款和监禁[2]，并规定捕鲭网的经营必须得到行政当局的特别授权。[3]该法令通过后，马赛有5个捕鲭网被停办。[4]1852年法令在马赛引起了强烈抗议，这一点也不奇怪。法令生效后不到一个月，一个由渔网商、盐商和普通市民组成的联盟，联名上书要求继续使用捕鲭网。[5]

这场动荡在负责执行1852年法令的马赛行政部门中蔓延开来。马赛的海军军官们向他们在巴黎的上级抱怨，要求他们就如何使1852年法令与"贤人会议"对马赛渔业的事实上

---

[1] *Décret sur l'exercice de la pêche côtière* (9 January 1852), Arts 16–18.

[2] ibid., Arts 5–11.

[3] 1852年法令禁止使用捕鲭网，除非有马赛海军部的特别授权。未经授权的捕鲭网必须销毁，违反者可能被处以巨额罚款和监禁。见 *Décret sur l'exercice de la pêche côtière* (9 January 1852), Arts 3, 5.

[4] 见P. Gourret, *Les pêcheries et les poissons de la Méditerranée (Provence)* (Paris, Librairie J.- B. Baillière et Fils, 1894), 249. 另外两个捕鲭网分别于1855年和1876年被停办。见J. Billioud, 'La pêche au thon et les madragues de Marseille' (1955) 26 *Marseille: Revue municipale*, 3, 16。

[5] 马赛市议会1852年2月3日会议记录，MA 1D81。另一份请愿书是在马赛的莱斯塔克街区起草的，那里长期布置着捕鲭网。见马赛市议会1853年9月5日会议记录，MA 1D81。马赛的一些渔民向"贤人会议"和马赛市请愿，反对继续开办捕鲭网（因为这些捕鲭网限制了他们的捕鱼范围）。见渔民致"贤人会议"的信（1853年10月），DA 250E32；马赛市议会1853年9月5日会议记录，MA 1D83。

的（de facto）职权相协调做出指示。[1]大多数海军军官支持维护"贤人会议"的职权，因为他们知道1852年法令在当地居民中引起了强烈抗议。[2]然而，他们在巴黎的上级却不那么倾向于支持"贤人会议"，他们要求调查"贤人会议"的财政状况和马赛的人口构成。[3]这些调查表明，"贤人会议"的财政状况良好，渔民们也接受缴纳"一半份额"税。[4]"贤人会议"为平衡预算的长期工作终于取得成果，并可能使其在19世纪50年代免遭灭顶之灾。

1859年法令

最终，国家选择在1859年通过的另一项法令中保留"贤人会议"的大部分职权。在监管改革中，"贤人会议"再一次表现出令人难以置信的弹性。1859年法令第17条将"贤人会议"的职权编纂成文，至今仍然是相关问题的参考文本。

> "贤人会议"的职权如下：
> 1. 在其管辖范围内，独自裁决渔民之间在捕鱼、作业和与此有关的行为中所发生的一切争议，

---

[1] 海事登记专员致海事局局长的信（1852年3月14日），NA F/46/608；海军军区司令致海事局局长的信（1852年3月15日），NA F/46/608；海军军需官向海军军区总司令提交的报告（1852年3月30日），NA F/46/608；海军军区总司令致海事局局长的信（1852年4月3日），NA F/46/608。
[2] 同上。
[3] 马赛海事登记专员的备忘录（1852年8月13日），NA F/46/608；海事局向海事登记专员调查相关信息的申请（1853年4月19日），NA F/46/608。
[4] 同上。

并且不得上诉、重审或撤销。因此，为了尽可能地防止争斗、损害或事故的发生，在海事管理机构的授权之下，各"贤人会议"有权：规范渔民之间对渔业和海洋公共领域的享有；决定每一种捕鱼方式的……场所；确定渔民在白天和夜间放置渔网的顺序；最后，实施所有因渔业的多样性和复杂性而导致现行法令并无规定的规范和预防措施。

2. 管理社区事务。

3. 根据1852年1月9日法令第16条，参与搜查和发现沿海渔业领域中的违法行为。[1]

从文本上看，第17条包含了对"贤人会议"职权的全面承认。前两段明确承认了"贤人会议"对渔业的立法权和司法权。1859年法令第24条和第25条进一步承认了"贤人会议"解决渔民之间的争端并扣押违约方的船只和渔网的权力。然而，第17条的第3款提及"贤人会议""参与"渔业管理的权力，从而暗示了核心警察权仍属于国家。1859年法令第20条进一步明确了"贤人会议"在对渔业行使警察权时，需"接受海事管理机构的命令"并"服从海事管理机构的禁令"。与1852年法令一致，1859年法令第24条也规定"贤人会议"的判决应以书面形式做出，这对"贤人会议"珍视

---

[1] *Décret sur la police de la pêche maritime côtière dans le 5ème arrondissement maritime* (19 November 1859), CCI MR/45221, Art 17.

了400多年的口头判决传统是一个沉重的打击。1859年法令第188条还禁止拖网捕鱼中最具破坏性的技术之一,即牛式捕鱼。

1859年法令似乎反映了"贤人会议"支持者和其批评者之间的某种形式的妥协。总体而言,这一妥协有利于"贤人会议",但它也包含了一些模棱两可的地方,国家可以以此扩张自己的权力,从而不利于"贤人会议"。如下文所示,国家试图限制"贤人会议"的权力,但并没有完全成功。

国家的反击

本节将重点关注一个关键的历史时期,数百年来,国家首次试图挑战"贤人会议"的权威,这始于19世纪、20世纪之交削减"贤人会议"职权的尝试。基于本节提供的证据,我试图补充"国家依赖论",根据这一论点,私人秩序需要国家实体的支持才能成功运行。而"贤人会议"的例子说明了一种情况,国家获得了限制私人秩序职权的能力,但只有在私人秩序被证明无法履行其治理功能时,国家才行使这一权力。因此,本节表明即使在国家拥有限制私人秩序职权的正式权力时,它也可以从私人秩序的维持中获益,并有意识地决定支持私人秩序。本节将回顾19世纪和20世纪法国国家对"贤人会议"进行监管的尝试,并描述"贤人会议"对这些监管工作的漠视态度。

限制"贤人会议"职权的失败尝试

1859年法令在某些方面对"贤人会议"职权范围的规定模棱两可,"贤人会议"从而继续对马赛渔业行使立法权、司法权和警察权,而"贤人会议"忽略了一个事实,即1859年法令第17条第3款将其警察权限制在"搜查和发现沿海渔业领域中的违法行为"。尽管国家有权进入"贤人会议"的管辖范围,但在大多数情况下,国家仍然对"贤人会议"的立法权和警察权表示尊重。[1]但是,一些政府官员毫不犹豫地对这些职权提出了质询。例如,1898年年初,"贤人会议"对一位名叫约瑟夫·布雷姆(Joseph Breme)的渔夫处以罚款,因为他在禁令距离内(离岸不到50米)进行网捕(一种在第二章中描述的捕捞金枪鱼的方式)。[2]海事局局长坚持认为,"贤人会议"没有对渔夫处以罚款的管辖权,只有刑事法庭才对渔业的治安有管辖权,因此,"贤人会议"的决定是无效的。[3]海事局局长决定撤销"贤人会议"的罚款,这等于否定了"贤人会议"所声称的警察权(除了作为监督者负责"记录"违法行为外)。[4]海事局局长实际上对1852年和1859年法令所规定的监管制度做了宽泛的解释,把"贤人会议"

---

[1] 例见*Cour de cassation*, *Guaitella et Farniolle* (13 July 1865), (1866) 4 *Jurisprudence Générale*, 342; Tribunal civil de Marseille, *Soum c. Louis Basso et Consorts*, (1885-1886) *Revue internationale du droit maritime*, 503; Cour d'appel d'Aix-en-Provence, *Serra c. Prud'hommes Pêcheurs de Marseille* (16 June 1904), (1904-1905) *Revue internationale de droit maritime*, 353。
[2] 海事局局长致土伦海军军区司令的信(1898年3月10日),NA F/46/608。
[3] 同上。
[4] 同上。

贬为警察权的代理人。

海事局局长并不满足于撤销"贤人会议"的罚款，他还试图撤销"贤人会议"的裁决。[1]海事局局长对"贤人会议"进行这些抨击的背景十分重要。实际上，19世纪末的档案中，充斥着关于拖网捕鱼对海底造成的严重影响的声明、报告、辩论和陈述，以及禁止在渔业中使用拖网捕鱼的必要性论证和"贤人会议"对拖网捕鱼的监管无能。例如，1870年，马赛市议会就使用拖网捕鱼的问题举行了由一位特约记者参加的公开听证会。[2]在这次听证会上，这位记者认为，"贤人会议"是由拖网捕鱼者控制的，它在马赛鱼类资源的枯竭中起了关键作用，无法对拖网捕鱼进行监管。[3]1872年，马赛市议会再次提及"贤人会议"在支持拖网捕鱼方面所起的积极作用。[4]

行政当局从对"贤人会议"的这些批评中获益。1911年，一份政府报告指出，渔民群体内部对禁止拖网捕鱼的必要性存在分歧，并建议政府利用这一分歧。[5]这正是海事局局长所做的，他试图撤销"贤人会议"的判决。但是，海事局局

---

[1] 见海事局局长致国务会议副主席的信（1913年2月13日），NA AL3076。海事局就撤销"贤人会议"判决的可能性进行了辩论。见海事局局长致土伦海军军区副司令的信（1901年12月21日），NA 20160293/112。

[2] *Rapport de Jules Guibert au Conseil Municipal de Marseille pour l'interdiction des filets traînants* (22 June 1870), DA 6S10/3.

[3] ibid.

[4] 马赛市议会1872年8月7日会议记录，DA 6S10/3。

[5] *Rapport du Commissaire spécial près la Préfecture sur la question des arts traînants* (7 January 1911), DA 6S10/3.

长试图限制"贤人会议"职权的做法受到了法律限制。1913年，国务会议认为，海事局局长无权撤销"贤人会议"的判决。[1]值得注意的是，国务会议认为，即使国家获得了对渔业的行政权和警察权，"贤人会议"仍然拥有裁定渔民之间争端的"专属管辖权"。[2]换言之，行政国家有权剥夺"贤人会议"的立法权和警察权，但不能侵犯其司法权。在制约"贤人会议"司法权的最后一次尝试中，一名议员提出了一项法案，旨在建立针对"贤人会议"裁决的上诉程序。[3]该法案以失败告终，而"贤人会议"像以往一样有弹性，逐渐恢复行使其全部管理活动。

事实上，对1946年至1969年间"贤人会议"裁决的案件的详尽审查表面，不管国家是否对渔业行使立法权和警察权，"贤人会议"都会继续履行其职责。在这一时期提交给"贤人会议"的31起案件中，5起属于纪律问题，26起涉及渔民之间的争端。在这26起案件中，有3起案件"贤人会议"还出于纪律原因对渔民进行了罚款，在其中的两起案件中"贤人会议"发布了新的规则以修改过往规则。人们可以观察到，"贤人会议"的3个功能——立法、司法和惩戒——仍然相互交织，并且"贤人会议"对行政国家划定的界限并不关心。从法律思维角度看可能会奇怪，为什么国家能够限

---

[1] 国务会议第164420条法律意见（1913年4月22日）。
[2] 同上。
[3] *Proposition de loi ayant pour objet d'instituer un recours contre les décisions des prud'hommes pêcheurs* (26 February 1915), NA 20160293/112.

制"贤人会议"的行政权和警察权,却仍允许"贤人会议"行使其全部职权?档案证据表明,行政部门继续尊重"贤人会议",并且很少侵占其职权(除了上文提到的极少数情况)。一些海事局局长并不掩饰他们对"贤人会议"的倾向性。其中两人甚至与"贤人会议"有直接联系:亨利·塔索(Henri Tasso,1936年至1938年任海事局局长,1935年至1939年任马赛市市长)多次担任巴黎"贤人会议"的领头人,[1]加斯东·德弗尔(Gaston Defferre,1950年至1951年任海事局局长,1953年至1986年任马赛市市长)也扮演了类似的角色,向"贤人会议"发放补贴,并向其成员发放各种奖项。[2]"贤人会议"与行政部门的这一蜜月期一直持续到20世纪50年代末,当时一位果断的政治家吉尔伯特·格朗德瓦尔被任命为商船队的秘书长。商船队是一个准政府部门,其职责包括管理渔业。

格朗德瓦尔和国务会议的决定(1962年)

吉尔伯特·格朗德瓦尔不是渔业专家。他是一位典型的第五共和国早期的公务人员,他没有使用自己的真名,而是像许多之前的抵抗运动战士一样,在第二次世界大战后使用

---

[1] 例见商船队领导者致亨利·塔索的信(1930年4月23日,1931年4月23日,1934年7月13日和1934年8月11日),PA。
[2] 例见加斯东·德弗尔致国家商船队次长的信(1950年1月5日),MA 100ii468;公共工程部部长致加斯东·德弗尔的信(1950年3月20日),MA 100ii468;加斯东·德弗尔致公共工程部部长的信(1950年6月30日),MA 100ii468;专业渔民工会致加斯东·德弗尔的信(1950年8月5日),MA 100ii468;商船队领导者致财政部长的信(1950年11月8日),MA 100ii264。

了战时称呼。1945年至1955年,格朗德瓦尔担任萨尔州的军事长官和大使,萨尔州是盟军占领德国的关键地区。1955年,格朗德瓦尔成为法国政府驻摩洛哥的最后一任驻地代表(总督),他在他的回忆录中着重描述了这起对双方国家都十分重要的历史事件。[1]格朗德瓦尔是戴高乐的坚定支持者,在戴高乐担任总统的第一届政府中(从1958年9月到1962年4月),他的忠诚得到了商船队总秘书处的嘉奖。

格朗德瓦尔经常被认为是"贤人会议"的掘墓人。[2]对格朗德瓦尔行为的描述则更加微妙,我认为格朗德瓦尔试图控制"贤人会议"的职权,但没有成功。1962年,格朗德瓦尔咨询了国务会议,试图澄清"贤人会议"所行使的职权范围。这不仅仅是澄清问题,事实上,格朗德瓦尔和"贤人会议"在允许兰帕罗进入马赛渔场的可能性问题上陷入了僵局。正如第四章所述,兰帕罗是一种基于灯光的捕鱼技术,这种灯光吸引深海鱼类(通常是沙丁鱼或鲷鱼),然后将它们包围在大网中。兰帕罗比旧技术沙丁鱼(sardinau)效率高得多[3]——高出5倍到8倍[4]。如果使用得当,一个兰帕罗可以捕获整群沙丁鱼。马赛渔民在第二次世界大战期间尝试使用兰帕罗来改善食物供应。由于它对鱼类资源的巨大影响,"贤人会议"在1945年后坚持——并暂时成功地——禁

---

[1] G. Grandval, *Ma mission au Maroc* (Paris, Plon, 1956).
[2] 例见 Féral, 'Un phénomène de décentralisation contestée'。
[3] 关于沙丁鱼(sardinau)技术的描述,参见第二章。
[4] 海洋科学与技术办公室致商船队领导者的信(1949年4月11日),PA。

止了这种侵略性的捕鱼方式,例如,在1948年,"贤人会议"反对在马赛重新引入兰帕罗,因为"不可能控制它"以及由此可能导致对其的"不幸滥用"。[1]"贤人会议"的担心似乎是有充分根据的:一位提供资料的人告诉我,他的船员曾经用兰帕罗一次捕获了30吨沙丁鱼。与此同时,格朗德瓦尔认为兰帕罗是一种现代化的捕鱼方式,能提高地中海沿岸相对较低的生产力水平。上任后不久,格朗德瓦尔来到马赛会见渔民代表——其中包括一位"贤人会议"代表马里乌斯·巴巴吉拉塔(Marius Barbagelata)——并讨论引入兰帕罗的可能性[2],"贤人会议"立即对此表示反对。1959年11月,格朗德瓦尔再次走访马赛渔民,结果相同:"贤人会议"再次反对引入兰帕罗。[3]然后,格朗德瓦尔以一种典型的自上而下的方式,无视当地批评,于1959年12月2日和1960年3月14日颁布了两项法令,允许在领海外水域(1959年的法令)和马赛领海(1960年的法令)使用兰帕罗。"贤人会议"于1960年4月立即做出反应,动员反对使用兰帕罗。[4]1960年6月,另一项法令提出允许并管理兰帕罗在马赛渔业中的使用。[5]格朗德瓦尔对"贤人会议"的反对意

---

[1] 地方渔业委员会1948年6月20日会议记录,PA。
[2] 地方渔业委员会1948年12月15日会议记录,PA。
[3] 区域渔业委员会1959年11月3日会议记录,PA。
[4] 地中海渔民联合会1960年4月8日会议记录,NA 20160293/112。
[5] *Arrêté n°119 portant règlementation du filet tournant et coulissant dit 'lamparo' et du filet droit dit 'sardinal' dans le quartier de Marseille* (25 June 1960), DA 2331W291.

见置之不理,声称兰帕罗不会带来"任何海洋资源枯竭的危险"。[1]由于"贤人会议"的强烈反对,格朗德瓦尔认为它是其政策推行的障碍,并试图规避其职权。他指示其所属的政府部门调查"贤人会议"的职权范围以及它的财务状况,得出的结论是,"贤人会议""作用有限,态度相当温和,但仍然有用"。[2]这一相当积极的评价可能会使格朗德瓦尔不悦,他认为"贤人会议"对1859年11月17日法令第17条赋予他们的职权"解释得过于宽泛"。[3]1961年7月,格朗德瓦尔要求地方管理部门审查并废除所有"贤人会议"发布的超出1859年法令授权范围的规则。[4]但这对格朗德瓦尔来说仍然不够,他正在寻找长期限制"贤人会议"职权的方法。一种可能的方法是通过修改1859年法令来重新界定其职权。这一方法是有风险的,因为立法过程无疑会为"贤人会议"提供一个捍卫其古老角色的公共场合。另一种方法是寻求国务会议对1852年和1859年法令赋予"贤人会议"的职权范围做出解释。国务会议不仅是法国行政领域唯一的最高法院,它也是法国政府的法律顾问。国务会议的法律意见不具有约束力,但具有很高的权威性。在与国务会议联系并确保它对自己的请求持赞成态度后[5],格朗德瓦尔选择

---

[1]区域渔业委员会1960年7月11日会议记录,NA 20160293/112。
[2]马赛区负责人致地中海海事登记主任的信(1960年2月15日),NA 20160293/112。
[3]商船队秘书长致马赛海事登记主任的信(1961年7月11日),NA 20160293/112。
[4]同上。
[5]国务会议公共工程科主任的备忘录(1961年10月5日),NA 20160293/112。

了第二种方法。[1] 1961年11月3日，政府部门请求国务会议解释"贤人会议"的职权范围，并提及"'贤人会议'的违法行为导致了与公众利益完全背道而驰的保守主义和马尔萨斯式做法（Malthusian practices）"。[2] 在500多年的历史中，"贤人会议"第一次面临来自行政机关的直接敌视。国务会议非常重视自己的职责。它派遣一名高级成员路易斯·皮查特（Louis Pichat）在三个月的时间里调查马赛"贤人会议"的情况。格朗德瓦尔还亲自确保国务会议的特使可以查阅"贤人会议"的文件、档案和联系人。[3] 1962年2月6日，国务会议做出了备受期待的决定。[4]

格朗德瓦尔似乎对国务会议的决定感到非常满意。他迅速起草了一项包含该决定内容的法令（这是一种不寻常的程序，其目的当然是使其具有约束力）。[5] 他甚至要求政府秘书长（政府的最高行政官员）在法国政府的官方公报上公布该法令，称国务会议的决定是为了对"贤人会议""加强控制"。[6] 然而，如果仔细研究一下国务会议的决定，就会发

---

[1] 公共工程与交通运输部部长的备忘录（1961年10月9日），NA 20160293/112。
[2] 公共工程与交通运输部部长致国务会议副主席的信（1961年11月3日），NA 20160293/112。
[3] 吉尔伯特·格朗德瓦尔致路易斯·皮查特的信（1961年11月24日），NA 20160291/112；格朗德瓦尔致马赛海事登记处主任的信（1961年11月24日），NA 20160291/112；海洋渔业局致路易斯·皮查特的信（1961年12月21日），NA 20160291/112。
[4] 国务会议1962年2月6日的法律意见。
[5] *Arrêté sur la nature et l'étendue des pouvoirs conférés aux prud'hommes pêcheurs de la Méditerranée* (21 February 1962), NA 20160293/112.
[6] 商船队秘书长致政府秘书长的信（1962年3月9日），NA 20160293/112。

现格朗德瓦尔可能过于乐观了。事实上，国务会议对"贤人会议"职权的解释，非常符合立法文本和先前的行政实践。国务会议首先承认"贤人会议"拥有广泛的司法权，并且不可能对其决定提出上诉。然后，它认为"贤人会议"必须在法律范围内行使其管理职权，并且行政当局必须在"贤人会议"的规则与法律相抵触时"拒绝批准"这些规则。最后，也是最重要的是，国务会议承认"贤人会议"的警察权，但认为行政当局可以在"贤人会议"根据非法规定宣布罚款时撤销"贤人会议"的罚款。国务会议确实对"贤人会议"的权力进行了澄清（尽管并不确定渔民是否会认为这种深奥的区分属于"澄清"）。然而，1962年的决定并无新的突破，因为它仅仅体现了对"贤人会议"职权的通常解释——1681年的"瓦兰评论"就反映了这一点。[1]对于任何行政法的研究者来说，"贤人会议"不可能制定非法规则，并根据这些规则征收罚款。事实上，尽管格朗德瓦尔为"贤人会议"受到"严格控制"而欢欣鼓舞，但"贤人会议"对此却毫不在意：1962年4月19日，"贤人会议"的议事日程集中在附近一家工厂的污染风险上；1962年10月9日，"贤人会议"处理兰帕罗渔民违反社区规则的问题[2]，对国务会议的决定只字未提。从表面上看，"贤人会议"并不认为国务会议的决定对其管理活动构成重大

---

[1] Valin, *Nouveau Commentaire sur l'Ordonnance de la Marine du Mois d'Août 1681*, vol 2, 744.
[2] "贤人会议"1962年4月19日会议记录, PA; "贤人会议"1962年10月9日会议记录, PA。

威胁。

然而，这一决定标志着一段互不信任时期的开始，国家和"贤人会议"之间出现了分歧。与我面谈过的各种政府官员贬低"贤人会议""无能""不透明"，嘲笑"贤人会议"是"地方民俗"的一部分。其中一位官员告诉我，政府在紧急情况下会毫不犹豫地将其管制决定强加给"贤人会议"。在渔民一方，对国家当局的不信任更加明显。渔民通常会将国家"盲目"的法律与"贤人会议""灵活"的监管进行对比。他们抱怨国家监管机构正在"扼杀"他们的渔业。渔民对政府提出了无休止的抱怨，并嘲笑国家监管的荒谬。例如，渔民最近因被告知有义务说明在马赛港所售鱼类的拉丁语名字而感到愤怒（在某种程度上，马克龙总统本人宣布他们不必遵守这一义务）。[1] 其他渔民谴责禁止携带任何非正式船员上船的禁令，认为这是对他们基本自由和财产权利的侵犯。尽管存在这些不稳定的关系，但我听到了无数关于"贤人会议"和国家当局之间持续合作的传闻。政府官员在需要渔民支持时，偶尔会尊重"贤人会议"的监管机构，而"贤人会议"则会谨慎地向这些官员报告违反渔业监管的情况。在这样做时，它通常会隐藏违规者的名字，但会提供足够的背景证据以使政府官员能确认他们的身份。此外，"贤人会议"通常会要求国家官员保持其非官方的干预，并向渔民隐瞒此事，这表明渔民和国

---

[1] 老港口的渔民因未在摊位上标注拉丁语而被口头警告。见 *Le Monde* (23 June 2018)。

家之间的不信任已经加剧。因此,"贤人会议"和法国政府之间的关系似乎是一种相互依赖的关系:它们并不太关心对方,但为了有效运作,它们的相互支持仍然是必要的。

法国政府和"贤人会议"之间的相互依赖关系可以与"贤人会议"对欧盟的立场形成对比。事实上,"贤人会议"并没有设法与欧盟保持互惠关系,而欧盟在将其法规适用于"贤人会议"方面比法国政府成功得多。

填补或扼杀:欧盟的监管议程

"欧盟"在马赛渔业中是一个恶劣词语。毫不夸张地说,大多数渔民憎恶欧盟,害怕其官员行使的权力。他们对欧盟的敌意并不令人惊讶:欧盟监管以法国政府从未采取甚至不敢尝试的方式限制渔民的活动。事实上,在不到十年的时间里(1994—2006年),欧盟禁止了马赛渔业使用了数百年的捕鱼技术。此外,欧洲法院(ECJ)公开地无视"贤人会议",认为它就欧盟法律来说既不是"法院",也不是"法庭"。这使得欧盟成为马赛渔民理想的替罪羊,他们从不放过任何一个批评欧盟权力范围的机会。

欧盟加入游戏:自上而下地监管渔业

1957年的《建立欧洲经济共同体条约》(更为人所知的名称是《罗马条约》)是欧盟的创始法案。《罗马条约》将为"渔业产品"建立一个"共同市场"列为欧洲经济共同体的目标之一。[1]然而，直到1994年，马赛的渔民才意识到这一法案可能对马赛渔业管理产生的影响。1994年6月27日，欧洲理事会颁布了第1626/94号条例，制定了某些养护地中海渔业资源的技术措施。[2]在这些看似无害的"技术措施"中，第1626/94号条例第3（1）条禁止"在离岸3海里以内或在距离较短的50米等深线以内，使用拖网、围网或类似的渔网"。祖传的捕鱼技术都在这一禁令广泛的适用范围之内，如杆基和艾索格。[3]由于禁令的实施，从事杆基捕鱼的船只数量急剧下降[4]，而渔民试图游说欧盟推翻这一禁令。[5]尽管如此，欧洲理事会还是在2006年颁布了一项新的规定，迅速终结了马赛遗存的艾索格和杆基技术。[6]总而言之，欧盟成功地在短短10年内终结了几个世纪以来的捕鱼方式。

---

[1] *Traité instituant la Communauté économique européenne* (25 March 1957), Art 38(1).
[2] 欧洲理事会第1626/94号条例："laying down certain technical measures for the conservation of fishery resources in the Mediterranean" (27 June 1994)。
[3] 1994年，19艘船只在马赛使用杆基［见地中海区域间海事事务主任致农业部的信（1994年5月20日），DA 2331W276］。最后一位艾索格渔民罗伯托·卢布拉诺·迪·斯巴拉格里奥尼（Roberto Lubrano di Sbaraglione）先生企图绕过欧盟的禁令，声称艾索格属于普罗旺斯的文化遗产，但没有成功。见地中海区域间文化事务主任致地中海区域间海事事务主任的信（1994年2月28日），DA 2331W281。
[4] 地中海联络委员会的报道（2000年6月9日），AN 20160293/180。
[5] 沿海地区委员会委托编写了一份科学报告，以确定杆基和艾索格是无害的。见 *Procès-verbal de la table ronde sur la réalisation d'une étude scientifique sur les arts traînants (ganguis, sennes de plage) sous l'égide du CRPMEM-PACA* (26 November 1998), NA 20160293/180。
[6] 欧洲理事会1967/2006号条例，关于地中海渔业可持续开发的管理措施（2006年12月21日），Art 13(1) and (3)。

类似的进程始于1998年，这一次是针对自15世纪以来一直用来捕捞金枪鱼的浮网（最初称为"tonnaire de corre"，最近称为"courantille volante"或"thonaille"）。[1] 2005年有17艘船只在马赛使用这种网。[2] 由于浮网随水流漂流，它比传统的定置网能捕到更多的金枪鱼。[3] 由于浮网的最大尺寸限制在2.5千米，欧洲理事会于1998年决定，从2002年1月1日起禁止使用浮网捕捞金枪鱼。[4] 平心而论，欧洲理事会有充分的理由禁止使用浮网捕捞金枪鱼，因为浮网的最大尺寸一般超过2.5千米，并威胁到地中海金枪鱼种群的生存。一位在20世纪90年代末使用过浮网的渔民告诉我，一些渔民毫不犹豫地使用长达15千米的浮网。一位渔民将浮网看作一种"屠杀"和"流血"的形式。

　　金枪鱼渔民似乎比杆基和艾索格渔民更懂得有效维护他们的群体利益。[5] 在强压之下，他们诉诸基本常识——地区理事会（一个地方政府机构）委托了一个科学专家小组，任务是确定thonaille不符合浮网的条件，因此不在欧洲理事会所

---

[1] 见第二章第四节的"浮网和沙丁鱼捕捞"部分。
[2] G. Imbert, L. Laubier, A. Malan, J. C. Gaertner and I. Dekeyser, *La Thonaille ou Courantille Volante, Final Report to the Conseil Régional PACA* (30 September 2017)（下文统称"最终报告"），155。
[3] 见第二章第四节的"浮网和金枪鱼捕捞"部分。
[4] 欧洲理事会第1239/98号条例对第894/97号条例的修订，规定了保护渔业资源的某些技术措施（1998年6月8日），Art 1。
[5] 我的几位受访者强调，金枪鱼渔民拥有巨大的财政资源和游说能力。

规定的禁令适用范围之内。[1]这份报告表明，浮网的移动是由于地球自转产生的科里奥利效应（Coriolis effect），而不是由于水流。[2]尽管法国国务会议对此做出了相反的裁决，但基于thonaille不符合浮网资格的这一论点[3]，法国政府在实施欧盟对浮网的禁令时进度缓慢，导致法国受到欧洲法院的谴责。[4]对我们来说，真正重要的是，欧盟在不到10年的时间里终结了象征马赛渔业的捕鱼技术（艾索格、杆基和浮网）。毫无疑问，从保护环境的角度来看，这些禁令是必要的，至少是有益的。但是，从渔民群体的内部角度来看，这些禁令摒弃了数百年来的古老技术，这是当地渔民的重要收入来源，同时也无视了"贤人会议"已经实行了数百年的良好管理机制。"贤人会议"面对这些对其渔业的威胁作何反应？马赛的"贤人会议"基本上保持沉默，但是，在邻近的马蒂格市却发生了一起教科书般的渔业争端。

"贤人会议"："不是法院或法庭"？

2006年12月6日，一位名叫乔纳森·皮拉托（Jonathan Pilato）的渔民向马蒂格市的"贤人会议"投诉同为渔民的

---

[1] 见最终报告，155。国务会议认为金枪鱼渔民事实上影响了这一进程。见国务会议第265034号决定（2005年8月10日）（该决定提到了"金枪鱼渔民呼吁进行科学研究"）。
[2] 最终报告，xxv。
[3] 国务会议第265034号决定（2005年8月10日）。
[4] 欧洲法院（第三分院）对欧盟委员会诉法兰西共和国案的判决（2009年3月5日）。

让-克洛德·布尔高特（Jean-Claude Bourgault），布尔高特用thonaille捕获了15条金枪鱼，皮拉托要求布尔高特赔偿其因此遭受的损失。[1]如前所述，欧洲理事会1998年的条例禁止使用浮网捕捞金枪鱼，但当地渔民（以及法国政府）争辩说，这一禁令不适用于thonaille。布尔高特在向"贤人会议"申诉时使用了这一论点，而"贤人会议"将thonaille是否符合欧盟法律规定的标准的问题提交至欧洲法院。[2]这一举措在实质上和程序上都是大胆的。就实质而言，欧洲法院不太可能采纳有利于使用thonaille的裁决。从程序上说，一个实体是否有资格将问题提交给欧洲法院，取决于它是否具备"法院或法庭"的资格。欧洲法院适用判例法，以确定提交问题的实体在什么条件下可以具备欧盟法律规定的"法院或法庭"的资格。[3]在这些条件中，提出请求的实体必须是"独立的"，即"不受可能损害其成员对所涉程序的独立判断的外部干预或压力的影响"。[4]马蒂格市"贤人会议"将法律问题提交给欧洲法院，就意味着欧洲法院有权确定马蒂格市"贤人会议"是否足够独立，是否具备"法院或法庭"的资格，

---

[1] 欧洲法院（第一分院）关于乔纳森·皮拉托诉让-克洛德·布尔高特案的命令（2008年5月14日），para 16。
[2] "贤人会议" 2006年12月17日的决定，见NA 20160293/112。
[3] 例见欧洲法院的判决，*Nordsee Deutsche Hochseefischerei GmbH v Reederei Mond Hochseefischerei Nordstern AG & Co KG and Reederei Friedrich Busse Hochseefischerei Nordstern AG & Co KG* (23 March 1982)。
[4] 欧洲法院（第一分院）关于乔纳森·皮拉托诉让-克洛德·布尔高特案的命令（2008年5月14日），para 23。

以此作为管辖权受理的标准。"贤人会议"是源自法国中世纪的机构，考虑到其复杂性，这一程序性举措是有风险的。这也是法国政府感到尴尬的原因，法国政府被迫支持"贤人会议"向欧洲法院提出初步调查（只是为了捍卫法国关于浮网的官方立场），实际对"贤人会议"的立场却并不赞同。用农业部一位高级官员的话说，"揭露马蒂格市'贤人会议'是假冒的法庭，对我们来说将是非常尴尬的，这或多或少是事实"。[1]2008年5月14日，欧洲法院裁定马蒂格市"贤人会议"不具备作为独立"法院"的资格，特别是因为行政当局在简单的初步调查后就可以将其解散。[2]尽管这一裁定是针对马蒂格市"贤人会议"做出的，但毫无疑问，同样的推理也适用于所有地区的"贤人会议"。

"贤人会议"未能抵制欧盟的监管，这与其在法国国内成功维护其监管职权形成了鲜明对比。[3]尽管"贤人会议"继续与法国当局互动（与过去相比，程度有所降低），但"贤人会议"与欧洲机构的联系（如果有的话）非常有限。在一次采访中，欧盟委员会的一位高级官员坦率地承认，他与法国地中

---

[1] 法国外交部与农业部的往来邮件（2007年4月20-21日），NA 201602/112，法文原文为：Si c'est une position qui sera rendue publique, ça nous gênera fortement, du seul point de vue de la direction des pêches, d'exposer que les prud'homies sont des juridictions en caoutchouc. Ce qui est tout de même un peu le cas, mais nous sommes dans un univers proprement pagnolesque。
[2] 欧洲法院（第一分院）关于乔纳森·皮拉托诉让-克洛德·布尔高特案的命令（2008年5月14日），para 29。
[3] Pirie,'Legal Autonomy as Political Engagement'.

海沿岸众多的"贤人会议"没有任何联系，也不清楚欧盟法规对当地渔民祖传习俗的具体影响。"贤人会议"未能与欧盟建立相互依赖的关系，而欧盟在监管其渔业方面是成功的。

结　论

本章的出发点是社会法学界一种颇具影响力的说法，我称为"国家依赖论"。根据这一论断，私人秩序需要国家的支持才能成功运作。这一论断的另一面是，在国家越权时，私人秩序可能崩溃。本章探讨了"贤人会议"如何维持其监管职权长达几个世纪，法国政府如何在很长一段时间内尊重这些权力，以及欧盟如何对"贤人会议"怀有更大的敌意。在这一历史材料的基础上，本章考察了文献中的一个流行论断——这一论断与"国家依赖论"完全一致——根据这一论断，"贤人会议"的崩溃是因为国家的监管入侵。与这一论断相反，本章对（国家）法律体系和私人秩序之间的关系进行了更为细致的解释。这一分析思路在分析治理功能时将重点放在私人秩序上，而不是国家上。本章没有将国家视为"容忍"和"支持"私人秩序（根据"国家依赖论"）存在的有机发展的政体，而是认为私人秩序可以具有极强的弹性，而国家则屈从于它们的权力（至少在私人秩序被证明作为治理实体无效之前是如此）。本章的分析还揭示了存在于法律和私人秩序之间的复杂互动，以及在分析这些互动时需要考虑的相互依赖关系。

一个在文献中相对未被探索的次要问题是国家对私人秩

序所表现出的尊重。[1]为什么国家要维系私人秩序？例如，维系被比作"国之小国"的"贤人会议"？[2]我所收集的经验证据表明，国家机构可以用直接的经济利益（如对圣让塔的建设捐款，参见第二章）和长期的政治利益（如对有影响力的公民团体的支持，参见本章）来换取对私人秩序的维系。从国家的角度来看，像"贤人会议"这样的私人治理体系的潜在利益可能超过其成本，只要私人秩序有效地履行其职责，成本可以相对忽略不计。拿破仑敏锐地发现了这一点，将"贤人会议"描述为"不花费国家一分钱的真正的监督者"。[3]欧盟的案例进一步证实，私人秩序的弹性至少部分取决于它们与公共当局建立合作平台的能力。

当然，这一分析的前提是私人行为体有能力让国家当局相信它们的监管能力。虽然一些学者认为，只要治理体系从公共实体中寻求并获取利益，就不能将其视为真正的私人秩序[4]，本章提出的反叙事表明，这些实体的复杂关系可能与私人秩序的存在息息相关。在这一反叙事中，国家支持和私人秩序的监管能力之间的功能发生逆转：国家支持变成了私

---

[1] 值得注意的一个例外是阿夫纳·格雷夫关于商人行会的研究。格雷夫认为，商人行会用保护他们的财产权来换取对未来税收流的维护。见 Greif, *Institutions and the Path to the Modern Economy*, ch 4. 另见 Sagy 'What's So Private about Private Odering?', 951（主张国家在保有私人秩序的方面具有"既得"利益）。

[2] F. Escard, *Corporation et Prud'homie des Pêcheurs de Martigues* (Evreux, Herissey, 1896), 21.

[3] ibid.

[4] ibid.

人秩序治理能力的功能（而不是相反）。与第一部分中提到的高斯函数的钟形曲线不同，这一新函数是线性和递增的：国家支持与私人秩序的治理能力同步增长。要探讨的最后一个问题是，像"贤人会议"这样的私人秩序，如何在失去了其作为治理实体合法性的情况下得以生存？第六章将进一步研究私人秩序的存续悖论，尽管它未能履行其在6个世纪前形成的规则制定功能。

第六章

在事实与信念之间

导　言

"贤人会议"即将迎来 600 岁诞辰。该机构的非凡弹性使我们得出结论：尽管它存在某些缺陷，但其治理机制根本上是可行的。[1] 然而，本书所列证据指向更具体的结论。渔民谈及"贤人会议"时仍充满自豪感，但他们不再诉诸"贤人会议"的任何治理功能。换句话说，"贤人会议"设法保留了渔民不再需要的职能。本章探讨了一个组织的悖论——一个组织尽管失去了许多实际功能，但却在象征和制度意义上幸存下来。这类悖论的经典解释被称为"制度路径依赖"（institutional path dependence），它指的是使一种制度——即使是低效的——保持无限存续的引力。[2]

---

[1] 文献中经常提到制度弹性和生存能力之间的联系。例见 T. T. de Moor, *The Dilemma of the Commoners*, chs 3 and 4。

[2] D. C. North, *Institutions, Institutional Change and Economic Performance* (Cambridge, Cambridge University Press, 1990), 92–104. 阿维拉姆将路径依赖的分析扩展到私人秩序。见 A. Aviram, 'Path Dependence in the Development of Private Ordering' (2014) 1 *Michigan State Law Review*, 29。

本章试图通过研究社会规范在路径依赖运作中所起的作用来补充这一解释。本章指出，"贤人会议"之所以能够存续，不仅仅是因为制度牵引力，更具体地说，是因为它植根于强大的社会规范。事实上，渔民今天仍然在援引过去几个世纪中普遍存在的社会规范。本章将"贤人会议"的现状追溯到社会规范的构成特征，即其刚性和开放性特征。[1]基于刚性，规范具有令人难以置信的生命力；基于开放性，规范允许广泛的实践。渔民常常援用其经常违反的规范，这是由于不断演变的实践和持续存在的信念之间出现了鸿沟，导致了所谓的"制度性精神分裂"。本书列举的实证材料重新审视了社会规范在私人治理体系中的作用，并将这些体系的某些潜在缺陷追溯到规范的构成特征，进而更好地理解规范、实践和信念间的区别。

"贤人会议"生存危机

本节概述了"贤人会议"及其社区在过去几十年中的情况，强调了其新近变化，也突出了社区中一直存续的重要联结。本部分提供的材料将适用于本章第三节，从社会规范的特征追溯私人治理体系的弱点。

过去几十年的渔民社区

在本小节中，我将研究自第二次世界大战以来，马赛渔

---

[1] 参见第一章。

民所面临的变化。渔民社区的当代史始于1943年马赛"老居住区"（old quartes）被炸毁，这一创伤事件在渔民的记忆中留下了深刻的印记。而故事仍在继续，随着外国渔民的大量移民，以及渔民社区在过去几十年中所面临的代际转换，马赛的人口结构不断发生变化。经验证据表明，尽管发生重要转变，渔民仍然遵守他们的社会规范。

社会创伤：圣让的轰炸（1943）

如前几章所述，渔民社区传统上居住在圣让，一个位于马赛港北部的小街区。圣让被毁70多年后，马赛渔民们提起那里，仍然心怀思念之情。第二次世界大战前，圣让的街道狭小，居民间萦绕着强烈的归属感。船上的伙计们每晚挨家挨户走动，以便宣布谁将优先获得不同的"渔位"（post of fishery）。[1] 然而，圣让在20世纪初变得破败不堪，逐渐地变成了小型犯罪和卖淫的庇护所。小说家克劳德·麦凯（Claude McKay）生动地描述了20世纪20年代的城市衰败景象：

> 马赛有着野蛮的国际性浪漫，是伟大的现代生活的生动象征。小，但人口过多，是欧洲最好的后门，是向东方和非洲运送并接收货物的交通要塞，是法国水手们最喜欢的港口，地中海国家的败类出没于此，导游、妓女、皮条客泛滥，在其风景如画的外表下，这个城市以

---

[1] 参见第二章第三节的"'贤人会议'的规则制定职能"部分。

其白森森的邪恶令人惊叹和着迷。它似乎在向世界宣告，现代生活中最伟大的事情就是它的下流。[1]

在20世纪30年代，法国当局开始考虑整改这一地区。在第二次世界大战期间，"维希"极权主义政权上台。圣让是一个充满活力的国际化社区的大本营，因此自然成为维希政权的宣传目标。但马赛有一个较大规模的犹太人社区，这对维希政权来说颇为不利。[2]1942年11月，德国入侵马赛后，抵抗组织发动了一系列针对纳粹政权的袭击，圣让遭遇了悲惨的命运。纳粹政权的反应也颇为迅速：1943年年初，希姆莱（Himmler）命令党卫军"净化"（purify）马赛的老港口，法国警察承担了这一肮脏工作的责任。[3]1943年1月24日，警察要求圣让的居民——大约20,000人——离开他们的家园。1943年2月，"贤人会议"的办公楼和其附近街区被炸药炸毁，只有少数建筑幸免于难，比如马赛市政厅和圣洛朗教堂。圣洛朗教堂是渔民教区教堂，是罗马式建筑中的瑰宝。在促成圣让神话的一个戏剧性事件中，80岁的圣洛朗神父在圣让

---

[1] C. McKay, *Banjo* (New York, NY, and London, Harper & Brothers Publishers, 1929), 69.
[2] 在1941年出版的一篇不光彩的专栏文章中，一位维希学派的同情者谴责"犹太人马赛"（Marseille the Jew）。见 L. Rebatet, 'Marseille la juive', *Je Suis Partout* (30 August 1941).
[3] 见 M. Ficetola, *Il était une fois ... Saint-Jean: La 'Petite Naples' Marseillaise, avant son Dynamitage en 1943* (Marseille, Massaliotte Culture, 2018), 67–71.

被毁时敲响了教堂的钟声。[1]

近 80 年后，马赛渔民仍将"老港口"炸毁描述为社会创伤。他们将这起爆炸称为"世界末日"。其中一位渔民告诉我，1943 年 2 月"家园炸毁"后，圣让的居民——包括渔民——被迫离开他们成长、生活和工作了几十年的社区。他们中的一些人甚至不再捕鱼，因为他们无法在港口附近找到住处。[2] 大多数渔民失去家园，更糟的是，德军征用了他们的一些船只。[3] 一位渔民家庭的后代告诉我，1943 年后，他的祖父被迫从圣让搬离，和 7 个家庭成员共同居住在一个小棚屋中。机制变革更增添了混乱，维希政权开始实施一项旨在用所谓的"劳工社区"（labour community）取代"工会"的政策。1942 年，"渔民社区"暂时取代了"贤人会议"。[4]

渔民们失去了他们的家园、船只和古老的制度，还失去了社区信息传播中的重要城市空间。[5] 可以想象，轰炸圣让

---

[1] A. Sportiello, *Les pêcheurs du Vieux-Port: Fêtes et Traditions* (Marseille, Jeanne Laffitte, 1981), 87.
[2] 见彼得罗的描述, in *Le Temps des Italiens*, available at www.pedagogie.ac-aix-marseille.fr/ upload/docs/application/pdf/2013-01/tpsdesitaliensdpgq.pdf（最后访问时间为 2019 年 7 月 9 日）。
[3] 例见区域海事互助储蓄银行行长致地中海渔业委员会秘书长的信（1944 年 5 月 9 日），PA; *Note sur le nombre des bateaux de pêche de la Prud'homie de Marseille*（未标明日期），PA。
[4] 例见给"贤人会议"的信（1942 年 7 月 16 日），NA 19860461/21。另见 D. Rauch, 'Les prud'homies de pêche sous l'Etat français: une spécificité méditerranéenne' (2013) 254 *Provence historique*, 493。
[5] 值得注意的是，圣让住宅区在"二战"结束几年后根据建筑师费尔南德·普永（Fernand Pouillon）的规划被重建。普永的建筑设计与旧圣让的城市布局呈相反的对称关系。现在的住宅区以大型公寓楼和宽阔的街道为特色，"贤人会议"占据了位于马赛港口码头的一栋建筑。然而，圣让的空间设计发生了变化，其方式肯定不再像"老居住区"那样有助于保持渔民社区的紧密团结。

破坏了紧密联系的渔民群体，致使其私人秩序消亡。然而，令人震惊的是，经历了这些事件，渔民们仍然遵守他们的规范，并在第二次世界大战结束后极其迅速地恢复了祖传的治理制度。对此，有一个例子很有说服力。战争的恶劣环境影响了食物供应，渔民们提出使用兰帕罗提高生产力，这是第四章提及的一种攻击性捕鱼技术。在圣让被毁仅4个月后，渔民们就是否允许在马赛使用兰帕罗展开讨论。他们的会议记录表明，他们极其反对可能违反保护规范的做法，因为这种做法严重影响了鱼类资源：

> 原则上，渔民社区仍然反对使用兰帕罗。社区仍然认为，马赛海岸的空间环境适合捕捞底栖鱼类的技术，不适合捕捞洄游鱼类的技术，后者损害了使用细网渔民的利益。然而，考虑到异常危急的情况——燃料不足、捕鱼限制、供应困难——渔民社区允许在敌对行动期间共同使用兰帕罗。[1]

在马赛历史上最糟糕的时期，马赛渔民仍然遵守他们的社会规范，仅在"异常危急的情况"下才允许使用兰帕罗。彼时，他们失去了"贤人会议"，失去了一些船只，甚至失去了房屋，但这并没有动摇他们内心的信念。事实上，"贤人会议"再次出现，并在1945年迅速采取行动禁止使用兰帕罗。当考虑

---

[1] 马赛市渔民社会理事会1943年6月15日会议记录，PA。

到战后时期发生的人口变化时，社区规范的弹性也显现出来。

人口变化

在过去的几十年中，渔民社区面临着两次重大人口变化。第一次是从19世纪末到20世纪60年代中期意大利裔渔民的移民。第二次是渔民数量的减少和年轻一代偏好的变化。本小节描述了这些人口变化，并根据观察到的情况展现"贤人会议"的社会规范如何在这一时期得以延续。

从19世纪末到20世纪60年代中期，马赛面临着大量的意大利移民潮，以至于在第一次世界大战前夕，大约100,000名马赛居民（或其人口的四分之一）是意大利人。[1]其中许多人聚集在港口北部，特别是圣让[2]，因此，这里很快获得了"小那不勒斯"的绰号。[3]许多意大利移民本就是渔民，他们继续在马赛从事捕鱼工作，因此融入渔民社区相对顺利（至少与18世纪移民的加泰罗尼亚渔民相比）。[4]海事局20世纪60年代初起草了一份报告，详细介绍了意大利渔民抵达马赛的情况[5]，分析这些渔民如何违反"贤人会议"的

---

[1] E. Temime, 'Les Italiens dans la Région Marseillaise pendant l'Entre-Deux-Guerres' in P. Milza (ed.), *Les Italiens en France de 1914 à 1940* (Rome, Ecole Français de Rome, 1986), 547–575.

[2] ibid., 557.

[3] Sportiello, *Les pêcheurs du Viex-Port: fêtes et teraditions*, 77–81. 这个绰号有点误导人，因为这些移民中的许多人来自意大利的其他地区，如利古里亚或拉齐奥。

[4] 参见第三章第三节"劳动力迁移和加泰罗尼亚人的到来"。

[5] 'La pêche au Lamparo au Quartier de Marseille' (1963), DA 2331W291.

规则，采用自己的技术（也就是兰帕罗）捕鱼。[1]这些外国渔民大多来自斯佩隆加（意大利拉齐奥的一个海滨小城），并构成了一个紧密联系的群体，被称为"斯佩隆加氏族"（Sperlonga clan）。[2]斯佩隆加的第一次移民潮发生在1922年，在随后的几十年中，移民人数通过口耳相传不断增加。例如，我的一位受访者追随他的叔叔而来，他的叔叔在"二战"前就离开了斯佩隆加。目前还不完全清楚有多少渔民来自斯佩隆加。我的受访者描述"斯佩隆加氏族""渔民非常多"，"大约有50艘船"。为了更好地评估其人口规模，我查阅了1925年至1948年间法国颁布的所有入籍法令。这些法令为评估该氏族人口规模提供了一个很好的指标，因为法国法律要求渔船船员中包括最低数量的法国国民（因此外国渔民在抵达后有理由尽快获得法国国籍）。我的调查结果令人震惊。我数了数，在这一时期，不少于52位来自斯佩隆加的渔民定居马赛并获得法国国籍，连同他们的家人，这一群体包括182人，他们都来自斯佩隆加。这些移民渔民通常追随先前移居马赛的家庭成员而来，例如，据迪利奥（Di Lelio）家族统计，在20世纪20年代和30年代，从斯佩隆加陆陆续续来到马赛的渔民不少于6人。无论如何，斯佩隆加氏族已经足够稳固，能够在马赛组织家乡的宗教庆典。很多人参加以斯佩隆加的守护神命名的圣莱昂（St Leon）庆典，参与人数甚至超过了

---

[1] 'La pêche au Lamparo au Quartier de Marseille' (1963), DA 2331W291.
[2] ibid.

当地渔民的传统庆典圣皮埃尔（St Pierre）庆典。看起来，意大利渔民的人数可能已经达到了推翻社区规范所需的临界数量，为改变现有社会规范提供了依据。[1]然而，更细致分析马赛的意大利移民后发现，意大利渔民之所以能够融入当地渔民社区，并不是因为他们人数众多，而是因为他们设法与当地社区建立了合作关系。[2]实证分析还表明，尽管意大利渔民能够改变马赛的捕鱼方式，却并不会影响"贤人会议"的长期规范。事实上，来自斯佩隆加的渔民最初用拖网渔船作业，直到20世纪60年代初允许使用兰帕罗后，他们才使用兰帕罗捕鱼。[3]这不是巧合：新近的移民不太可能遵守"贤人会议"的传统，而是将短期收益置于保护渔业资源的规范之上。事实上，新近的移民在很大程度上无视"贤人会议"禁止用兰帕罗捕鱼的规定，还大规模使用炸药。因为拖网渔船（甚至可以说是兰帕罗）不需要向"贤人会议"交税（这些渔船通常在"贤人会议"3海里的管辖范围以外捕鱼）[4]，这些渔民为了维护自己的利益，可以毫不犹豫地起来反抗"贤人会议"。1962年后，北非渔民的到来并没有影响到他们的实践。事实上，一名之前使用过兰帕罗的渔民告诉我，一些渔民（通常来自意大利）会向他们的同行展示如何使用炸药

---

[1] 见 F. Grisel, 'How Migrations Affect Private Orders? Norms and Practices in the Fishery of Marseille' (2021) 55 *Law & Society Review*, 177。
[2] ibid.
[3] 参见第五章第三节的"格朗德瓦尔和国务会议的决定（1962年）"部分。
[4] 国务会议第178042号法律意见（1921年5月11日）。

以最大限度地增加捕捞量（这是一种被禁止的做法）。[1]来自北非的新移民并不比斯佩隆加渔民更关心渔业的长期保护：一名渔民向我描述了他的家人如何在1962年乘坐渔船从阿尔及利亚穿越地中海，他们又如何在马赛"弥补他们的损失"。

因此，意大利渔民能够通过推广兰帕罗来改变当地渔民的社会习俗。[2]从20世纪60年代初到20世纪90年代，兰帕罗成为一种成熟的渔业惯例。尽管它的大部分使用者都是意大利移民的后代，一些当地渔民也开始使用兰帕罗。然而，从记录来看，兰帕罗技术似乎没有影响渔民社区的社会规范。事实上，至少到20世纪70年代末，"贤人会议"继续通过谴责兰帕罗的危害来捍卫这些社会规范。[3]意大利渔民没有影响"贤人会议"的社会规范，一个潜在原因是他们的世俗偏好。与其他渔民不同，意大利渔民不鼓励他们的孩子从事捕鱼活动（他们的孩子往往转向其他职业）。一位斯佩隆加渔民的后代告诉我，他的父亲和祖父阻止他成为一名渔民，这些后代自己也迅速地离开这一行业，要么去当裁缝，要么去当工厂工人。意大利渔民将捕鱼视为一种谋生方式，而不是祖传的生活方式。事实上，20世纪90年代，随着最后一批意大利渔民退休，兰帕罗渔船逐渐从马赛渔场中消失。[4]同

---

[1] 参见第四章第三节"炸药捕鱼"。
[2] 关于法国当局对兰帕罗的支持，参见第五章。
[3] "贤人会议"致马赛海事事务总干事的信（约1977年），DA 2331W279。
[4] 到1999年，马赛只剩下两艘兰帕罗渔船。见 *Répartition de la flotte de pêche dans la région PACA* (November 1999), NA 20160293/180。

样的观察也适用于当地渔民,尽管程度较轻。如第一章所述,马赛渔民历来鼓励他们的后代成为渔民,鼓励他们的女儿嫁给其他渔民。这种社会压力相当强大。例如,一位知情者讲述了一个社区外来居民的故事,他娶了一名渔民的女儿,岳父强迫他从事捕鱼工作,他最后也真的成了渔民。然而,马赛的大多数渔民一致认为,他们的职业越来越不受欢迎,年轻一代不愿意加入其中。一名渔民曾向我透露,他的邻居嫉妒他,因为邻居的儿子不愿意继承家族传统。原因很容易理解,渔民的生活不错,但需付出巨大的个人代价。他们得比大多数人更努力,经常工作到深夜甚至第二天清晨。此外,渔民经常指责渔业监管限制了他们的工作,使其利润降低。图表6.1显示了在整个20世纪渔民数量的急剧下降。[1]

这对社区的社会动态产生了影响。渔民这一职业不再像以前那样吸引人,渔民的儿子也不像过去那样热衷于继承家族传统。最近的一项调查显示,在法国地中海沿岸,只有32.6%的渔民因为"家族传承"而选择自己的职业。[2]我的一些受访者告诉我,他们的儿子离开这一行业是为了成为一名警察甚至法官。渔民只能以无可奈何和悲伤的心态看待这一趋势。

尽管渔民理解并支持他们孩子的决定,但他们也对悠久

---

[1] 图表6.1只考虑了船东(即拥有船只并被允许投票支持"贤人会议"的渔民),而不涉及他们的雇员。
[2] CRPMEM PACA, *Etat des lieux et caractérisation de la pêche maritime et des élevages marins en PACA*, 2016, 33.

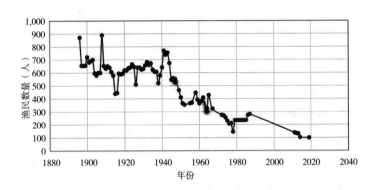

图表6.1 马赛的渔民数量（1896—2020年）

传统的终结感到痛惜。更值得注意的是，尽管存在诸多社会冲击——战争、移民潮和社区规模收缩——马赛的渔民仍遵守社区规范，并且仍然认为"贤人会议"是这些规范的守护者。

"贤人会议"何去何从？

在过去的几十年中，"贤人会议"似乎已经失去了监管优势。社区成员经常提及"贤人会议"的空置及其无用性。本小节概述了"贤人会议"过去几十年的活动——"贤人会议"几乎完全放弃了其制定规则的功能，但作为渔业文化的象征而继续存在。本小节所列材料指出，"贤人会议"之所以能够生存下来，是因为它植根于长期存在的社会规范。

"贤人会议"：一个空虚的监管壳？

近年来，"贤人会议"极其不愿与外界交流，这使对其的研究更具挑战性。特别是，其中一位"贤人会议"领袖具有神秘的光环和无穷无尽的传闻。保密起见，我称其为"约翰·史密斯"（John Smith）。各种消息来源将约翰·史密斯比作"一无所有的阿提拉""一手遮天的政客""黑手党头目"，他的到来被比作"广岛原子弹"。[1]耐人寻味的是，史密斯不具有传统意义上"贤人会议"领袖的特质。有人说他不是一个"真正的渔民"，更多人认为他还没有完全适应"贤人会议"的规范。像约翰·史密斯这样的社区外来人士是如何在"贤人会议"中获得权力的？一位渔业专家向我解释说，史密斯之所以能够在"贤人会议"中获得领导地位，是因为他"不属于"社区，而且"没有其他人"可供选择。事实上，史密斯不是第一个取得这一成就的新来者，另一位外人丹尼尔·杜拉斯（Daniel Dulas）在20世纪90年代当选为"贤人会议"成员。杜拉斯现年60多岁，性格开朗，向我解释了他如何在20世纪80年代早期离开马赛市消防局成为一名渔民。他最初并不是马赛人，而是来自法国西南海岸。当被问及如何成为"贤人会议"成员时，杜拉斯公开承认"任何人都可以当选"，因为这个职位"没有任何实质性职权"。

"贤人会议"吸引力下降，有几个潜在的解释。一个显而易见的答案是，"贤人会议"不再行使对马赛渔业的监管职权。这种监管障碍影响了"贤人会议"的所有传统职权，即其司法权、立法权和警察权。例如，"贤人会议"的最后一次判决可以追溯到1969年，在当时的案件中，渔民路易

---

[1] 我多次试图采访约翰·史密斯，但都没有成功。

斯·瓦尼（Louis Vanni）起诉渔民马塞尔·帕雷格诺（Marcel Paregno），因为帕雷格诺在一个渔位更换了瓦尼的渔网。瓦尼进一步补充，当他指责帕雷格诺的行为时，帕雷格诺的兄弟袭击了他。在判决中，"贤人会议"重申了禁止永久占用渔位的规则。这一提醒可能是针对瓦尼的，从而表明瓦尼挡住了帕雷格诺撒网的渔位。[1]"贤人会议"随后判决帕雷格诺向瓦尼支付赔偿金，并重申诸如帕雷格诺的兄弟等外人不应介入渔民之间的争端。但自1969年以来，我再也没有发现"贤人会议"做出的任何判决。问及如今渔民如何解决争端时，一位社区成员回答说，他们不再诉诸"贤人会议"，而是自己"解决"问题。此外，"贤人会议"似乎已经停止编纂规则以及颁布监管条例。最后一次提到"贤人会议"的规则编纂要追溯到20世纪80年代末，当时"贤人会议"成员讨论了一项限制渔网尺寸的规则，并提及该规则缺乏有效性。[2]"贤人会议"也不再行使其警察权。直到20世纪90年代末，"贤人会议"仍然传唤违规的渔民，并提醒他们遵守适用的规则，但没有对他们处以罚款。[3]如今，"贤人会议"更倾向于向国家当局发出警示，而不是自己惩处渔民。最终，"贤人会议"不再行使其任何职权：它不进行立法、审判或监管其成员。

---

[1] 这一判决与保障任何渔民使用渔场的权利的平等规范完全一致。
[2] "贤人会议"1987年3月31日会议记录，PA。本条规则详见第四章第二节的"现实与历史的相遇：引擎动力的竞赛"部分。
[3] 然而，应该指出的是，"贤人会议"已经停止对不服从命令的渔民进行罚款。

理性选择分析人士可能会声称,"贤人会议"已经停止行使其职权,因为它不再需要这样做。换句话说,根据这一观点,能够证明维持"贤人会议"职权具有合理性的监管挑战已经消失,"贤人会议"职权行使的必要性也随之消失。[1]这种分析与以下论点一致,即私人治理体系具有极大的可塑性,它们会随其成员的利益而发展和调整。[2]然而,这一论点并没有解释"贤人会议"在失去实用价值的情况下仍然存在的事实。从理性选择的角度看,渔民解散一个他们不再需要的组织似乎是合乎逻辑的。换句话说,如果这一分析是正确的,那么像"贤人会议"这样的组织的存续就不存在有效解释。因为,事实上,理性行动者应该有意识地停止支付交易成本——费用和时间——这些成本与维持一个已经变得多余或无用的组织有关。这一解释显然也有一定道理,一位渔民告诉我,他不再缴纳会费并离开"贤人会议",因为认为它没有用处。其他渔民也一再证实,他们认为"贤人会议"没有用处。然而,这并没有解释悉心维系"贤人会议"的艰辛及其作为一个强大的文化象征的存在。

---

[1] 有人可能会说,渔民不再需要"贤人会议",因为他们的社区由于规模较小而更容易管理。关于这一论点,例见 N. K. Komesar, *Imperfect Alternatives: Choosing Institutions in Law, Economics and Public Policy* (Chicago, IL, The University of Chicago Press, 1994), 69。

[2] S. T. Qiao, *Small Chinese Property: The Co-Evolution of Law and Social Norms* (Cambridge, Cambridge University Press, 2018), 186–188.

"贤人会议"作为一种文化象征

理性选择解释中似乎缺少的变量是信念。事实上,渔民仍然尊重"贤人会议",将其作为社区的文化象征。[1]在抱怨"贤人会议"的"空置"和其某些领导人的离经叛道的同时,渔民也自豪地宣布"贤人会议"是其文化遗产的一部分。例如,一些渔民自我介绍时,会表明他们来自"马赛的'贤人会议'",而不是马赛。在关于金枪鱼捕捞监管的争论中,一些渔民建议金枪鱼应该冠以"贤人会议"的名称。社会学家和渔民甚至试图将"贤人会议"注册为法国文化遗产的一部分,并将其列入联合国教科文组织的非物质文化遗产名录。渔民们对"贤人会议"感到非常自豪,并且一致赞扬"贤人会议"的传统监管体系。尽管渔民们已经将"贤人会议"交给社区外来者管理,并且不再参与其活动,但他们仍然将其视为光荣过去的象征,是社会规范的宝库(更多的是想象而非现实)。

社会规范的持续存在

如果理性选择理论家的分析正确,渔民们也应该不再关心治理目的不需要的社会规范。或者,这些社会规范应该演变以反映新的现状。只要社会不再需要一个私人治理体系,基于这个理由,这个规范体系就应该消失或演变。这一分析

---

[1] 理性选择理论家可能会反驳说,"贤人会议"所扮演的象征角色仍然实现了某些潜在的社会角色。然而,支撑大部分理性选择理论的功能主义背景在这里显示出一些局限性,因为渔民似乎并没有从"贤人会议"的存在中获得具体的好处。

具有潜在的优点，因为它可以解释为什么渔民们不再使用"贤人会议"。然而，它不能解释为什么在过去几十年中，同样的规范一直在马赛存在。

首先是平等规范，渔民们仍然相信，任何人都有权平等地开发渔业。所谓的"任何人"，实际上是指任何完全成熟的渔民（不包括偷猎者、业余渔民等）。尽管平等规范在渔民中幸存下来，但他们对这一规范的解释似乎已经发生变化。我的许多受访者告诉我，渔民非常"易妒"且"个人主义"。这种强烈的个人主义具有两面性。首先，渔民们在寻找鱼群时相互竞争。正如一位老渔民曾经告诉我的那样，"优秀的渔民总是嫉妒其他渔民"。另外，这种个人主义使得渔民们很谨慎，他们避免侵犯彼此的捕鱼领域，并保持彼此之间的距离。渔民是个人主义且善妒的，但他们尊重彼此的界限。他们不一定相互信任，但他们敏锐地意识到他们共享的共同规范背景。如上所述，在档案记录中，我观察到的平等规范与这种个人主义行为是一致的，尽管方式不同。在过去，渔民们认为他们有权公平地分享渔业，因此，他们试图分享最好的渔场。而社会背景已经发生了变化，渔民们不太可能在相同的渔场中竞争，但他们的个人主义信念从根本上来说没有变化：他们仍然相信他们享有平等开发渔业的权利。

保护规范也是如此。渔民们经常提到长期保护渔业的必要性。然而，正如平等规范一样，他们对保护规范的解释随着时间的推移而发生变化。事实上，渔民们不再将保护规范解释为他们有义务限制自己的活动。他们很少将鱼类数量的减少归咎于自己,而是经常将水污染视为罪魁祸首。换句话说,保护规范不再是针对渔民本身制定的,而是针对外界的污染者。保护规范解释的转变对渔业实践产生了影响:用受访者的话说,马赛的渔民"尽可能快地拿走他们能拿走的任何东西",并且不再努力限制他们的捕鱼方式。然而,这种变化并不意味着渔民们不再相信这一规范,只是他们捍卫规范的目标发生了变化。如前所述,渔民们经常将鱼类的消失归因于水污染,例如,他们认为沙丁鱼体型不断缩小,是由于浮游生物密度降低造成的,而浮游生物的密度降低是由于水质不佳。他们直言不讳地指出,位于渔场西侧附近的罗讷河口省,携带了来自化工厂的污染物。几十年来,他们还指责马赛东部附近的一个矿场将生产的"赤泥"(red mud)排入大海。[1] 这种化学残留物是将铝土矿提炼成氧化铝产生的副产品,对环境有明显的危害。政府官员经常指出,渔民将矛头指向污染者和否认自己在鱼类数量减少中的责任之间存在明显的矛盾。一些官员甚至将渔民采取的生态立场归因于一种"时尚",以此来推卸自己的责任。例如,当渔民们抗议沿着马赛海岸建立三个禁渔区时,矛盾的措辞就变得十分明显,这三个禁渔区是"蓝色海岸海洋公园""卡兰克斯国家公园""人工鱼礁"。这些人工鱼礁浸泡在海水中,是巨大的混凝土和金属块,有

---

[1] 例见"贤人会议"1962年4月19日会议记录,私人档案。在这次会议中,"贤人会议"强烈谴责了该矿场将"赤泥"残留物排入大海的决定。

助于促进海洋动物的发展并防止拖网捕捞。[1]我与负责这些保护区的政府官员交谈过，他们都对渔民们对待这些保护区的立场给出了类似的解释。在这三个案例中，马赛渔民们都反对建立这些保护区，并对无法再利用传统渔场的事实感到不满。[2]这种立场有些自相矛盾，因为国家建立这些禁渔区是为了让海洋重新繁衍生息，而这一目标与"贤人会议"的保护规范是完全一致的。然而，当被问及这些禁渔区时，渔民们似乎也承认这些区域对鱼类种群的积极影响。一位渔民提到了1983年"老渔民"对建立蓝色海岸海洋公园的反对，并庆幸地说，"如果没有这个公园，我们不知道会发生什么"，从而表明海洋公园为保护渔业做出了贡献。另一位渔民对人工鱼礁表示赞同，并向我透露，他本人曾为了促进幼鱼的生长，击沉了一艘沉船的残骸。一位负责巡逻人工鱼礁的海岸警卫告诉我，渔民们对他们其中一位经常闯入禁渔区的同事提出了强烈的批评。因此，尽管马赛渔民对平等和保护规范的解释有所演变，但他们仍然对这些准则保持着强烈的信念。

通过以上的描述，我们可以大致回答本章导言中提出的问题。"贤人会议"似乎幸存了下来，这是因为它深深植根

---

[1] 有趣的是，"贤人会议"曾在20世纪30年代讨论过一个类似的将沉船浸泡在水中以使海洋重新繁衍生息的项目。例见"贤人会议"致马赛海事局行政长官的信（1935年11月30日），DA 6S10/3。
[2] 在蓝色海岸海洋公园的建立问题上，情况更加复杂，"贤人会议"似乎对此给予了支持。见"贤人会议"致马赛区海事事务行政长官的信（1984年3月20日），PA（提及"贤人会议"对公园的支持）。

于社区的规范之中。渔民们的行为发生了变化：尽管"贤人会议"已经毫无用处，但他们仍然尊重"贤人会议"所象征的规范。事实上，废除"贤人会议"的尝试一直以失败告终。一位政府官员告诉我，他如何试图解散卡西斯（Cassis，位于马赛东部的一个邻近城市）的"贤人会议"，因为渔民们不再参与成员选举。在渔民们动员政治关系、反对关闭"贤人会议"后，他不得不放弃这一尝试。尽管渔民们很少参与"贤人会议"的事务，但当有人胆敢威胁到它的存在时，他们就会大声抗议。这一发现将成为进一步确定私人治理特征及其局限性的基础。

私人治理的局限性

本节列出了在前述各章中所收集到的主要发现。"贤人会议"是一个极具弹性的私人秩序的案例，它设法在历史的动荡中幸存下来，但却失去了其具体的职能。基于实证数据，本项案例研究说明了"贤人会议"的某些局限性，这些局限性也可以推广到其他私人治理体系中。我的主张有三个方面：首先，社会规范是持久稳定的因素，但也是不确定性的因素，它需要在社会冲突的情况下创造规则；其次，规范的刚性及其灵活解释之间的紧张关系，造成了社会规范和其实践之间的差距，这可能改变私人治理的有效性；最后，社会规范不仅仅是行为规则的问题，更重要的是，它是内心信念的反映。这些命题抓住了一个基本概念，即社会规范既是产生灵活性的因素，也是产生社会惰性的因素。尽管它们的含义经常会演变，但刚性影响了其演变能力，从而限制了信念和想象力。

开放的规范，封闭的规则

我的研究的起点是，在可以简单依赖社会规范的情况下，为什么个人要承受与正式组织的出现相关的所有困难和交易成本？"贤人会议"的例子提供了一个经验背景，据此，我们可以找出15世纪早期紧密团结的渔民群体选择建立正式组织的一些原因。在这种情况下，社区的社会规范似乎过于开放，无法为复杂集体行动问题所产生的冲突，提供具体的解决方案。当面临这些问题时，渔民们通常会对规范做出不同的解释，而牺牲社区内的确定性与和平。像"贤人会议"这样的正式组织制定了基本社会规范，使其具有可操作性。再次审视对1946—1969年间诉至"贤人会议"的案例，可以看出，其职能具有连续性。在大多数这些案例中，原告诉称被告撒下的渔网损坏了他们的渔网。"贤人会议"据此确定在特定渔场中，哪一方拥有优先捕鱼权，并计算违约方应承担的损害赔偿。为什么渔民们要通过"贤人会议"请求赔偿，而不是假设他们的损失迟早会自行抵消而互相原谅？（正如埃里克森在《无需法律的秩序》中描述的那样）[1] 答案很简单：渔民们共有的规范背景无法为复杂问题提供现成的答案。如果没有"贤人会议"制定规则，渔民们就只能无止境地讨论各自是否遵

---

[1] R. C. Ellickson, *Order without Law*.

守社会规范。例如，一个渔民可以无休止地争辩说，他在另一个渔民的渔场撒网时，是遵守平等规范的，而另一个渔民可以反驳称，他在这个渔场根据相同的规范同样有权捕鱼。埃尔斯特(Elster)同样注意到，雇员和雇主如何在基于相同"公平工资准则"（norm of fair wages）的工资争端中采取相反的立场。[1]"贤人会议"积极制定规则，以便在这些争端中提供具体的答案。据此，我的第一个观点是：社会规范是持久稳定的因素，但也是不确定的因素，需要在争端发生时发展规则。

规范上的弹性、制度性精神分裂和平行失范

对"贤人会议"的纵向研究表明，渔民的社会规范具有时间持续性。过去几个世纪，"贤人会议"在名义上从未放弃过宣扬规范。然而，这并不意味着渔民甚至"贤人会议"成员遵守这些规范。在实证研究中，我注意到规范和实践之间存在制度性精神分裂，渔民使用能贬损规范效力的技术的情形反复出现。以下两个例子说明了这一点，在第二次世界大战结束后，维希政权倒台，德国军队撤离，法国设立委员会商讨"贤人会议"的未来。[2]在一次会议上，"贤人会议"的最高级别成员（又称首席）辞去职位，以抗议法国政府的

---

[1] J. Elster, *The Cement of Society: A Study of Social Order* (Cambridge, Cambridge University Press, 1989), 126.
[2] *Procès-verbal d'une réunion d'information portant sur la dissolution des organismes corporatifs* (30 January 1945), PA.

政策[1]，谴责法国政府并未支持"贤人会议"禁止兰帕罗（这表明"贤人会议"对保护规范的坚守）。[2]但委员会的其他成员称"贤人会议"首席是在虚张声势，反诘该首席正在装备自己的船只用于兰帕罗捕鱼。在怒气冲冲地离开会议之前，"贤人会议"首席坦率地承认，他"仍然是兰帕罗技术的反对者，其他渔民使用这种技术导致鱼类枯竭，是现存环境迫使他使用这一技术"。[3]另一个例子更深入地探究了"贤人会议"的历史。在19世纪末，时任"贤人会议"首席致函法国参议院特别委员会，该委员会正在调查地中海沿岸鱼类资源枯竭的原因。"贤人会议"首席宣称，"大多数渔民一直反对拖网捕鱼（公众抗议的主要目标）"。[4]"贤人会议"首席没有具体说明的是，在"贤人会议"采取反对拖网捕鱼的官方立场的同时，其成员也积极参与了拖网捕鱼。例如，一位马赛渔业的敏锐观察者写道，"贤人会议"是拖网捕鱼的同谋，对渔民的违规行为"视而不见"。[5]

这些例子表明了我在档案记录和访谈中多次观察到的一种态度：渔民，尤其是"贤人会议"成员，会诉诸他们自己不断违反的规范。[6]此外，在渔民不断违反规范后，基于规

---

[1] *Procès-verbal de la Commission consultative du quartier de Marseille* (28 Septembre 1945), PA.
[2] ibid.
[3] ibid.
[4] *Annales du Sénat et de la Chambre des députés* (30 November 1880), 454.
[5] P. Gourret, *Les pêcheries et les poissons de la Méditerranée* (*Provence*) (Paris, Librairie J.-B. Baillère et Fils, 1894), 322.
[6] 第四章还解释了"贤人会议"成员如何不厌其烦地证明使用像杆基这样破坏性极强的技术的合理性，同时又不断声称他们遵守保护规范。

范的开放性，他们也能够继续声称遵守规范。[1]在一本经典著作中，迭戈·甘贝塔（Diego Gambetta）指出了西西里黑手党成员在违反规范的同时，又宣称自己忠于同一规范。[2]在一本关于监狱帮派的书中，戴维·斯卡贝克（David Skarbeck）指出了帮派成员表现出的"明显的虚伪"，他们在实际无视规范的同时，宣称拥护同一规范。[3]斯莱德（Slade）同样观察到，俄罗斯黑手党内部紧密联系的精英团体——律贼（vory-v-zakone），是如何"保持着一种双重思维，在口头上支持原始规范的同时，却肆意破坏它"的。[4]他引用了一个黑手党成员的例子，这与上述"贤人会议"非常相似，该成员批评另一名帮派成员维持"不偷盗"的生活方式，但他自己也同样如此行事。[5]卡斯·桑斯坦（Cass Sunstein）还虚构了约翰·琼斯（John Jones）的例子，约翰·琼斯是加利福尼亚州的一位环保主义者，但他却不回收自己的垃圾。[6]为什

---

[1] 比基耶里、马尔登和桑托索注意到了特恩布尔所举的例子，伊克人（Ik people）不厌其烦地避免一起打猎，以避免遵守会导致他们分享战利品的合作规范。见 C. Bicchieri, R. Muldoon and A. Sontuoso, 'Social Norms' in E. N. Zalta (ed.), *The Stanford Encyclopedia of Philosophy* (2018), 见 https://plato.stanford.edu/entries/social-norms/（最后访问时间为 2020 年 11 月 27 日）。然而，伊克人更强大的规范似乎是个人主义而非互惠主义的，而打猎者的行为实际上符合这一规范。见 T. M. Turnbull, *The Mountain People* (New York, Simon & Schuster, 1972), 238-239。

[2] D. Gambetta, *The Sicilian Mafia*, 118-126。

[3] D. Skarbeck, *The Social Order of the Underworld*, 128.

[4] G. Slade, 'No Country for Made Men: The Decline of the Mafia in Post-Soviet Georgia' (2012) 46 *Law & Society Review*, 623, 643-644.

[5] ibid., 643.

[6] C. R. Sunstein, 'Social Norms and Social Roles' (1996) 96 *Columbia Law Review*, 903, 907.

么个人会违反他们坚信的社会规范呢？这个问题的答案在于社会规范的性质。社会规范具有开放性和刚性，最终导致了私人治理机制的制度性精神分裂。个人引用相同的规范，同时以符合个人实践的方式来解释这些规范。因此对个人来说，很容易证明其实践没有违反原本应遵守的规范。

因此，渔民群体目前完全缺乏监管，尽管存在强有力的社会规范，但规范的效力正不断贬损。这种情况让人想起了涂尔干在《社会分工论》(*The Division of Labor in Society*)著名章节所描述的情况。[1]涂尔干展现了一种社会"病态"，它以"有机团结"（organic solidarity）的消亡为特征。[2]他将这种情况称为"失范"（anomie），将其描述为"人性的堕落"。[3]涂尔干将失范定义为"社会机体之间的关系不受规范调节"的情况。[4]涂尔干认为，在一个失范的社会中，社会行动者不再是

> 一有机体的活细胞，通过与相邻细胞的接触而不断移动，运动对相邻细胞起作用，相邻细胞对其行为做出反应，根据需要和环境进行自我延伸、收缩、屈服和转化。[5]

马赛的渔民社区与涂尔干的失范社会有相似之处。渔民

---

[1] E. Durkheim, *The Division of Labor in Society* (Glencoe, IL, The Free Press of Glencoe, 1960), 291-308.
[2] ibid., 291.
[3] ibid., 307.
[4] ibid., 304.
[5] ibid., 306.

越来越个人主义，似乎无须遵守任何规则。当被问及如何解决社区中的争端时，一位渔民告诉我，他们"争吵不休"。然而，涂尔干对失范社会的描述与马赛渔民社区的现状之间存在根本区别。尽管渔民在相互交往中似乎无须遵守任何规则，但他们仍然援引史料所证实的共同古老规范。换句话说，渔民生活在一个不受监管的泡沫中，同时又宣称尊重长期存在的社会规范。因此，与涂尔干所描述的情况进行类比的做法是有局限性的。与其说马赛的渔民生活在一个"失范"的社会中，倒不如说他们生活在一个"平行失范"（paranomie）的社会中，在那里，持续存在的社会规范被现实所掩盖。"平行失范"的社会是精神分裂的，因为它们建立在一个坚实的规范基础之上，但却不断被社会实践所抵触。社会不受规范监管，但其成员继续援用共同的社会规范。

"贤人会议"的个案研究表明，私人秩序的想象力和发挥空间可能受到其自身的社会规范的阻碍。因此，基于社会规范的私人治理可以对社会变化进行反馈的论点似乎是不完整的。[1] 社会规范确实在演变，但它们的演变比社会实践更慢，强度也更小。社会实践变化的速度和强度，与社会规范变化的速度和强度之间的差距，是分析私人秩序的演变的关键。当这种差距太大时，社会规范就变成了口头禅，社会行

---

[1] 例如，这一论点隐含在埃里克森的"规范的内容"（content of norms）理论中（该理论实际上是关于"规范的形成"的理论）。埃里克森认为，社会规范不是"外生的"，而是出现在满足特定条件的社会中（典型的是他所定义的紧密联系的群体）。即使在缺乏埃里克森所指出的条件的情形下，社会规范仍然存在，这表明，规范可能比他在研究中所假设的更具黏性，更难以追溯到独立变量。见 Ellickson, *Order without Law*, ch 10。

动者嘴上说说，实际上却不遵守。社会规范和实践之间的差距越大，私人治理体系的有效性就越低。这一差距并不持续存在，在经历了巨大变化之后，社会实践会恢复原来的状态。托克维尔（Tocqueville）在《旧制度与大革命》（*The Ancien Régime and the Revolution*）中给出了一个著名的例子，书中描述了法国大革命之后中央集权国家和强权政府的复兴。[1] 另一个例子是，在1954年最高法院对布朗诉托皮卡教育委员会案（*Brown v Board of Education of Topeka*）做出裁决之后，由于"社会和文化限制"，种族隔离在美国南部持续存在，这种情况直到今天仍然存在。[2] 根据这些观察，我得出了第二个主张：规范的刚性与其灵活的含义之间的紧张关系，可能在社会规范和实践之间产生差距，从而破坏私人治理的有效性。

社会规范的性质

前述两个主张让我们重新思考一个关于社会规范性质的重要辩论。规范是社会实践的产物，还是个人信念的反映？最近关于私人治理的学术成果倾向于将社会规范与主流的社会实践等同起来。在这种观点中，规范产生于社会实践，它们只是反映了社会实践。正如本书关于私人治理理论的介绍所指出的，

---

[1] A. de Tocqueville, *The Ancien Régime and the Revolution* (Cambridge, Cambridge University Press, 2011).

[2] G. N. Rosenberg, *The Hollow Hope: Can Courts Bring About Social Change?*, 2nd edn (Chicago, IL, The University of Chicago Press, 1991), 82–85.

这一观点出现在一些关于社会生活的研究中。[1]例如，它在波斯纳关于社会规范的书中是显而易见的[2]，他认为规范是"不断变化"的"纯粹的行为规律性"（mere behavioral regularity）。[3]波斯纳通过"信号"（signalling）机制举例说明了社会规范和实践之间的联系。[4]在他的解释中，当多数个人遵守社会规范时，社会规范就会变得普遍，导致那些"表现出"他们不遵守规范的人受到排斥。[5]波斯纳给出了以下通过"信号"产生的社会规范的例子：

> 我曾在一篇文章中提出，一个人把头发梳向哪一侧是任意的，而本书的编辑告诉我，当他还是个孩子的时候，在英国，男孩把头发梳向一边，女孩梳向另一边，任何背离这一规范的男孩都会立即被视为"娘娘腔"而遭到排挤。[6]

这个例子说明了社会规范和实践之间产生的潜在混淆。把头发梳向一边的做法本身并不是一种社会规范。波斯纳所描述的"信号"不是来自头发梳向一边的"行为规律性"，

---

[1] 例见 Shitong Qiao, *Chinese Small Property*, 186。文中主张中国的财产规范比法律更能响应社会变化。
[2] E. A. Posner, *Law and Social Norms* (Cambridge, MA, Harvard University Press, 2000).
[3] ibid., 7-8.
[4] ibid., 34.
[5] ibid., 26.
[6] ibid., 24-25.

而是来自更根深蒂固的信念,即将异性恋视为男子气概的标志。这一信念并不是简单地由"行为规律性"决定的,而是由更深层次的社会标志所框定的,不管是宗教的、文化的还是其他方面的。在波斯纳的例子中,确定把头发梳向"男孩一边"的女孩是否遭受了和男孩一样的"信号效应",这是个很有趣的话题(我的直觉是她们没有)。

换句话说,将社会规范视为一种"行为规律性"的观点忽视了这样一个事实,即社会规范诉诸个人的内在信念。[1]这些内在信念通常与反复出现的社会行为模式相吻合,但这种吻合是一种相互关系,而不是因果关系。私人治理理论及其理性选择的基础很少涉及信念,当然也无法解释信念的持续存在。[2]事实上,"贤人会议"的例子表明,在规范保持相对稳定的情况下,社会实践是可以演变的。在这项案例研究中,我观察到的制度性精神分裂表明,实践和信念并不像想象的那样联系紧密。将分析扩展到波斯纳给出的例子,我们可以假设,大多数年轻人继续培养恐惧同性恋的信念,但会把头发梳向任意两边。社会实践在演变,但它们的基本规范(即关于异性恋的根深蒂固的信念)保持不变。换句话说,社会实践并不总是反映社会信念。桑斯坦在这一辩论中指出了他所谓的"公共行为(包括言论)和私人思想之间的

---

[1] 这个观点由波斯纳明确提出。见 Posner, *Law and Social Norms*, 25。
[2] 见 R. Boudon, 'The "Cognitivist Model": A Generalized "Rational-Choice Model" ' (1996) 8 *Rationality and Society*, 123, 124。

分离"。[1]桑斯坦特别指出，个人支持一种社会规范，可能不是因为他们相信这项规范，而是因为他们害怕不遵守规范就会受到制裁。这种脱节通常体现为对于规范的妥协。事实上，本书中的分析并不完全否认社会规范的演变能力，例如当"规范企业家"（norm entrepreneurs）设法导致信念的演变时。[2]然而，我的分析强调了社会规范的刚性，以及社会规范的含义比社会规范宣称的术语名称更容易演变的这一事实。例如，不管是打着宣扬"独立但平等"原则的幌子，还是在反对歧视时，个人都会宣称他们坚持平等规范。换句话说，由于社会规范的开放性，对其含义的解释具有极强的灵活性，但社会规范的刚性在其制定过程中也留下了深刻的烙印。与此相关的问题是这些规范的可塑性，即规范是否与个人不断变化的利益相一致，还是始终保持其基本特征？相比学术辩论得出的结论，我的实证材料所给出的答案更加微妙。随着时间的推移，渔民的社会规范表现出珍贵的延续性，但渔民们扭曲了它们的含义，以使其更好地符合个人利益。这些规范约束着个人的活动，反映其内心信念，但它们只是社会行动的一种驱动力——这种驱动力可能优于其他驱动力，也可能不优于其他驱动力。这些思考有关我的第三个主张：社会规范不仅仅是行为规律性的问题，更重要的是，它是内心信念的反映。

---

［1］Sunstein, 'Social Norms and Social Roles', 929–930.
［2］ibid., 929. 另见N. Fligstein and D. McAdam, *A Theory of Fields* (Oxford, Oxford University Press, 2012), 28。

结　论

关于私人治理的学术研究认为社会规范具有许多优点。根据这项研究，规范是灵活的、自发的、易于执行且成本低廉的，能够保持精简、响应社会需求、提高经济效率。与规范相比，法律就相形见绌了：法律对社会现实视而不见，屈从于法律体系的刚性，而且成本高昂。

本书所考察的案例研究证实了其中一些论点。几个世纪以来，由马赛渔民建立的私人治理体系一直具有非凡的弹性。它经历了多次政权的更迭、统一法律体系下国家权力的集中化以及影响渔民活动的社会变革。"贤人会议"提供了通常与正式法律体系相关联的治理功能。然而，这一案例研究也突出了作为私人治理体系的"贤人会议"所依据的社会规范的局限性。社会规范的名称具有刚性，但其含义富有开放性，这极大地限制了私人秩序的演进。规范具有过强的刚性而无法维持想象的力量，又过于开放而无法解决分散的监管问题。由于马赛渔业的社会规范富有开放性，能够容纳不同的实践（同时在渔民群体中始终如一地构建社会辩论），"贤人会议"逐渐发现自己无法监管明显违反其社会规范的行为。即使规范的含义可以用截然不同的方式解释，规范的表述却很少发生变化。

通过对"贤人会议"的日常一瞥，本书希望为研究私人治理的优势提供新的视角。在这一过程中，本书展现了法律和规范之间的区别，它为关于私人治理的文献提供了论证基础，但它可能并不像通常所认为的那样有意义。[1]事实上，这种区分在法律和社会之间造成了一道人为的墙。拆除这堵墙意味着要考虑法律的本来面目，即它是社会的组成部分。[2]此外，规范和法律之间的分离忽视了这两个范畴之间的一些重要重叠。例如，我们可以观察到社会法律规范对关于宪法的法律辩论的持久影响。事实上，宪法原则与社会规范有许多共同的特征：它们是一成不变的（至少在自由民主国家是如此），但它们也为自己提供了创造性的、可能产生分歧的解释。宪法规范一直要求制定比社会规范更窄、更容易改变的规则。另一个相关的例子是渗透到私法领域的"善意"（good faith）、"尽最大努力"（best effort）或"合同神圣不可侵犯"（the sanctity of contracts）等标准。这些原则具有社会规范的基本特征：它们适用于多种解释，但它们的存在是牢固地植根于法律体系的。例如，法国合同法似乎不太可能废除"善意"的概念，尽管这一概念的内容可能会随着时间的推移而演变（并且事实上已经演变）。未来研究的另一个方向涉及规范在这些法律体系的结构和维护中的重要性。希望其他学者将承担

---

[1] 例如，这一区别在法律对于社会规范的影响上是明显的，见 Sunstein, 'Social Norms and Social Roles', 967; D. M. Kahan, 'Gentle Nudges vs Hard Shoves: Solving the Sticky Norms Problem' (2000) 67 *The University of Chicago Law Review*, 607；或见社会规范对于法律的影响（Qiao, *Chinese Small Praperty*,182）。这点在莱斯格关于网络空间治理的著名分析中已有明显体现，见 L. Lessig, *Code version 2.0* (New York, NY , Basic Books, 2006), 123。

[2] B. Latour, *The Making of Law: An Ethnography of the Conseil d'Etat* (Cambridge, Polity Press, 2010), 262. 有人甚至会说，继涂尔干之后，法律分析应该是社会科学家的任务。见 M. Fournier, *Emile Durkheim: A Biography* (Cambridge, Polity Press, 2013), 522。

起这一任务。

一言以蔽之,渔民社区通过增加规则制定功能来赋予社会规范以具体含义,就此创造了"贤人会议"。这些功能的衰落并没有影响社会规范的弹性,而"贤人会议"就植根于社会规范之中。规范是一种伟大的存在,它灌溉、构建甚至管理着整个社区,但它也是一种僵化的因素,限制了社区的演进。

参考文献

书籍和文章

Abulafia, O., *The Great Sea: A Human History of the Mediterranean* (London, Penguin Books, 2014).

Acheson, J. M. *The Lobster Gangs of Maine* (Lebanon, University Press of New England, 1988).

——, *Capturing the Commons* (Lebanon, University Press of New England, 2003).

Aelian, *On the Characteristics of Animals*, vol 3 (Cambridge, MA, Harvard University Press, 1959).

Agrawal, A., 'Sustainable Governance of Common Resources: Context, Method, and Politics' (2003) 32 *Annual Review of Anthropology*, 253.

Arnold, Z. C. M., 'Against the Tide: Connecticut Oystering, Hybrid Property, and the Survival of the Commons' (2015) 124 *The Yale Law Journal*, 1206.

Aviram, A., 'A Paradox of Spontaneous Formation: The Evolution of Private Legal Systems' (2004) 22 *Yale Law & Policy Review*, 1.

——, 'Forces Shaping the Evolution of Private Legal Systems' in Zumbansen, P. and Calliess, G. P. (eds.), *Law, Economics and Evolutionary Theory* (Cheltenham, Edward Elgar Publishing, 2011).

——, 'Path Dependence in the Development of Private Ordering' (2014) 1 *Michigan State Law Review*, 29.

Axelrod, R., 'An Evolutionary Approach to Norms' (1986) 80 *The American Political Science Review*, 1095.

——, *The Evolution of Cooperation* (New York, Penguin Books, 1990).

Baudrillart, J. J., *Traité général des eaux et forêts, chasses et pêches*, vol IX (Paris, Librairie d'Arthus Bertrand, 1827).

Berge, E. and van Laervohen, F., 'Governing the Commons for two decades: a complex story' (2011) 5 *International Journal of the Commons*, 160.

Berkes, F., 'Local-level management and the Commons Problem' (1986) 10 *Marine Policy*, 215.

Bermann, P. S., 'The New Legal Pluralism' (2009) 5 *Annual Review of Law and Social Science*, 225.

Bernstein, L., 'Opting out of the Legal System: Extralegal Contractual Relations in the Diamond Industry' (1992) 21 *The Journal of Legal Studies*, 115.

——, 'Merchant Law in a Merchant Court: Rethinking the Code's Search for Immanent Business Norms' (1996) 144 *University of Pennsylvania Law Review*, 1765.

——, 'Private Commercial Law in the Cotton Industry: Creating Cooperation through Rules, Norms, and Institutions' (2001) 99 *Michigan Law Review*, 1724.

——, 'Beyond Relational Contracts: Social Capital and Network Governance in Procurement Contracts' (2015) 7 *Journal of Legal Analysis*, 561.

——, 'Contract Governance in Small-World Networks: The Case of the Maghribi Traders' (2019) 113 *Northwestern University Law Review*, 1009.

Bernstein, L., Morrisson, A. and Ramseyer, J. M., 'Private Orderings' (2015) 7 *Journal of Legal Analysis*, 247.

Bicchieri, C., *Norms in the Wild: How to Diagnose, Measure, and Change Social Norms* (Oxford, Oxford University Press, 2017).

Bicchieri, C., Muldoon, R. and Sontuoso, A., 'Social Norms' in Zalta, E. N. (ed.), *The Stanford Encyclopedia of Philosophy* (2018).

Bijker, W. E., Hughes, T. P. and Pinch, T. (eds.), *The Social Construction of Technological Systems: New Directions in the Sociology and History of Technology* (Cambridge, MA, The MIT Press, 2012).

Billioud, J., 'La pêche au thon et les madragues de Marseille' (1955) 26 *Marseille: Revue municipal*, 3.

Bosc, Y., 'La prud'homie des patrons-pêcheurs de Marseille pendant la Révolution française', unpublished.

Boudon, R., 'The "Cognitivist Model": A Generalized "Rational-Choice Model" ' (1996) 8 *Rationality and Society*, 123.

Bouyala d'Arnaud, A., *Evocations du Vieux Marseille* (Paris, Les Editions de Minuit, 1959).

Braudel, F., *The Mediterranean and the Mediterranean World in the Age of Philip II*, vol 1 (Berkeley, CA, University of California Press, 1972).

——, *The Mediterranean and the Mediterranean World in the Age of Philip II*, vol 2 (Berkeley, CA, University of California Press, 1973).

Brin, E., *Le Corps et communauté des patrons pêcheurs de Marseille des origines à la Révolution* (Nogent-le-Rotrou, Daupeley Gouverneur, 1942).

Buti, G., 'Résonances urbaines de conflits de pêche en Provence' (2000) 202 *Provence historique*, 439.

Calafat, G., *Une Mer Jalousée: Contribution à l'histoire de la souveraineté (Méditerranée, XVIIe siècle)* (Paris, Seuil, 2019).

Cam, P., *Les Prud'hommes: Juges ou Arbitres? Les fonctions sociales de la justice du travail* (Paris, Presses de la Fondation Nationale des Sciences Politiques, 1981).

Canova-Green, M. C., 'L'entrée de Louis XIII dans Marseille le 7 novembre 1622' (2001) 212 *Dix-septième Siècle*, 521.

Charbonnel, E., Harmelin, J. G., Carnus, F., Le Direac'h, L., Ruitton, S., Lenfant, P. and Beurois, J., 'Artificial Reefs in Marseille (France, Mediterranean Sea): From Complex Natural Habitats to Concept of Efficient

Artificial Reef Design' (2011) 59 *Brazilian Journal of Oceanography*, 177.

Charny, D., 'Illusions of a Spontaneous Order: "Norms" in Contractual Relationships' (1996) 144 *University of Pennsylvania Law Review*, 1841.

Cheyette, F. L., 'Suum cuique tribuere' (1970) 6 *French Historical Studies*, 287.

Clair, S. (ed.), *Marseille: Archives Remarquables* (Marseille, Nouvelles Editions Loubatières, 2016).

Clay, K., 'Trade Without Law: Private-Order Institutions in Mexican California' (1997) 13 *Journal of Law, Economics, and Organization*, 202.

Coleman, J. S., 'Social Capital in the Creation of Human Capital' (1988) *American Journal of Sociology*, S95.

——, *Foundations of Social Theory* (Cambridge, MA, Harvard University Press, 1990).

Cooter, R. D., 'Three Effects of Social Norms on Law: Expression, Deterrence, and Internalization' (2000) 79 *Oregon Law Review*, 1.

Crémieux, A. D., *Le VI^{me}Livre des Statuts de Marseille* (Aix-en-Provence, F Chauvet, 1917).

——, *Marseille et la Royauté pendant la Minorité de Louis XIV (1643–1660)* (Paris, Librairie Hachette et Cie, 1917).

De Keyzer, M., ' Common challenges, different fates. The causal factors of failure or success in the commons: The pre-modern Brecklands (England) and the Campine (Southern Low Countries) compared' in Haller, T., Breu, T., de Moor, T., Rohr, R. and Heinzpeter, Z. (eds.), *The Commons in a Glocal World: Global Connections and Local Responses* (Abingdon, Routledge, 2019).

De Moor, T., *The Dilemma of the Commoners: Understanding the Use of Common-Pool Resources in Long-Term Perspectives* (Cambridge, Cambridge University Press, 2015).

Demsetz, H., 'Toward a Theory of Property Rights' (1967) 57 *The American*

Economic Review, 347.

De Nicolo, M. L., 'Recherches sur l'histoire de la pêche en Méditerranée: Tartanes de Provence, tartanes de Vénétie, trabacs, modèles adriatiques pour la pêche à la traîne et le petit cabotage (XVIIe–XVIIIe siècles)' (2012) 84 *Cahiers de la Méditerranée*, 309.

de Ruffi, A., *Histoire de la ville de Marseille* (Marseille, Claude Garcin, 1642).

Dixit, A. K., *Lawlessness and Economics: Alternative Modes of Governance* (Princeton, NJ, Princeton University Press, 2004).

Doumengue, F., 'L'histoire des pêches thonières' (1998) 50 *Collective Volume of Scientific Papers (ICCAT)*, 753.

Drahozal, C.R., 'Private Ordering and International Commercial Arbitration'(2008-2009) 113 *Penn State Law Review*, 1031.

Duhamel du Monceau, M., *Traité Général des Pêches*, vol 1 (Paris, Saillant & Nyon, 1769).

——, *Traité Général des Pêches*, vol 2 (Paris, Saillant & Nyon, 1772).

Durkheim, E., *The Division of Labor in Society* (Glencoe, IL, The Free Press of Glencoe, 1960).

Dworkin, R., *Taking Rights Seriously* (Cambridge, MA, Harvard University Press, 1977).

Edelman, L. B., 'Rivers of Law and Contested Terrain: A Law and Society Approach to Economic Rationality' (2004) 38 *Law & Society Review*, 181.

Eisenberg, M. A., 'Private Ordering Through Negotiation: Dispute-Settlement and Rulemaking' (1976) 89 *Harvard Law Review*, 637.

Ellickson, R. C., 'A Hypothesis of Wealth-Maximizing Norms: Evidence from the Whaling Industry' (1989) 5 *Journal of Law, Economics, and Organization*, 83.

——, 'Bringing Culture and Human Frailty to Rational Actors: A Critique of Classical Law and Economics' (1989) 65 *Chicago-Kent Law Review*, 23.

——, *Order without Law: How Neighbors Settle Disputes* (Cambridge, MA,

Harvard University Press, 1991).

——, 'Property in Land' (1993) 102 *The Yale Law Journal*, 1314.

——, 'Law and Economics Discovers Social Norms' (1998) 27 *The Journal of Legal Studies*, 537.

——, 'The Market for Social Norms' (2001) 3/1 A*merican Law and Economics Review*, 1.

——, 'The Evolution of Social Norms: A Perspective from the Legal Academy' in Hechter, M. and Hopp, K. D. (eds.), *Social Norms* (New York, Russel Sage Foundation, 2001).

——, *The Household: Informal Order Around the Hearth* (Princeton, NJ, Princeton University Press, 2007).

——, 'When Civil Society Uses an Iron Fist: The Roles of Private Associations in Rulemaking and Adjudication' (2016) 18/2 *American Law and Economics Review*, 235.

Ellis, R., *Tuna: Love, Death and Mercury* (New York, Vintage Books, 2009).

Elster, J., *The Cement of Society: A Study of Social Order* (Cambridge, Cambridge University Press, 1989).

——, 'Rational Choice History: A Case of Excessive Ambition' (2000) 94 *The American Political Science Review*, 685.

Emran, O. and Abraïni, J. L., *Dans le Jardin des Pêcheurs* (Marseille, Editions Gramond-Ritter, 2007).

Epstein, L. and Knight, J., 'Building the Bridge from Both Sides of the River: Law and Society and Rational Choice' (2004) 38 *Law & Society Review*, 207.

Escard, F., *Corporation et Prud'homie des Pêcheurs de Martigues* (Evreux, Herissey, 1896).

Fabre, A., *Les Rues de Marseille*, vol 2 (Marseille, E Camoin, 1867).

Fagan, D., *Fishing: How the Sea Fed Civilization* (New Haven, CT, Yale University Press, 2017).

Faget, D., *Marseille et la mer: Hommes et environnement marin (XVIIIe–XXe siècle)* (Rennes, Presses universitaires de Rennes, 2011).

——, 'Maîtres de l'onde, maîtres des marchés et des techniques: les migrants catalans à Marseille au XVIIIe siècle (1720–1793)' (2012) 84 *Cahiers de la Méditerranée*, 159.

——, *L'écaille et le banc: Ressources de la mer dans la Méditerranée moderne XVIe–XVIIIe siècle* (Aix-en-Provence, Presses universitaires de Provence, 2017).

Faget, D. and Sternberg, M. (eds.), *Pêches méditerranéennes: Origines et mutations Protohistoire–XXIe siècle* (Paris, Karthala, 2015).

Falk Moore, S., 'Law and Social Change: The Semi-Autonomous Social Field as an Appropriate Subject of Study' (1973) 7 *Law & Society Review*, 719.

Fancello, P. and Rossi-Idoux, F., *Marseille des Pêcheurs: A la rencontre d'un patrimoine vivant menace* (Aix-en-Provence, Edisud, 2002).

Farrugio, H., 'Données historiques sur les anciennes madragues françaises de Méditerranée' (2012) 67 *Collective Volume of Scientific Papers (ICCAT)*, 112.

Feldman, E. A., 'The Tuna Court: Law and Norms in the World's Premier Fish Market' (2006) 94 *California Law Review*, 313.

Féral, F., 'Un phénomène de décentralisation contestée: Les Prud'homies de Pêcheurs de Méditerranée' (1986) 133/134 *Economie Méridionale*, 95.

——, 'Un hiatus dans l'administration et la politique des pêches maritimes: les prud'homies de pêcheurs en Méditerranée' (1987) 34 *Norois*, 355.

Ficetola, M., *Il était une fois … Saint-Jean: La 'Petite Naples' Marseillaise, avant son Dynamitage en 1943* (Marseille, Massaliotte Culture, 2018).

Fishburne Collier, J., *Law and Social Change in Zinacantan* (Stanford, CA, Stanford University Press, 1973).

Fligstein, N. and McAdam, D., *A Theory of Fields* (Oxford, Oxford University Press, 2012).

Fromentin, J. M., 'Lessons from the past: investigating historical data from bluefin tuna fisheries' (2009) 10 *Fish and Fisheries*, 197.

Galanter, M., 'Justice in Many Rooms: Courts, Private Ordering, and Indigenous Law' (1981) 19 *Journal of Legal Pluralism*, 1.

Gambetta, D., *The Sicilian Mafia: The Business of Private Protection* (Cambridge, MA, Harvard University Press, 1993).

Garau, V. F., *Traité de pêche maritime pratique illustré et des industries secondaires en Algérie* (Algiers, Imp P Crescenzo, 1909).

Geertz, C., 'The Bazaar Economy: Information and Search in Peasant Marketing' (1978) 68 *The American Economic Review*, 28.

Gluckman, M., *The Judicial Process among the Barotse of Northern Rhodesia (Zambia)* (Manchester, Manchester University Press, 1955).

Goldberg, J. L., *Trade and Institutions in the Medieval Mediterranean: The Geniza Merchants and their Business World* (Cambridge, Cambridge University Press, 2012).

Gourret, P., *Considérations sur la Faune Pélagique du Golfe du Marseille* (Paris, Cayer, 1884).

——, *Les pêcheries et les poissons de la Méditerranée (Provence)* (Paris, Librairie J.-B. Baillère et Fils, 1894).

——, *Provence des Pêcheurs* (Nice, Serre, 1981).

Grancher, R., 'Les Usages de la Mer: Droit, Travail et Ressources dans le Monde de la Pêche à Dieppe (Années 1720–Années 1820)', unpublished.

——, 'Les communs du rivage: L'Etat, les riverains et l'institution juridique des grèves de la mer (Manche, XVIIIe–XIXe siècle)' in Locher (ed.), *La nature en communs: Ressources, environnement et communautés (France et Empire français, XVIIe–XXe siècle)* (Ceyzérieu, Champ Vallon, 2020).

Granovetter, M., 'Economic Action and Social Structure: The Problem of Embeddedness' (1985) 91 *American Journal of Sociology*, 481.

——, *Society and Economy: Framework and Principles* (Cambridge, MA,

Harvard University Press, 2017).

Greif, A., *Institutions and the Path to the Modern Economy: Lessons from Medieval Trade* (Cambridge, Cambridge University Press, 2006).

——, 'The Maghribi Traders: A Reappraisal?' (2012) 65 *The Economic History Review*, 445.

Grisel, F., 'Treaty-Making between Public Authority and Private Interests: The Genealogy of the Convention on the Recognition and Enforcement of Foreign Arbitral Awards' (2017) 28 *European Journal of International Law*, 73.

——, 'Managing the fishery commons at Marseille: How a medieval institution failed to accommodate change in an age of globalization' (2019) 20 *Fish and Fisheries*, 419.

——, 'How Migrations Affect Private Orders: Norms and Practices in the Fishery of Marseille' (2021) 55 *Law & Society Review*, 177.

——, 'Arbitration as a Dispute Resolution Process: Historical Developments' in Björklund, A., Ferrari, F. and Kröll, S. (eds.), *Cambridge Compendium of International Commercial and Investment Arbitration* (Cambridge, Cambridge University Press, forthcoming).

——, 'The Private-Public Divide and its Influence over French Arbitration Law: Tradition and Transition', unpublished.

Gueroult du Pas, P. J., *Recueil de vues de tous les différens bastimens de la Mer Mediterranée et de l'Ocean avec leurs noms et usages* (Paris, Pierre Giffart, 1710).

Habermas, J., *Between Facts and Norms: Contributions to a Discourse Theory of Law and Democracy* (Cambridge, MA, The MIT Press, 1996).

Hammel, C. J., *Observations sur les Pêches et les Pêcheurs de la Méditerranée* (Marseille, Feissat Aîné et Demonchy, 1831).

Hardin, G., 'The Tragedy of the Commons' (1968) 162 *Science*, 1243.

Hayek, F. A., *On Law, Legislation and Liberty: Rules and Order*, vol 1 (London, Routledge, 1982).

Hopkins, A. G., *Globalisation in World History* (London, Random House, 2002).

Imbert, G., Laubier, L., Malan, A., Gaertner, J. C. and Dekeyser, I., *La Thonaille ou Courantille Volante*, Final Report to the Conseil Régional PACA (30 September 2017).

Jolls, C., Sunstein, C. and Thaler, R., 'A Behavioral Approach to Law and Economics' (1998) 50 *Stanford Law Review*, 1471.

Kahan, D. M., 'Gentle Nudges vs Hard Shoves: Solving the Sticky Norms Problem' (2000) 67 *The University of Chicago Law Review*, 607.

Kaiser, W., *Marseille au Temps des Troubles: Morphologie sociale et luttes de factions (1559–1596)* (Paris, EHESS, 1991).

Katz, E. D., 'Private Order and Public Institutions' (2000) 98 *Michigan Law Review*, 2481.

Kennelly, S. J. and Broadhurst, M. K., 'By-catch begone: changes in the philosophy of fishing technology' (2002) 3 *Fish and Fisheries*, 340.

Komesar, N. K., *Imperfect Alternatives: Choosing Institutions in Law, Economics and Public Policy* (Chicago, IL, The University of Chicago Press, 1994).

Kramer, R. M., 'Trust and Distrust in Organizations: Emerging Perspectives, Enduring Questions' (1999) 50 *Annual Review of Psychology*, 569.

Kurc, G., 'La pêche à la lumière en Atlantique' (1963) 113 *Science et Pêche*, 1.

Landa, J. T., 'A Theory of the Ethnically Homogeneous Middleman Group: An Institutional Alternative to Contract Law' (1981) 10 *The Journal of Legal Studies*, 349.

Lapierre, M., *Les Prud'hommes Pêcheurs Marseillais* (Aix-en-Provence, F. Chauvet, 1938).

Lara, A., 'Rationality and complexity in the work of Elinor Ostrom' (2015) 9/2 *International Journal of the Commons*, 573.

Latour, B., *Reassembling the Social: An Introduction to Actor-Network-Theory*

(Oxford, Oxford University Press, 2006).

——, *The Making of Law: An Ethnography of the Conseil d'Etat* (Cambridge, Polity Press, 2010).

Lefebvre, J. L., 'Prud'hommes et bonnes gens dans les sources flamandes et wallonnes du Moyen Age tardif ou l'éligibilité dans la fonction publique médiévale' (2002) 2 *Le Moyen Age*, 253.

Leley, K., Pelletier, D., Charbonnel, E., Letourneur, Y., Alban, F., Bachet, F. and Boudouresque, C. F., 'Métiers, efforts and catches of a Mediterranean small-scale coastal fishery: The case of the Côte Bleue Marine Park' (2014) 154 *Fisheries Research*, 93.

Leonard, R., *Von Neumann, Morgenstern, and the Creation of Game Theory* (Cambridge, Cambridge University Press, 2010).

Lijphart, A., 'Comparative Politics and the Comparative Method' (1971) 65 *The American Political Science Review*, 682.

Lord Smail, D., *The Consumption of Justice: Emotions, Publicity, and Legal Culture in Marseille, 1264–1423* (Ithaca, NY, Cornell University Press, 2003).

Luetz de Lemps, A., 'Pêcheurs algériens' (1955) 30 *Cahiers d'outre-mer*, 161.

Mabile, S., 'L'institution prud'homale en Méditerranée: Une analyse juridique', unpublished.

Macaulay, S., 'Non-Contractual Relations in Business: A Preliminary Study' (1963) 28 *American Sociological Review*, 55.

Maggio, T., *Mattanza: The Ancient Sicilian Ritual of Bluefin Tuna Fishing* (Harmondsworth, Penguin Books, 2000).

Marion, A. F., *Draguages au Large de Marseille* (Paris, G Masson, 1879).

——, *Esquisse d'une topographie zoologique du Golfe de Marseille* (Marseille, Cayer & Cie, 1883).

Marzagalli, S., 'Maritimity: How the Sea Affected Early Modern Life in the Mediterranean World' in Dabag, M., Haller, D., Jaspert, N. and

Lichtenberger, A. (eds.), *New Horizons: Mediterranean Research in the 21st Century* (Paderborn, Ferdinand Schöningh, 2016), 309.

Maurin, C., 'Situation de la pêche à la sardine dans la région Marseillaise' (1965) 143 *Science et Pêche*, 1.

McMillan, J. and Woodruff, C., 'Dispute Prevention Without Courts in Vietnam' (1999) 14 *Journal of Law, Economics, and Organization*, 637.

McMillan, J. and Woodruff, C., 'Order under Dysfunctional Public Order' (2000) 98 *Michigan Law Review*, 2421.

Méry, L. and Guindon, F., *Histoire analytique et chronologique des actes et des délibérations du corps et du conseil de la municipalité de Marseille depuis le Xème siècle jusqu'à nos jours,* vol 1 (Marseille, Feissat Aîné et Demonchy, 1841).

——, *Histoire analytique et chronologique des actes et des délibérations du corps et du conseil de la municipalité de Marseille depuis le Xème siècle jusqu'à nos jours*, vol 5 (Marseille, Feissat Aîné et Demonchy, 1847).

Merry, S. E., 'Legal Pluralism' (1988) 22/5 *Law & Society Review*, 869.

Milgrom, P. R., North, D. C. and Weingast, B. R., 'The role of institutions in the revival of trade: the law merchant, private judges and the Champagne fairs' (1990) 2 *Economics and Politics*, 1.

Milhaupt, C. J. and West, M. D., 'The Dark Side of Private Ordering: An Institutional and Empirical Analysis of Organized Crime' (2000) 67 *University of Chicago Law Review*, 41.

Mille, J., *Les calanques et massifs voisins: Histoire d'une cartographie 1290– XXe siècle* (Turriers, Transfaire, 2015).

Milza (ed.), *Les Italiens en France de 1914 à 1940* (Rome, Ecole française de Rome, 1986).

Mnookin, R. H., 'Divorce Bargaining: The Limits on Private Ordering' (1984– 1985) 18 *Journal of Law Reform*, 1015.

Moore, S. F., 'Law and Social Change: The Semi-Autonomous Social Field as an Appropriate Subject of Study' (1973) 7 *Law & Society Review*, 719.

Moss Kanter, R., *Commitment and Community: Communes and Utopia in Sociological Perspective* (Cambridge, MA, Harvard University Press, 1972).

Mourlane, S. and Regnard, C., *Empreintes Italiennes: Marseille et sa région* (Lyon, Lieux Dits, 2013).

Nash, J., 'Non-cooperative games' (1951), 54 *Annal of Mathematics*, 286.

North, D. C., 'Institutions' (1991) 15 *The Journal of Economic Perspectives*, 97.

——, *Institutions, Institutional Change and Economic Performance* (Cambridge, Cambridge University Press, 1990).

Ogilvie, S., *The European Guilds: An Economic Analysis* (Princeton, NJ, Princeton University Press, 2019).

Olson, M., *The Logic of Collective Action: Public Goods and the Theory of Groups* (Cambridge, MA, Harvard University Press, 1965).

Oppian, *Halieutica or Fishing* (Cambridge, MA, Harvard University Press, 1928).

Ostrom, E., *Governing the Commons: The Evolution of Institutions for Collective Action* (Cambridge, Cambridge University Press, 1990).

——, 'A Behavioral Approach to the Rational Choice Theory of Collective Action' (1998) 92 *The American Political Science Review*, 1.

——, 'Collective Action and the Evolution of Social Norms' (2000) 14 *The Journal of Economic Perspectives*, 137.

——, 'Reformulating the Commons' (2000) 6 *Swiss Political Science Review*, 29.

——, *Understanding Institutional Diversity* (Princeton, NJ, Princeton University Press, 2005).

Ostrom, E., Burger, J., Field, C. B., Norgaard, R. B. and Policansky, D., 'Revisiting the Commons: Local Lessons, Global Challenges' (1999) 284 *Science*, 278.

Ostrom, E., Gardner, R. and Walker, J., *Rules, Games, and Common-Pool Resources* (Ann Arbor, MI, University of Michigan Press, 1994).

Parsons, T., *The Structure of Social Action: A Study in Social Theory with Special Reference to a Group of Recent European Writers* (Glencoe, IL, The Free Press, 1949).

Patania, L., 'Compte-rendu de la campagne expérimentale de pêche au thon au filet tournant au large des côtes de l'est méditerranéen' (1967) 164/165 *Science et Pêche* 17.

——, *Chronique d'un Itinéraire Singulier* (self-published, undated).

Patania, L. and Guillaume, J., *Histoire des Prud'homies de Pêche Varoises, de Leurs Origines à nos Jours* (La Valette-du-Var, Hémisud, 2002).

Pauly, D., Silvestre, G. and Smith, I. R., 'On development, fisheries and dynamite: a brief review of tropical fisheries management' (1989) 3/3 *Natural Resource Modeling*, 307.

Payan d'Augery, C., *Les Prud'hommes Pêcheurs de Marseille et leurs Archives* (Aix-en-Provence, Imprimerie de J. Nicot, 1873).

Peyton Young, H., 'The Evolution of Social Norms' (2015) 7 *Annual Review of Economics*, 359.

Pierchon-Bédry, B., 'Les Prud'hommes pêcheurs en Méditerranée' in Krynen, J. and Gaven, J. C. (eds.), *Les désunions de la magistrature (XIXe–XXe siècles)* (Toulouse, Presses de l'Université de Toulouse 1 Capitole, 2013).

Pirie, F., 'Legal Autonomy as Political Engagement: The Ladakhi Village in the Wider World' (2006) 40 *Law & Society Review*, 77.

Pitcher, T. J., 'Fisheries managed to rebuild ecosystems? Reconstructing the past to salvage the future' (2001) 11 *Ecological Applications*, 601.

Pizzorni-Itié, F., *L'Histoire du fort Saint-Jean* (Marseille, MUCEM, 2014).

Pomey, P., 'Les épaves grecques et romaines de la place Jules-Verne à Marseille' (1995) 2 *Comptes rendus des séances de l'Académie des Inscriptions et Belles-Lettres*, 459.

Portal, F., *La République Marseillaise du XIIIe siècle (1200–1263)* (Marseille, Librairie Paul Ruat, 1907).

Posner, R. A., 'Law, Economics, and Inefficient Norms' (1996) 144 *University of Pennsylvania Law Review*, 1697.

——, 'Social Norms, Social Meaning, and Economic Analysis of Law: A Comment' (1998) 27 *The Journal of Legal Studies*, 553.

——, *Law and Social Norms* (Cambridge, MA, Harvard University Press, 2000).

Qiao, S., *Chinese Small Property: The Co-Evolution of Law and Social Norms* (Cambridge, Cambridge University Press, 2018).

Quiberan de Beaujeu, P., *Louée Soit la Provence* (Arles, Actes Sud, 1999).

Rauch, D., 'Les prud'homies de pêche sous l'Etat français: une spécificité méditerranéenne' (2013) 254 *Provence historique*, 493.

——, *Les prud'homies de pêche en Méditerranée française à l'époque contemporaine* (Nice, Serre Editeur, 2017).

Reynaud, G., 'Du portrait de Louis XIV à l'assomption de la vierge: Deux œuvres perdues de François et Pierre Puget' (1997) 190 *Provence historique*, 587.

Richman, B. D., 'Firms, Courts, and Reputation Mechanisms: Towards a Positive Theory of Private Ordering' (2004) 104 *Columbia Law Review*, 2328.

——, 'How Community Institutions Create Economic Advantage: Jewish Diamond Merchants in New York' (2006) 31 *Law & Social Inquiry*, 383.

——, *Stateless Commerce: The Diamond Network and the Persistence of Relational Exchange* (Cambridge, MA, Harvard University Press, 2017).

Roe Smith, M. and Marx, L. (eds.), *Does Technology Drive History? The Dilemma of Technological Determinism* (Cambridge, MA, The MIT Press, 1994).

Rose, C., 'The impact of Governing the Commons on the American legal academy' (2011) 5 *International Journal of the Commons*, 28.

Rosenberg, G. N., *The Hollow Hope: Can Courts Bring About Social Change?*, 2nd edn (Chicago, IL, The University of Chicago Press, 2008).

Runciman, W. G. and Sen, A. K., 'Games, Justice and the General Will' (1965) 74 *Mind*, 554.

Sagy, T., 'What's So Private about Private Ordering?' (2001) 45 *Law & Society Review*, 923.

Sassen, S., *Territory. Authority. Rights: From Medieval to Global Assemblages* (Princeton, NJ, Princeton University Press, 2006).

Schwarcz, S. L., 'Private Ordering of Public Markets: The Rating Agency Paradox' (2002) 1 *University of Illinois Law Review*, 1.

Scott, J. C., *The Art of Not Being Governed: An Anarchist History of Upland Southeast Asia* (New Haven, CT, Yale University Press, 2009).

Singer, C., Holmyard, E. J., Hall, A. R. and Williams, T. I., *A History of Technology*, vol IV (Oxford, Clarendon Press, 1958).

——, *A History of Technology,* vol V (Oxford, Clarendon Press, 1958).

Singleton, S. and Taylor, M., 'Common Property, Collective Action and Community' (1992) 4 *Journal of Theoretical Politics*, 309.

Skarbek, D., 'Governance and Prison Gangs' (2011) 105 *American Political Science Review*, 702.

——, *The Social Order of the Underworld: How Prison Gangs Govern the American Penal System* (Oxford, Oxford University Press, 2014).

Sportiello, A., *Les pêcheurs du Vieux-Port: Fêtes et Traditions* (Marseille, Jeanne Laffitte, 1981).

Stern, P. C., 'Design principles for global commons: natural resources and emerging technologies' (2001) 5/2 *International Journal of the Commons*, 213.

Stone Sweet, A., 'Judicialization and the Construction of Governance' (1999) 32 *Comparative Political Studies*, 147.

Strahilevitz, L. J., 'Social Norms from Close-Knit Groups to Loose-Knit Groups' (2003) 70 *The University of Chicago Law Review*, 359.

Stringham, E. P., *Private Governance: Creating Order in Economic and Social Life* (Oxford, Oxford University Press, 2015).

Sunstein, C., 'Social Norms and Social Roles' (1996) 96 *Columbia Law Review*, 903.

Tamanaha, B. Z., 'Understanding Legal Pluralism: Past to Present, Local to Global' (2007) 29 *Sydney Law Review*, 375.

Temime, E. (ed.), *Histoire des Migrations à Marseille*, vol 1 (Saint-Rémy-de-Provence, Edisud, 1989).

Tempier, E., *Mode de Régulation de l'Effort de Pêche et le Rôle des Prud'homies: Les Cas de Marseille, Martigues et Le Brusc* (IFREMER, 1985).

Trial, G., 'La Mer et la Pêche en mer sur la côte de Camargue' (1935) 16 *Le Chêne*, 69.

Ulen, T. S., 'Rational Choice and the Economic Analysis of Law' (1994) 19 *Law & Social Inquiry*, 487.

Vandersmissen, J., 'Experiments and Evolving Frameworks of Scientific Exploration: Jean-André Peyssonnel's Work on Coral' in Klemun, M. and Spring, U. (eds.), *Expeditions as Experiments* (London, Palgrave Macmillan, 2016) 51.

Valin, R. J., *Nouveau Commentaire sur l'Ordonnance de la Marine du Mois d'Août 1681*, vol 2 (La Rochelle, Légier et Mesnier, 1760).

Varese, F., *The Russian Mafia: Private Protection in a New Market Economy* (Oxford, Oxford University Press, 2001).

Viaud, R., *Le Syndicalisme maritime français: Les organisations, les hommes, les luttes (1890–1950)* (Rennes, Presses Universitaires de Rennes, 2005).

Von Neumann, J. and Morgenstern, O., *Theory of Games and Economic Behavior*, 3rd edn (Princeton, NJ, Princeton University Press, 1953).

Weber, M., *Economy and Society: An Outline of Interpretive Sociology* (Berkeley, CA, University of California Press, 1978).

Weyrauch, W. O., 'The "Basic Law" or "Constitution" of a Small Group' (1971) 27 *Journal of Social Issues*, 49.

Williamson, O. E., 'Calculativeness, Trust, and Economic Organizations' (1993) 36 *Journal of Law & Economics*, 453.

——, *The Mechanisms of Governance* (Oxford, Oxford University Press, 1996).

视频

Ammar, G. and Mondoulet, M., *Gérard Carrodano, Sentinelle de la Méditerranée* (self-produced, 2012).

Bazin, L., *Le partage des eaux* (Aris, 1994).

档案

Archives départementales des Bouches-du-Rhône (罗讷河口省各部门档案，简写为 DA):

4M2333, 7M239, 9B2, 9B4, 18M29, 250E1, 250E2, 250E3, 250E4, 250E5, 250E6, 250E8, 250E9, 250E10, 250E11, 250E14, 250E15, 250E16, 250E17, 250E18, 250E19, 250E20, 250E21, 250E22, 250E23, 250E25, 250E30, 250E31, 250E32, 250E35, 250E36, 250E39, 250E40, 250E41, 250E57, 250E69, 250E75, 250E76, 250E94, 250E126, 250E147, 250E168, 250E169, 250E177, 250E191, 250E195, 250E196, 250E197, 250E203, 250E207, 250E211, 250E213, 250E216, 250E224, 250E226, 250E227, 250E229, 250E235, 250E243, 250E250, 250E255, 250E256, 250E257, 250E258, 250E273, 250E274, 250E276, 363E177, 366E211, 366E212, B5012, 2225W1, 2225W2, 2331W268, 2331W269, 2331W271, 2331W272, 2331W273, 2331W275, 2331W276, 2331W277, 2331W279, 2331W281,

2331W282, 2331W284, 2331W286, 2331W287, 2331W288, 2331W291, 2331W336, 2331W337, C2335, C2774, C4026, C4027, C4028, C4029, PHI529/1。

Archives de la Chambre de Commerce et d'Industrie de Marseille（马赛市商会档案，简写为 CCI）: E/159, L/19/62/192, L/19/62/193, L/19/62/194, MR/4552, MR/45221, YC/22/09。

Archives municipales de la ville de Marseille（地方政府档案，简写为 MA）: AA1, AA5, AA25/1, AA30, AA44, AA63, AA68, AA69, AA70, BB18, BB19, BB20, BB21, BB22, BB23, BB25, BB26, BB27, BB28, BB32, BB33, EE29/2, EE182, EE183, HH369, HH370, HH371, HH372, 1BB282, 1BB1608, 5ii17, 5ii19, 5ii35, 18F1, 18F3, 18F5, 18F6, 78Fi36, 100ii262, 100ii264, 100ii468。

Service historique de la défense, Toulon（土伦市军队档案，简写为 AA）: 12P/6/39, 13P/10/3, 13/P/10/6, 13P/10/10, 13P/10/15, 13P/10/16, 13P/10/17, 13P/10/18。

Service historique de la défense, Vincennes（樊尚市军队档案，简写为 AA）: CC5/374, CC5/599。

Archives nationales de France (国家档案，简写为NA): C4/181, MAR/A/4/1, MAR/C4/176, MAR/C4/177, MAR/C4/178, MAR/C4/179, MAR/C5/27, MAR/C5/28, MAR/C5/29, MAR/G/92, 19860461/21, 19860461/24, 20160293/91, 20160293/112, 20160293/113, 20160293/180, 200220138/1, AL/3076, AL/3415, F/46/212, F/46/608。

Archives privées (私人档案，简写为 PA)。

索 引

（条目中所引页码为原文页码，即本书边码；"123 n"表示第123页注释，"quota 90"表示第90页引用，后同）

A

Admiralty of Marseille，马赛海军部，118，123；administration，其行政管理，123n；Chef du Quartier de Marseille，马赛区负责人，129n，149n；Directeur de l'Inscription Maritime，海事登记主任，129n，130n；Directeur Général des Affaires Maritimes，海事事务总干事，144n；Directeur Interrégional des Affaires Maritimes，区域间海事事务主任，133n；Lieutenant de l'Amirauté，海军部中尉，65；海事事务，142

Aelian，艾利安，33-34

Anjou, René d', Count of Provence，普罗旺斯伯爵勒内·德·安茹，42

anomie，失范，154

archival documents，档案文件，14

artificial reefs，人工鱼礁，149-150

Axelrod, Robert，罗伯特·阿克塞尔罗德，10-11，24

B

Beaudouin (corporation)，Beaudouin公司，87

Bernstein, Lisa，丽萨·伯恩斯坦，7，10，11，16，25，26，111

blast fishing，爆破捕鱼，95-96

Blue Coast Marine Park，蓝色海岸海洋公园，149-150

bluefin tuna，蓝鳍金枪鱼，4，69，89；see also l'Estaque; madrague fishing; Morgiou; purse-seine fishing; senche fishing; tonnaire de corre，另见"莱斯塔克""捕鲭网""莫吉乌""围网捕鱼""网捕""浮网"；tuna fishing，金枪鱼捕捞，39，40，43，50，quota 90，147-148；Tuna Court, Tokyo，东京金枪鱼法院，27

boats (fishing)，渔船；horsepower，马力，87；motor boats，汽艇，

263

79，87，88，89；power blocks，动力滑车，89；purse-seiners，围网船，80，89-91；sail boats，帆船，80，83，86-88；steamships，蒸汽船，79；trawlers，拖网渔船，82，87-88，91-93，99，143；tuna purse-seiners，金枪鱼围网船，80，89–91

bombing of St Jean，圣让的轰炸，139-141

Bonaparte, Napoléon，拿破仑·波拿巴，111，119，137

Bouches-du-Rhône département，罗讷河口省；archives，档案，14；commission，委员会，95n；Préfet，省长，74n，87n，95n，96n，122n

bregin fishing，布雷金捕鱼，36-37，80，81，85，116

C

Canesse Case，坎尼斯案，120-121

Catalan fishers，加泰罗尼亚渔民，57，71-76，118

Chardon, Daniel-Marc-Antoine，丹尼尔-马克-安托万·查尔顿，74，75n，84-85，112n

chopsticks，筷子，23

close-knit groups，紧密联系的群体，16，17-18，27

Colbert, Jean-Baptiste，科尔伯特，116

collective action，集体行动，20-21

Comité Local des Pêches，地方渔业委员会，83n，128n，129n

Comité régional des pêches (CRPMEM PACA)，区域渔业委员会，18n，92n，129n，133n

common pool resources，公共池资源，8，11

Community of Fishers，渔民社区，19-21，28，32-36，53-54，139-145，141，154，158

conflict resolution，争端解决，36-37，39-42

Conseil d'Etat，国务会议，see Council of State，见 Council of State 栏下

Conseil du Roi，国王委员会，see Council of the King，见 Council of the King 栏下

conservation norm，保护规范，20，36，50-54，77-78，82，148-150，152

cooperation，合作，10-11，15，16

coral fishing，珊瑚渔民，37

correntille，浮网，50-52，51；see also floating net，另见 floating net

cotton industry，棉花产业，7

cotton trade，棉花贸易，25

Council of State，国务会议；Decision of 25 September 1725，1725年9月25日的决定，86n，94n，120n；Decision of 27 August 1727，1727年8月27日的决定，24n；Decision of 6 March 1728，1728年3月6日的决定，117n；Decision of 25 February 1736，1736年2月25日的决定，118n；Decision of 16 May 1738，1738年5月16日的决定，118；Decision of 9 November 1776，1776年11月9日的决定，118；Decision of 10 August 2005，2005年8月10日的决定，134n；Legal Opinion of 22 April 1913，1913年4月22日的法律意见，118n，127n；Legal Opinion of 11 May 1921，1921年5月11日的法律意见，92n，143n；Legal Opinion of 6 February 1962，1962年2月6日的法律意见，130

Council of the King，国王委员会；Decision of 28 December 1729，1729年12月28日的决定，118n；Decision of 20 March 1786，1786年3月20日的决定，75

Cour de cassation，最高法院；Decision of 9 April 1836 (Canesse)，1836年4月9日的决定（坎尼斯案），121n；Decision of 19 June 1847 (Galiffet)，1847年6月19日的决定（加利夫案），121n；Decision of 13 July 1847 (Galiffet)，1847年7月13日的决定（加利夫案），122n；Decision of 13 July 1865，1865年7月13日的决定，125n

Crosse, Dominique de la，多米尼克·德拉·克罗斯，66，112-113

D

debt，债务，61-62，64-65

Decrees，法令；12 December 1790，1790年12月12日的法令，119，121；1852，1852年的法令，122-124；1859，1859年的法令，124-125

Defferre, Gaston，加斯东·德弗尔，127

diamond market，钻石市场，7，22，26

discipline，控制，15，21

dragnet fishing，拖船捕鱼，80-86，120，122，126，133；see also bregin fishing; eyssaugue fishing; gangui fishing; pêche au boeuf

索引 265

fishing; purse-seine fishing; set-net fishing; tartane fishing; trawler fishing，另见"布雷金捕鱼""艾索格捕鱼""杆基捕鱼""牛式捕鱼""围网捕鱼""定网捕鱼""塔坦捕鱼""拖网捕鱼"

drift-net，浮网，133-134

Dulas, Daniel，丹尼尔·杜拉斯，146

Durkheim, Emile，埃米尔·涂尔干，5，153-154

dynamite，炸药，93-94

dynamite fishing，爆破捕鱼，95-96，143

E

electric light as bait，电灯作为诱饵，98-101

electricity，电力，97-98

Ellickson, Robert，罗伯特·埃里克森，6，10，11，15，16，26，41

empirical data，实证数据，13-14

engine-powered fishing，引擎动力捕鱼，86-93，87

equal shareholding system，平等股份制度，61-62

equality norm，平等规范，20，36-37，63，77-78，148，150，151

European Union (EU)，欧盟，115，132-136；Council Regulation (EC) No. 1626/94, laying down certain technical measures for the conservation of fishery resources in the Mediterranean (27 June 1994)，欧洲理事会第1626/94号条例，规定了养护地中海渔业资源的某些技术措施（1994年6月27日），83n，132-133；Council Regulation (EC) No. 1239/98, amending Regulation (EC) No 894/97, laying down certain technical measures for the conservation of fishery resources (8 June 1998)，欧洲理事会第1239/98号条例，对1997年条例的修订，规定了保护渔业资源的某些技术措施（1998年6月8日），132n；Council Regulation (EC) No 1967/2006, concerning management measures for the sustainable exploitation of fishery resources in the Mediterranean Sea (21 December 2006)，欧洲理事会第1967/2006号条例，关于地中海渔业可持续开发的管理措施（2006年12月21日），133n；Judgment of the Court of Justice of the European Communities (Third Chamber), Commission des Communautés européennes v République française (5 March 2009),欧洲法院（第三分院）对欧洲共同体委员会诉法兰西共和国案的判决,134n; Order of the Court of Justice of the European Communities (First Chamber), Jonathan Pilato v Jean-Claude Bourgault (14 May 2008),欧洲法院（第一分院）关于乔纳森·皮拉托诉让·克洛德·布尔高特案的命令,134n,135; Traité instituant la Communauté économique européenne (25 March 1957),《建立欧洲经济共同体条约》（1957年3月25日）,132n

even-up strategy,"平衡"策略,41

explosives,炸药,93-94

extralegal contracts,"法律外"合同,7

eyssauge fishing,艾索格捕鱼,31,36-37,43-44,45,80,81,133

F

fairness,公正,20

filets fixes,定网捕鱼,see set-net fishing,见set-net fishing栏下

fire fishing,火钓,96-97

fishers of Marseill,马赛渔民,see also Prud'homie de Pêche,另见"贤人会议"; and anomie,与失范,154; bombing of St Jean,圣让的轰炸,139-141; conflict resolution,争端解决,36-37,39-42; conservation norm 保护规范,20,36,50-54,77-78,82,148-150,152; cooperation,渔民间的合作,31-34; debt,债务,61-62,64-65; decline in numbers,数量减少,144-145; demographic changes,人口变化,142-145; endogenous community,内生性,17-19; equality norm,平等规范,20,36-37,63,77-78,148,150,151; family tradition,家族传统,144; history of,其历史,4; institutional schizophrenia,制度性精神分裂,152-153; palangre fishing,延绳钓捕鱼,72-75,73; and paranomie,与平行失范,154; social conflict,社会冲突,65-66; social norms,社会规范,32-37; tax exemption,免税,37,42

fishing,捕鱼,see also blast fishing; bregin fishing; Catalan fishers;

索引 267

dragnet fishing; dynamite fishing; eyssaugue fishing; fire fishing; fishers of Marseille; gangui fishing; lamparo fishing; pêche au boeuf fishing; purse-seine fishing; set-net fishing; tartane fishing; trawler fishing, 另见"爆破捕鱼""布雷金捕鱼""加泰罗尼亚渔民""拖船捕鱼""炸药捕鱼""艾索格捕鱼""火钓""马赛渔民""杆基捕鱼""兰帕罗捕鱼""牛式捕鱼""围网捕鱼""定网捕鱼""塔坦捕鱼""拖网捕鱼"; with electric light, 用电灯捕鱼, 98-101; engine-powered, 引擎动力, 86-93, 87; poisonous bait, 有毒鱼饵, 94

fishmongers, 鱼贩, 19

floating net, 浮网, 49-54, 133

Florimi, Matteo, 马泰奥·弗洛里米, 30-31, 43

France, 法国, see also l'Estaque; Marseille; Martigues, 另见"莱斯塔克""马赛""马蒂格"; Canesse Case, 坎尼斯案, 120-121; Council of State Decisions, 国务会议的决定, 117-119, 128-132; Cour de cassation, 最高法院, 120-122; Decrees, 最高法院法令, 119, 121, 122-124, 124-125; Galiffet Case, 加利夫案, 121-122; Presidential Decrees, 总统令, 122-125

freeriding, 搭便车, 20, 40

French Revolution, 法国大革命, 113-114, 155

G

Galanter, Marc, 马克·格兰特, 5

game of fair division, 公平分配的游戏, 26

game theory, 博弈论, 9-11

gangui fishing, 杆基捕鱼, 80-85, 116, 120, 133

ghost net, 幽灵网, 101

globalization, 全球化, 57-58, 71

Gourret, Paul, 保罗·古雷, 85-86

Grandval, Gilbert, 吉尔伯特·格朗德瓦尔, 128-132

Great Maritime Ordinance of 1681, 1681年《大海事法令》, 116-117; Valin's Commentary, "瓦兰评论", 117, 131

Gulf of Lion, 狮子湾, 93

H

hair-grooming practices, 头发梳向一边的做法, 155-156

half-share tax,"一半份额"税，73，75，117-118，123

heterosexuality, 异性恋，156

homogeneous groups, 同质群体，16

I

individual choices, 个人选择，23

information access, 获取信息，15，16，18-19

Institut Scientiffque et Technique des Pêches Maritimes (ISTPM), 海洋科学与技术研究所，92n，99，100n

institutional path dependence, 制度路径依赖，138

internal-combustion engines, 内燃机，80，86，93

interviews, 采访，14，19，86，135

Italian fishers, 意大利渔民，99n，142-144

K

Kings of France, 法国国王；Louis XIII, 路易十三，3-4，42，62；Louis XIV, 路易十四，66，112，116；patent letters, 制诰，115，118

L

labour migrations, 劳动力迁移，71-76

lamparo fishing, 兰帕罗捕鱼，98-101，99，128-129，141，142，143-144，152

Lebret, Cardin, 卡尔丹·勒布雷特，117n，120

l'Estaque, 莱斯塔克，60，67，124n，see also bluefin tuna; madrague fishing, 另见"蓝鳍金枪鱼""捕鯖网"

litigation, 诉讼，65-66

long-term economic viability, 长期经济可行性，8，9，11

long-term relations, 长期关系，17-18

M

Macaulay, Stewart, 斯图尔特·麦考利，5

madrague fishing, 捕鯖网捕鱼，4，59-71，60，68，70，112，116

mafia, 黑手党，25，153

Marion, Antoine-Fortuné, 安托万-福琼·马里昂，85

Marseille, 马赛，see also fishers of Marseille; Catalan fishers, 另见"马赛渔民"；"加泰罗尼亚渔民"，

57，71-76，118；commune of，马赛市镇，34-35；decline in the number of fishers，渔民数量的减少，144-145；fisheries，渔业，30-34；globalization，全球化，57-58，71；Guild of Fishers，渔业行会，35；Italian fishers，意大利渔民，99n，142-144；Morgiou，莫吉乌，3，3-4，42；North African fishers，北非渔民，143；port of，马赛港，4，18-20，30-31，42，57-58，70-72，79，80，114，131，139，141n；St Jean，圣让，18-19，139-141；St Laurent church，圣洛朗教堂，19，140

Martigues，马蒂格，121-122，134-135

The Massacre of the Sea Perpetrated by the Tradespeople or the Destruction of Fish (Molinari)，《渔民对海洋的屠杀或对鱼类的破坏》（莫利纳里），103-107

Maurepas, Jean-Frédéric Phélypeaux de，莫尔帕伯爵让-弗雷德里克·菲利波，74n

Menc, Paul-Antoine，保罗-安托万·门茨，85

migrants，移民，see also Catalan fishers; Italian fishers; North African fishers，另见"加泰罗尼亚渔民""意大利渔民""北非渔民"；enclave of，移民飞地，71

Molinari, Pierre，皮埃尔·莫利纳里，103

Moore, Sally Falk，萨莉·法尔克·穆尔，5，115

Morgenstern, Oskar，奥斯卡·摩根斯特恩，12n

N

National Park of the Calanques，卡兰克斯国家公园，30，149

net，网；cotton net，棉网，88；floating net，浮网，49，54，133；ghost net，幽灵网，101；nylon net，尼龙网，88；purse-seine net，围网，31，80，89；resin bath，树脂浴，88；set net，定置网，43，49，52，88–89，133

Newcomen, Thomas，托马斯·纽科门，79

norm-based order，以规范为基础的秩序，22-25，see also social norms，另见"社会秩序"

O

obligations，义务，25

Offfce Scientiffque et Technique des Pêches Maritimes, 海洋科学与技术办公室, 128n

Oppian, 俄比安, 33

Ostrom, Elinor, 埃莉诺·奥斯特罗姆, 8, 10-11, 16, 17, 58, 111

ox-fishing, 牛捕鱼, 83, 84, 85, 120

P

PACA (Provence-Alpes-Côte d'Azur), 普罗旺斯—阿尔卑斯—蓝色海岸地区; Regional Council, 区议会, 133n

paddle-steamers, 明轮船, 78-79

palangre fishing, 延绳钓捕鱼, 72-75, 73

Papin, Denis, 丹尼斯·帕平, 78-80

paranomie, 平行失范, 154

pêche au boeuf fishing, 牛式捕鱼, 83, 84, 85, 120

Peyssonnel, Jean-André, 让-安德烈·佩颂耐, 116

Pilato case, 皮拉托案, 134-135

Podio, Laget de, 拉杰特·德·波迪奥, 85, 120

Porcellet, Raynaud, 雷诺德·波塞莱, 36

Portalis, Jean-Etienne-Marie, 让-艾蒂安·玛丽·波塔利斯, 112

Posidania meadows, 波西达尼亚草甸, 30, 93, 104n

Presidential Decrees (France), (法国)总统法令, 122-125

principles, 原则, 26

prisoner's dilemma, 囚徒困境, 9-10, 15

prisons, 监狱, 25, 153

private governance, 私人治理, see also private orders; social norms, 另见"私人秩序""社会规范"; building blocks of, 私人治理的基石, 9-11; criticisms of, 对私人治理的批评, 11-13; limits of, 私人治理的局限性, 150-157; norm-based order, 以规范为基础的秩序, 22-25; and organizations, 与组织, 13; plasticity of, 私人治理的可塑性, 147; rule-based order, 以规则为基础的秩序, 25-27; socially efficiency, 社会有效性, 11; and strategic actors, 与战略行为者, 13; systems of, 私人治理的体系, 14–21

private orders, 私人秩序, see also private governance; social norms, 另见"私人治理""社会规范";

evolution of, 私人秩序的演变, 154-157; and formal entities, 与正式实体, 13, 20-21, 25; and game theory, 与博弈论, 10, 12-13; harmful effects of, 其有害影响, 12; and power structures, 与权力结构, 13; rise of, 其兴起, 4-14; scholarship, 关于私人秩序的学术研究, 6-9

probi homines, 有道德的（或好的）人, 38-39

proto-globalization, 原始全球化, 57n

Provence, 普罗旺斯; Countess of, 普罗旺斯伯爵夫人, 37; Counts of, 普罗旺斯伯爵, 35, 37n, 38, 51; Parliament of, 普罗旺斯议会, 48n, 53n, 63n, 66n, 117n; Viscounts of, 普罗旺斯子爵, 34-35

Prud'homie (de Pêche), "贤人会议", see also fishers of Marseille, 另见"马赛渔民"; archives, 档案, 45-46; birth of, 其诞生, 39-42; and Catalan fishers, 与加泰罗尼亚渔民, 72-76; codification of, "贤人会议"的编纂, 115-125; counterparts in other ports, 其他港口的类"贤人会议"机构, 119; Cour de cassation, 最高法院, 120-122; as court or tribunal, 作为法院或法庭, 134-136; as cultural symbol, 作为文化象征, 147-148; debt, 其债务, 64-65; Decrees, 颁布的法令, 119, 121, 122-124, 124-125; dragnet fishing, 拖船捕鱼, 80-86, 120, 122, 126, 133; dual jurisdiction, 双重管辖权, 120-121; EU regulation, 欧盟关于"贤人会议"的条例, 134-136; evolution of, "贤人会议"的演进, 13-14; fines, 罚款, 42; as formal entity, 作为正式实体, 20-21; and French Revolution, 与法国大革命, 113-114; judicial powers, 其司法权, 121, 127, 146-147; leadership, 其领导, 145-146; litigation, 诉讼, 65-66; medieval origins, 其中世纪的起源, 38-39; new technologies, 新的技术, 77-78; notion of, 其概念, 38-39; paintings, 对"贤人会议"的描述, 112; paradox of, 其悖论, 19-21; police powers, 其警察权, 48, 125-126, 146-147; curtailment of powers,

对其职权的削减，125-128；as system of private governance, 作为私人治理的体系，16-21；and public authorities, 与公共当局，42；regulatory impairment, 监管障碍，146-147；regulatory methods, 监管方法，49-54；rule application, 适用规则，47-49；rule collection, 规则的集合，44-47；rule-making, 规则的制定，43-44，146，151；state dependence thesis, 国家依赖论，111-115，125；state regulation of, 国家对"贤人会议"的监管，125-132；survival of, 其生存，145-150，147；tenancy system, 租赁制度，62-64，66-67

purse-seine fishing, 围网捕鱼，89-91，90

R

racial segregation, 种族隔离，155
ranching, 牧业，6，10，26
rational-choice theory, 理性选择理论，14-15，147-148
religion, 宗教，19
repeated interactions, 重复交互作用，10-11，15-16
Richman, Barak, 巴拉克·里奇曼，7-8，10-11，22

rigidity of social norms, 社会规范的刚性，24，25，26，153
rules, 规则，25-27，43-49
Russian mafia, 俄罗斯黑手党，153

S

sardinau fishing, 沙丁鱼式捕鱼，36
sardine fishing, 沙丁鱼捕捞，52-53
screw-propulsion, 螺旋推进技术，79
Second World War, 第二次世界大战；Vichy regime, 维希政权，140-141
semi-autonomous social field, 半自治社会领域，5，114-115
senche fishing, 网捕，39-41，59
set-net fishing, 定网捕鱼，43，49，52，88-89，133
Sicilian mafia, 西西里黑手党，25，153
signalling, 信号，155-156
Smith, Francis Pettit, 弗朗西斯·佩蒂特·史密斯，79
social beliefs, 社会信念，25，156，157
social inertia, 社会惰性，67，71，150

social norms，社会规范；as behavioral regularity，作为行为规律性，155-156，157；breaching of，违反或违背社会规范，153；change in，其改变，24；evolution of，其演进，24-25，154-156；fishers of Marseille，马赛渔民的社会规范，32-37；and individual choice，与个人选择，23-24；and Italian fishers，与意大利渔民，143-144；and legal rules，与法律规则，5；nature of，其本质，155-157；open texture of，其开放性，24-25，151，153；persistence of，它的持续存在，148-150，152；plasticity of，其可塑性，157；as political tools，作为政治工具，26；and practices，与实践，156；rigidity of，其刚性，24，25，26，153；and social beliefs，与社会信念，25，156，157；and social inertia，与社会惰性，71；and stability，与稳定性，151；and uncertainty，与不确定性，151

social optimality，社会最优性，11

Sperlonga，斯佩隆加，142-143

Statutes，法令；14 June 1791，1791年6月14日的法令，113；12 March 1803，1803年3月12日的法令，120n，121n

steam engines，蒸汽引擎，78-80

Stringham, Edward，爱德华·斯丁汉姆，7，11，111，114n

Supreme Court of France，法国最高法院，see Cour de cassation，见Cour de cassation栏下

T

tartane fishing，塔坦捕鱼，83，84，85

Tasso, Henri，亨利·塔索，127

three-mile limit，3英里界限，92，93n，143

tit-for-tat strategy，"以牙还牙"策略，10-11，15，41

Tokyo，东京，27

tragedy of the commons，公地悲剧，10，43

trawler fishing，拖网捕鱼，91-93，143

trust，信任，22-24

tuna fishing，金枪鱼捕捞，39，40，43，50，quota 90，147-148

tuna merchants，金枪鱼商人，27

turbine，涡轮机，79

V

von Neumann, John,约翰·冯·诺伊曼,12n

vory-v-zakone,律贼,153

W

Watt, James,詹姆斯·瓦特,79

Weber, Max,马克斯·韦伯,5

welfare maximization,福利最大化,6,9,11

whaling,捕鲸业,6

Williamson, Oliver,奥利弗·威廉姆森,22

women fishmongers,女鱼贩,19